ENCYCLOPÉDIE-RORET.

OBSERVATEUR

AU

MICROSCOPE.

AVIS.

—

Le mérite des ouvrages de l'*Encyclopédie-Roret* leur a fait obtenir les honneurs de la traduction, de l'imitation et de la contrefaçon ; pour distinguer ce volume, il portera à l'avenir la *véritable* signature de l'éditeur.

MANUELS-RORET.

NOUVEAU MANUEL

COMPLET

DE L'OBSERVATEUR

AU

MICROSCOPE.

Par M. F. DUJARDIN,

DOYEN DE LA FACULTÉ DES SCIENCES DE RENNES.

Ouvrage accompagné d'un atlas renfermant 30 planches gravées sur acier.

PARIS,

A LA LIBRAIRIE ENCYCLOPÉDIQUE DE RORET,

RUE HAUTEFEUILLE, 10 BIS.

1843.

PRÉFACE.

J'avais projeté depuis long-tems de publier un traité de micrographie qui pût réunir le triple avantage d'enseigner l'usage du microscope, de montrer exactement par des figures nombreuses, comment on doit voir à l'aide de cet instrument, quand il est bon et qu'on a acquis l'habitude de s'en servir, et troisièmement enfin, de constater désormais, par sa collection de figures, le degré de perfection auquel sont arrivés au moment actuel nos moyens d'observation. Dans ce but, j'avais réuni depuis plusieurs années une quantité considérable de notes et de dessins ; mais à l'instant de mettre en œuvre les matériaux que je croyais plus que suffisans, je me suis aperçu qu'il me manquait encore beaucoup de choses. Soit que, par suite des perfectionnemens que j'ai toujours tâché d'y apporter, mes instrumens fussent devenus meilleurs, soit que moi-même, à force de travail, je fusse devenu meilleur observateur et dessinateur plus habile ; je ne pouvais plus me contenter des dessins que j'avais crus assez parfaits quelques années auparavant. Aussi ai-je dû recommencer pièce à pièce presque toute mon iconographie, et cependant encore, je le reconnais, elle présente beaucoup d'inégalités et d'imperfections: cela tient d'une part à la fatigue ou à l'impatience de l'observateur, dessinant lui-même pendant de longues heures, avec l'œil droit, un objet très délicat qu'il voit de l'œil gauche dans le microscope, et que l'état du ciel ne permet pas toujours d'apercevoir avec la même netteté. Cela tient d'autre part à l'impossibilité de bien faire comprendre au graveur, si habile qu'il soit, des détails microscopiques que l'observateur a exprimés à sa manière.

Pour obvier à ce dernier inconvénient, j'avais songé à graver moi-même, comme l'avait fait Lyonnet : j'espérais, par l'emploi varié de divers procédés, parvenir à exprimer sur le cuivre l'image des objets plus exactement que je ne le puis faire sur le papier, par le mélange du crayon, de l'estompe et du pinceau ; mais la vie coule trop rapidement pour qu'il soit permis de réaliser de tels projets, et la santé nous manque à l'instant même où nous en sentirions mieux le prix pour doubler notre travail.

C'est donc une œuvre nécessairement encore imparfaite que je livre au public, au lieu de celle que j'avais imaginée. J'ose espérer pourtant qu'elle ne sera pas sans utilité pour conduire quelques observateurs à mieux voir que je n'ai vu moi-même, ou du moins que je n'ai pu l'exprimer dans mes dessins. Si cet espoir se réalisait et si mon travail ne devait pas être stérile, j'entreprendrais bien volontiers de le compléter par de nouvelles séries de planches, montrant successivement ou de nouveaux objets, ou les mêmes objets mieux vus ou mieux représentés. Peut-être ainsi arriverait-on plus tard à posséder un atlas micrographique dont les figures pourraient être citées avec confiance, et serviraient à exposer plus clairement une foule de faits en physiologie animale ou végétale, en anatomie et en histoire naturelle.

On est si généralement convaincu aujourd'hui de l'importance des observations microscopiques, qu'il serait superflu d'en faire ici l'éloge ; notre ouvrage, du moins, en offrant une énumération détaillée des diverses applications du microscope, montrera l'immensité du champ de recherches où nous pouvons pénétrer à l'aide de cet instrument.

MANUEL

DE

L'OBSERVATEUR

AU MICROSCOPE.

LIVRE PREMIER.

DES MICROSCOPES ET DE LEUR EMPLOI.

SECTION PREMIÈRE.

DES MICROSCOPES ET DES APPAREILS ACCESSOIRES.

CHAPITRE PREMIER.

DES MICROSCOPES EN GÉNÉRAL.

Notre but étant de guider autant que possible l'observateur dans l'usage de son microscope et dans les recherches qu'il serait tenté de faire ou de vérifier, nous ne devons point songer à donner ici un historique complet du microscope depuis son origine, et une description de toutes les modifications successives qu'il a éprouvées. L'observateur croira sans doute employer plus utilement son tems en se mettant immédiatement à l'œuvre pour apprendre à se servir de son microscope, le seul qu'il ait intérêt à bien connaître. Il le connaîtra bien mieux d'ailleurs quand il l'aura manié et retourné dans tous les sens pendant quelque tems, que s'il avait voulu lire une description minutieusement détaillée de cet instrument. Pour ceux qui voudraient connaître quelles métamorphoses le microscope a subies jusqu'ici, nous croirions faire double emploi en répétant ce que M. Charles Chevalier a dit avec assez de détails dans son excellent *Traité des microscopes*. C'est même en grande partie à cause de la publication récente de cet ouvrage et d'un autre traité de M. Mandl, qui a paru à la même époque, en 1839, que nous avons dû modifier notre plan, conçu depuis long-tems : alors, pour ne pas faire une œuvre tout-à-fait superflue, nous nous sommes restreint beaucoup sur tout ce qui avait été déjà dit, préférant, dans l'intérêt du public, nous étendre davantage sur ce qui pourrait paraître plus neuf.

Cependant, tout en reconnaissant le mérite des ouvrages que nous venons de citer et les services réels qu'ils continueront à rendre encore, nous avons voulu que notre livre fût lui-même assez complet pour suffire à ceux de nos lecteurs qui ne tiennent pas absolument à compléter une bibliothèque de micrographie. Nous avions projeté de faire précéder ce travail par une exposition des principes d'optique sur lesquels repose la construction du microscope ; mais, pour être tant soit peu complète, cette exposition exigeait des développemens de calcul, principalement sur l'aberration de sphéricité et sur l'achromatisme ; elle tendait ainsi à devenir un traité d'optique à l'usage des constructeurs de microscopes, qui ne l'eussent pas lu et qui d'ailleurs sont infiniment moins nombreux que les observateurs micrographes auxquels notre livre est particulièrement destiné, ceux-ci d'ailleurs seront convaincus qu'on peut savoir regarder dans un microscope sans avoir besoin de connaître exactement la marche de chaque faisceau de rayons, à travers les différentes lentilles de cet instrument. Nous avons donc fait volontiers le sacrifice des longues pages d'optique, préparées depuis long-tems, et nous entrons immédiatement en matière.

Les seuls microscopes employés aujourd'hui pour des observations vraiment scientifiques, sont le microscope simple, dans lequel on a substitué aux lentilles simples, biconvexes, des *doublets* ou assemblages de deux lentilles plano-convexes, et le microscope composé achromatique vertical ou horizontal. Le microscope composé non achromatique, doit être complètement laissé de côté. Le microscope catadioptrique, construit par M. Amici, avec des miroirs métalliques, avant qu'on ne fût parvenu à fabriquer de bonnes lentilles achromatiques, ne doit être considéré aujourd'hui que comme un bel ornement des cabinets de physique ; enfin le microscope solaire et le microscope éclairé au gaz n'ont pu servir jusqu'à présent, et ne serviront sans doute encore désormais que de spectacle ou de récréation instructive ; mais la science n'a tiré aucun profit réel de leurs admirables effets, à moins qu'on ne tienne compte du profit indirect résultant de la vulgarisation des notions scientifiques. Nous n'aurons donc point à nous occuper de ces derniers appareils, sinon pour dire que les mêmes lentilles achromatiques peuvent servir pour eux et pour les microscopes d'étude, et que toutes les préparations destinées aux uns peuvent également être mises en expérience avec les autres : par conséquent, la micrographie, proprement dite peut devenir si l'on veut, une micrographie d'exhibition, ayant pour but de montrer à un grand nombre de spectateurs, sur un tableau coloré par la lumière elle-même, les objets qu'une seule personne peut voir dans le microscope proprement dit.

CHAPITRE II.

DU MICROSCOPE SIMPLE.

Le premier microscope dont on se soit servi était une sphère transparente ou un verre lenticulaire ou biconvexe, c'était donc un microscope simple. C'est avec un tel microscope que tous les meilleurs travaux des anciens micrographes ont été faits. Leeuwenhoek, Malpighi, Swammerdam, Lyonnet, ont fait ainsi leurs admirables découvertes. Il n'y avait de différence que dans la monture ou dans la perfection du poli des verres. Le père Della-Torre remplaça avec succès les petites lentilles de verre, par des globules de verre fondu à la flamme d'une bougie, et depuis, l'on a plusieurs fois essayé de ce moyen. M. Lebaillif, dont le nom est connu de tous les micrographes, comme se rattachant à l'histoire des divers perfectionnemens apportés au microscope depuis 1820 jusqu'en 1830, fabriquait habilement ces globules en plongeant dans la flamme extérieure d'une bougie un petit éclat de verre bien pur légèrement adhérent à l'extrémité d'une aiguille. Il ne s'agissait plus ensuite que de choisir parmi les globules ainsi fabriqués, les plus parfaits, en les regardant à la loupe.

Ces globules peuvent être simplement engagés dans une plaque de métal qui leur sert de monture, mais comme leur foyer est très court, et qu'ils sont par conséquent d'un usage très difficile, on peut les user d'un côté et les changer en lentilles plano-convexes, en leur donnant une face plane polie. On a proposé d'employer comme microscopes simples, des cristallins de poisson, ce qui est fort difficile à cause des inégalités et des gerçures que la dessiccation fait naître à la surface. On a fait aussi de petites lentilles plano-convexes, en laissant durcir une gouttelette de vernis ou de résine sur une plaque de verre poli. On a préconisé l'emploi de sphères en verre poli, creusées d'une gorge destinée à intercepter tous les rayons passant trop loin du centre. Mais aujourd'hui, à ces diverses modifications et même aux lentilles biconvexes, on préfère avec raison les lentilles plano-convexes, ou mieux encore les doublets ou combinaisons de deux lentilles plano-convexes. En effet, d'une part, on sait que pour des lentilles de même longueur focale, l'aberration de sphéricité est plus grande, et par conséquent le champ de vision distincte est moindre pour une lentille biconvexe que pour une lentille plano-convexe recevant par sa face convexe un faisceau de rayons parallèles, et d'autre part on reconnaît aisément que deux lentilles superposées produisent une aberration de sphéricité beaucoup moindre qu'une seule lentille dont la longueur focale est égale à celle de l'assemblage des deux premières.

Quel que soit d'ailleurs le nombre et l'arrangement des lentilles que l'on aurait superposées ainsi pour diminuer l'aberration de sphéricité, elles n'agissent quant à la formation de l'image et au pouvoir amplifiant, que comme une seule lentille dont la longueur focale serait égale à celle du système de ces lentilles, agissant toutes ensemble, et ne constituent encore qu'un microscope simple, dans lequel l'objet est vu comme l'indique la figure 2 de la planche première.

Ainsi, *pl.* I, *fig.* 2, AAAA représentant le globe de l'œil, et CC le cristallin : supposons qu'un objet, pour être vu distinctement, doive être dans la position *m n*, d'où il enverrait des rayons *m q*, *n r* qui, après s'être croisés dans le cristallin C C, iraient former au fond de l'œil une image renversée *r q*; si une lentille BB étant placée devant l'œil, le même objet, pour être vu distinctement encore, doit être rapproché dans la position N N, alors les rayons M Q, N R iront former au fond de l'œil une image beaucoup plus grande R Q, et que, par l'habitude où nous sommes de considérer les objets à la même distance où était mn, nous serons conduits à rapporter à un objet beaucoup plus grand $m'n'$ situé à la même distance que mn : par conséquent, si mn est trois, quatre, dix fois plus éloigné de l'œil que MN, l'image virtuelle $m'n'$, ou l'objet qu'on croit voir, sera de même, trois, quatre ou dix fois plus grand que l'objet réel M N. Ce qui revient à dire que le pouvoir amplifiant du microscope simple est exprimé à peu près par le nombre de fois que la longueur focale de la lentille ou du doublet est contenu dans la distance de la vision distincte ; car l'objet M N, pour être vu distinctement, doit être placé au foyer de la lentille B B, puisque les rayons partis d'un point doivent avoir, pour entrer dans l'œil, après avoir traversé cette lentille, le même degré de divergence que ceux qui partiraient d'un point du corps vu à la distance de la vision distincte.

L'aberration de sphéricité étant la seule qui se fasse sentir dans l'usage du microscope simple, comme aussi toutes les fois qu'il n'y a point d'image intermédiaire formée par le croisement des rayons, il serait superflu de songer à se servir de lentilles achromatiques pour ce microscope ; mais on a dû chercher à augmenter son pouvoir amplifiant, en se servant de lentilles de diamant ou de quelques autres pierres précieuses, dont le pouvoir réfringent est plus considérable que celui du verre ; on avait beaucoup trop espéré de ces lentilles de pierres précieuses, et l'on annonçait d'avance que l'emploi des lentilles de diamant qui est le plus réfringent de tous les corps, allait ouvrir une nouvelle période de perfectionnemens pour le microscope. Mais cet espoir a été trompé ; d'une part, à cause de la presque impossibilité de donner au diamant une forme exactement déterminée et une courbure régulière, en l'usant dans des bassins d'acier trempé, puisque sa dureté qui surpasse celle de tous les autres corps, amenait toujours la déformation de ces bassins ; d'autre part aussi, parce que les diamans les plus purs montrent à l'intérieur soit des zônes très minces de densité différente, soit des stries ou des petits canaux parallèles d'une ténuité extrême. Quant aux saphirs et aux autres corindons, comme ils sont doués de la double réfraction en raison de leur forme cristalline, ils ont présenté encore d'autres inconvéniens très graves ; le grenat seul que sa forme cristalline, dérivée de l'octaèdre régulier, rend exempt de la double réfraction , a pu donner d'assez bonnes lentilles d'une courbe régulière et d'une puissance assez considérable, mais leur couleur rouge diminue notablement la clarté des images ; toutefois on en a fait d'excellens doublets.

Comme nous l'avons dit, on a dû préférer aux lentilles simples les doublets (*fig.* 3 , *pl.* I) , qui sont formés de deux lentilles plano-convexes tournées dans le même sens, leur face convexe en dessus , et séparées par un diaphragme qui , interceptant les rayons des bords, permet de recevoir une image encore plus exempte d'aberration ; la monture se compose donc de trois pièces qui se vissent l'une sur l'autre ; l'inférieure porte un collet *m m* , qui s'appuie sur l'anneau du support (*fig.* 4); la pièce supérieure est plus large, évasée, *n n*, et soigneusement noircie pour intercepter , comme un écran , toute lumière étrangère qui , arrivant à l'œil, nuirait à l'observation.

Des doublets équivalant à des lentilles de trois millimètres de foyer sont d'un usage très commode ainsi que tous ceux dont la puissance est moindre , et servent à faire avec peu de fatigue d'excellentes observations. Les doublets équivalant à une lentille de deux millimètres de foyer donnent encore d'excellentes observations , mais leur usage est pénible et cause une certaine fatigue ; ceux enfin en verre ou en grenat, dont la puissance égale celle d'une lentille d'un millimètre de foyer ou même est encore plus forte, donnent, à la vérité, une image bien nette, mais peu lumineuse : leur champ de vision est tellement restreint, que l'on a beaucoup de peine à trouver l'objet que l'on cherche, et l'œil éprouve une grande fatigue tant à cause de ce peu d'étendue du champ , que parce qu'il faut regarder de très près , jusqu'à toucher l'instrument, et conserver une immobilité parfaite. Le faisceau lumineux transmis par ces doublets si puissans est considérablement plus étroit que la pupille , il ne traverse donc qu'une portion minime de la surface du cristallin. Il en résulte un singulier phénomène, qui paraît tenir à la constitution intime de cet organe. Ainsi quelquefois on voit le champ du microscope traversé par des bandes noires ondulées, et si l'on essaie de se frotter les yeux pour dissiper cette impression, elle devient

encore plus forte, et persiste d'une manière vraiment déses-
pérante, jusqu'à ce qu'on ait cherché, dans un repos momen-
tané et dans des occupations différentes, un terme à cette in-
commodité.

Le pouvoir amplifiant de ces doublets sera bien facile à
calculer, en divisant par leur longueur focale la distance de
la vision distincte, supposée de 200 millimètres, par exemple,
ainsi un doublet équivalant à une lentille de deux millimètres
de foyer, doit grossir cent fois le diamètre des objets; un doublet de 3 millimètres de foyer grandirait 66 fois le diamètre;
un doublet ayant un millimètre seulement de longueur focale,
grossirait les objets 200 fois. Tous ces chiffres deviendraient
d'un cinquième plus forts si l'on voulait fixer à 250 millimètres
au lieu de 200, la distance de la vision distincte.

Leeuwenhoek, pour observer dans un tube de verre, tenait
à la main ses lentilles fabriquées par lui-même, et serties dans
une monture d'argent; depuis lors on a imaginé une foule de
supports différens, plus ou moins compliqués, pour porter à la
fois l'objet et la lentille du microscope simple. M. Raspail, dans
ces derniers tems, eut l'avantage de populariser d'une manière vraiment surprenante, le microscope simple en lui donnant son nom; la monture qu'il adopta se compose d'une colonne fixée sur une petite caisse d'acajou, vers une des extrémités, et portant au-dessus l'un de l'autre, 1° au sommet,
un bras horizontal terminé par un anneau dans lequel s'a-
dapte chacune des lentilles dans sa monture élargie comme
celle de la figure 3 ; 2° une platine horizontale percée d'un
trou correspondant à l'axe de la lentille ; 3° un miroir réflecteur en bas, pour renvoyer la lumière dans l'axe de l'instrument. La lentille et la platine pouvaient s'éloigner ou se
rapprocher l'une de l'autre suivant la longueur focale.

Cette monture, dont l'idée première appartient à l'opticien
anglais Cuff, comme on le voit dans l'histoire naturelle des
corallines par Ellis, a de grands avantages qui, tout autant
que le bas prix (30 francs) du microscope de M. Raspail,
justifient la vogue prodigieuse dont il a joui : malheureusement
ses lentilles sont simples et biconvexes, et par conséquent elles
sont sujettes à beaucoup d'aberration de sphéricité.

M. Ch. Chevalier a construit un microscope simple d'après
ce même principe aussi, mais beaucoup plus parfait et plus

complet, aussi coûte-t-il 150 francs. Les six doublets de diverses puissances qui en font partie se vendent séparément chacun de 12 à 15 francs.

Tout support de microscope composé peut servir également pour le microscope simple, si la platine peut être rapprochée suffisamment du sommet de la tige : ainsi le support du microscope vertical (*pl.* 1, *fig.* 5), composé d'une colonne carrée avec une crémaillère d'engrenage au milieu de sa face externe *r r r* peut, quand on a retiré le corps du microscope, recevoir le bras horizontal (*fig.* 4) sur lequel se posent les doublets *nn* dans un anneau *d*. Ce bras est fixé solidement à une tige ou forte cheville *c c*, qui entre dans un trou pratiqué au sommet de la colonne carrée; on le fait tourner ensuite pour amener le centre du doublet au-dessus de la platine *pp*, que le pignon *q* fait monter le long de la crémaillère *r r r*, jusqu'à ce que le porte-objet vienne au foyer. Le miroir M peut également être rapproché de la platine pour concentrer davantage la lumière, à moins qu'on ne se serve de l'appareil d'éclairage E qui sera décrit plus loin, et du prisme réflecteur, *fig.* 6.

CHAPITRE III.

DU MICROSCOPE COMPOSÉ.

Le microscope composé a été assimilé à un télescope renversé; mais cette comparaison manque d'exactitude : en effet, dans le télescope comme dans une chambre obscure, l'objectif forme à son foyer une image des objets éloignés, et l'oculaire vient grossir plus ou moins cette image. Dans le microscope, au contraire, l'image d'un objet *mn* (*pl.* I, *fig.* 1), très rapproché de l'objectif *c c* est donnée à une distance 40, ou 60 ou 100 fois par exemple, plus grande de l'autre côté en *n'm'*. Cette image est bien ensuite, comme dans le télescope, reprise et grossie par un oculaire A A; mais la différence des distances relatives de l'objet et de l'image, a fait naître des difficultés qui posent une limite infranchissable au pouvoir amplifiant du microscope, et qui ont nécessité l'emploi d'un verre auxiliaire BB nommé *verre de champ* ou *recteur*, et placé entre l'objectif et l'oculaire.

En effet, dans le télescope, l'image est toujours plus petite que l'objet, et en même tems beaucoup plus petite que l'objectif lui-même; de telle sorte que les défauts de celui-ci se font sentir comparativement beaucoup moins dans l'image qu'il a produite, et qu'ainsi le pouvoir de l'instrument n'est limité que par les dimensions du verre fabriqué. Dans le microscope, au contraire, l'image est considérablement plus grande que l'objet ou même que l'objectif : les défauts de celui-ci doivent donc avoir une influence beaucoup plus sensible sur l'image, cela explique pourquoi un flint-glass trouvé bon pour un télescope, peut ne donner que des lentilles médiocres pour le microscope ; d'ailleurs, dans ce dernier instrument, on ne peut obtenir l'achromatisme aussi parfaitement, puisqu'on ne peut exactement calculer ou mesurer les courbures des lentilles larges de 3, de 2 millimètres, et quelquefois moins; ces lentilles, une fois achromatisées ou combinées avec une lentille plano-concave en flint-glass, n'ont même pas encore un foyer assez court pour être employées isolément ; il faut les superposer et en employer trois à la fois pour obtenir le même grossissement qu'avec une lentille trois fois plus forte. Or, cette superposition, tout en corrigeant les unes par les autres les irrégularités les plus grandes, multiplie encore les effets résultant des défectuosités du verre et de son poli, du centrage des lentilles, de leur courbure, etc., et enfin elle augmente plutôt qu'elle ne diminue l'influence de ce qu'on nomme le spectre secondaire.

Le microscope composé (*fig. 1, pl.* I) consiste donc essentiellement: 1° en une lentille objectif d'un court foyer *cc*, placée très près d'un objet *mn* vivement éclairé, dont elle donne, à la manière de la chambre obscure, une image *m'n'*, renversée par suite du croisement des rayons, et d'autant plus amplifiée, qu'elle est formée plus loin en arrière : 2° en une seconde lentille A A d'un plus long foyer, nommée l'*oculaire*, placée contre l'œil et servant comme un microscope simple, à amplifier encore six, huit, dix fois l'image formée dans l'intérieur de l'instrument par la lentille objectif, et déjà amplifiée quarante ou cinquante fois en diamètre. Mais avec ce simple oculaire, le microscope a peu de champ, et la portion d'image vue par l'oculaire au moyen des rayons passant seulement très près de l'axe, est d'autant plus restreinte que l'image est plus amplifiée par l'objectif; de sorte qu'un tel système ne pourrait convenir que pour des grossissemens très faibles.

On remédie à cet inconvénient, par l'interposition d'une troisième lentille B B, d'un foyer deux fois plus long que celui du premier oculaire A A, et éloigné de cet oculaire, d'une distance moindre que la somme de leurs longueurs focales.

Le grossissement de l'image M N devient alors deux ou trois fois moins considérable, par suite du rapprochement et du raccourcissement des faisceaux BM, BN qui, précédemment, allaient peindre l'image en $n'm'$, mais en même tems par le fait même du rapprochement des faisceaux et de la concentration de lumière qui en résulte, l'image devient beaucoup plus lumineuse, et enfin ces faisceaux devenus moins divergens ou même un peu convergens, peuvent arriver à l'œil en bien plus grand nombre, et faire conséquemment voir une portion beaucoup plus étendue. Le champ de vision dans l'instrument est donc ainsi considérablement agrandi pour les forts grossissemens, et c'est pour cela qu'on nomme la lentille BB le *verre de champ*. On conçoit que si, avant l'interposition du verre de champ, l'image $n'm'$ était formée au foyer de l'oculaire AA, elle s'en trouvera tout-à-coup plus écartée par le fait même de cette interposition; alors il faut ou bien éloigner l'oculaire, ou, ce qui revient au même, rapprocher la lentille objectif CC de l'objet mn, pour reporter beaucoup plus loin l'image $n'm'$ que le verre de champ doit rapprocher en N M.

Tel était le microscope composé, avant que Selligue n'eût songé à y adapter des lentilles-objectif achromatiques. Cet instrument imparfait donnait des images irisées sur leur contour, et l'on n'obtenait un peu de netteté qu'en rétrécissant beaucoup le champ et en se limitant à des grossissemens peu considérables. Aussi, les anciennes observations faites avec le microscope composé ont-elles beaucoup moins de valeur que celles de Leeuwenhoek, par exemple, faites avec le microscope simple. Mais quand Vincent Chevalier et son fils Charles Chevalier que nous citons si souvent, eurent exécuté, d'après l'idée de M. Selligue, des lentilles achromatiques, ils ont pu marcher rapidement vers le perfectionnement du microscope. Ces habiles opticiens d'une part, et MM. Oberhaüser, Bouquet et

Trécourt d'autre part, luttèrent d'émulation, et en moins de dix ans les lentilles achromatiques atteignirent un degré de perfection qu'on n'eût pas osé espérer. On avait d'ailleurs, dès le principe, éludé une partie de la difficulté, en superposant trois et quatre lentilles, dont l'action simultanée devient égale à celle d'une seule lentille d'un trop court foyer pour qu'on puisse l'exécuter directement, et en même tems qu'on obtient ainsi avec des lentilles de force moyenne un grossissement assez considérable, on diminue l'aberration de sphéricité, comme nous l'avons dit plus haut, et l'on corrige à peu près l'imperfection de l'achromatisme.

Ces lentilles achromatiques se composent ordinairement d'un verre plano-concave en flint-glass et d'un verre bi-convexe en crown-glass, collé sur le premier avec de la térébenthine sèche, d'où résulte une lentille plano-convexe qui doit avoir la face plane tournée vers l'objet.

Pour que ces lentilles et leurs combinaisons puissent produire un effet satisfaisant, il ne suffit pas qu'elles soient faites en verres de bonne qualité et qu'elles soient bien polies avec une courbure sphérique régulière; il faut encore qu'elles soient centrées chacune en particulier dans leur collage et dans leur monture, et qu'elles soient centrées aussi les unes par rapport aux autres et par rapport au verre de champ et à l'oculaire. Ainsi l'axe d'une des petites lentilles bi-convexes de crown-glass doit correspondre exactement au centre de courbure de la lentille plano-concave de flint-glass à laquelle on l'a collée, et qui elle-même doit avoir sa face plane bien perpendiculaire à l'axe, ou son épaisseur parfaitement égale sur tout son contour; chacune des lentilles composées doit, ensuite, avoir son axe exactement placé dans l'axe de l'instrument. Ces conditions sont si difficiles à remplir, qu'il faut souvent procéder par tâtonnement, et essayer un grand nombre de combinaisons de lentilles achromatiques avant d'en trouver une seule vraiment bonne.

Ordinairement un microscope composé est pourvu de plusieurs oculaires de rechange, montés dans autant de tubes avec un verre de champ correspondant, ce qui constitue une sorte d'oculaire composé; il a aussi plusieurs assemblages de lentilles de différentes forces, de sorte qu'on a plusieurs moyens de varier le pouvoir amplifiant du microscope, soit en changeant d'oculaire, soit en changeant le jeu de lentilles, ou en dévissant la dernière lentille de l'une des combinaisons de trois. On a encore un autre moyen, consistant à alonger le corps du microscope qui, souvent à cet effet, est formé de tubes rentrans comme ceux des lunettes d'approche. On peut ainsi passer successivement d'un grossissement de 50 ou 100 diamètres à un grossissement de 1800 à 2000; mais quand on dépasse 500, on a si peu de netteté et de clarté, qu'on se sert peu de ces grossissemens exagérés. On doit observer aussi que le maximum de netteté s'obtient par la réunion des lentilles les plus fortes et des oculaires les plus faibles, en laissant au corps de l'instrument une longueur de 160 à 200 millimètres seulement.

L'intérieur du tube doit être enduit d'une couleur noire veloutée ou même de velours, comme l'a fait M. Ch. Chevalier, pour éviter la réflexion intérieure de la lumière; on place en outre un diaphragme au foyer de l'oculaire, pour arrêter les rayons transmis par le bord des lentilles et qui ne seraient pas exempts d'aberration. Sur ce diaphragme aussi l'on fixe deux fils de soie croisés pour se guider dans l'observation des objets.

Les parties les plus essentielles pour la bonne qualité du microscope, ce sont assurément les lentilles; cependant, la monture générale a aussi une grande importance sous le rapport de la stabilité, de la disposition relative et du centrage.

Pour faire des observations suivies sous le microscope, la stabilité parfaite de cet instrument est une condition de rigueur, car, si d'une part, l'objet n'est pas fixe, l'œil se fatigue considérablement à le chercher; en second lieu, si la platine sur laquelle est placé le porte-objet n'est pas assez solide pour que les mains y trouvent un point d'appui suffisant, quand il s'agit de faire glisser les plaques de verre et de chercher un objet microscopique dans le champ de l'instrument, on sera exposé à une grande perte de tems. Le moyen d'obtenir cette condition, c'est de sacrifier l'élégance des formes à la solidité, et surtout de faire le pied de l'instrument beaucoup plus lourd que tout ce qu'il doit supporter, ou de visser, comme on l'a fait avec avantage, la tige du microscope sur la cassette destinée à le renfermer. Dans ce cas, cependant, l'instrument est souvent placé trop haut, et l'on est obligé de le poser sur une table basse faite exprès.

Tout en appréciant convenablement les autres microscopes que j'ai toujours sous la main, j'ai l'habitude de me servir d'un microscope de chétive apparence (*pl.* I, *fig.* 5) dont la monture fut faite par M. Charles Chevalier, d'après mes dessins, pour réaliser les conditions de stabilité que j'avais en vue, et surtout pour pouvoir régler la coïncidence parfaite de l'axe de l'instrument avec celui de l'éclairage E, que contient une pièce tournant à vis dans un large écrou fixé sous la platine.

Quand je me sers de cet éclairage pour les forts grossissemens, je supprime le miroir M, et je pose simplement sur le socle S S la pièce mobile représentée dans la figure 6, et qui se compose d'un bout de tube échancré en avant, pour recevoir à travers le diaphragme *d.d* un faisceau lumineux à réfléchir par le prisme P. Ce prisme est mobile à bascule sur une pièce portée par un axe qui traverse diamétralement le tube près du bord supérieur. De cette manière, le prisme réflecteur peut prendre toutes les positions imaginables, et produire toutes les variations désirables dans l'éclairage des objets. Le corps du microscope AA et la platine *p p* sont l'un et l'autre fixés très solidement sur des boîtes B et C glissant sur une colonne carrée. La boîte B s'arrête simplement avec une forte goupille à tête molettée, la boîte C est mise en mouvement de haut en bas et de bas en haut, pour amener le porte-objet au foyer du microscope; à cet effet, elle porte un pignon muni d'une large tête Q, et s'engrenant dans une crémaillère *r r* qui règne tout le long de la face externe de la colonne. Le miroir, mu également par un pignon, ne sert que pour les faibles grossissemens et pour le microscope simple, qu'on installe en enlevant d'abord le corps du microscope composé, et en plaçant simplement au sommet de la colonne la pièce fig. 4 qui porte les doublets au-dessus du centre de la platine d'où on a dévissé le concentrateur E.

Sur la platine est ajusté un petit appareil de compression *e*, dont nous parlerons plus loin.

Dans les microscopes de M. Charles Chevalier, *pl.* 1, *fig.* 7, une stabilité suffisante est obtenue en fixant à vis, sur la cassette de l'instrument, une forte colonne AA qui sert de support commun au microscope et à tous ses accessoires. Une pièce rectangulaire de cuivre, épaisse B B, s'articule à charnière C, au sommet de la colonne, et porte à l'autre extrémité une seconde charnière C', autour de laquelle peut tourner en basculant le corps de l'instrument D, quand on veut le rendre vertical, d'horizontal qu'il est dans la figure, ou quand, après avoir relevé la pièce B B avec tout ce qu'elle porte, on veut ramener l'axe du microscope dans une position horizontale.

La pièce B B porte une colonne carrée très solide E E qui, dans sa position ordinaire, est parallèle à la colonne principale AA, et vient s'arc-bouter en bas contre une pièce en fourchette dans laquelle elle est retenue par une goupille mobile.

Le long de cette colonne (qui est munie d'une crémaillère *r r r*, glissent les boîtes carrées G et H mues par des pignons à large tête molettée qui s'engrènent avec la crémaillère. La boîte supérieure G porte une pièce en console O dans une mortaise ou coulisse de laquelle se fixe à volonté, au moyen d'un tenon, soit la platine simple P, soit la platine à chariot. La crémaillère suffit bien souvent pour amener exactement l'objet au foyer du microscope; mais si on n'a pas encore l'habitude de cet instrument, ou si la crémaillère a des mouvemens trop durs ou saccadés, on se sert avec avantage d'une vis de rappel à boule LL, qui fait monter ou descendre à coulisse, sur la boîte G, une pièce mobile K qui porte la console et la platine.

La boite inférieure H porte un large miroir réflecteur.

Ainsi dans cet appareil, nommé avec raison microscope universel, le corps du microscope est, à volonté, placé verticalement ou horizontalement, et la platine ainsi que le porte-objet et le réflecteur, etc., peuvent également prendre une position horizontale ou même inclinée, quand, en même tems, le microscope a basculé sur la charnière C, pour être ramené dans la direction de la colonne carrée mobile *rr*, ou perpendiculairement à la platine. Quand le corps du microscope est vertical, dans la direction de la colonne carrée *rr*, ses lentilles et ses oculaires ont leurs axes sur la même ligne comme dans les figures 1 et 5 de la planche I; mais quand le microscope est horizontal, comme dans ⸻ ⸻ure 7, et à angle droit avec la colonne carrée, alors le ⸻ les objectif *n* sont fixées à une pièce coudée M, dans l'intérieur de laquelle est un prisme réflecteur rectangulaire *m*, le même que, dans la figure 9, on voit tourné en sens inverse, ainsi que les lentilles objectif *n*, pour permettre d'observer par dessous les effets des réactions chimiques. Ce microscope, auquel peuvent s'adapter tous les accessoires que nous décrirons plus loin, est également pourvu d'un tube de ralonge Q que l'on fait rentrer ou sortir au moyen du pignon à tête molettée S engrenant la crémaillère R, pour varier le grossissement du microscope, et l'amener à un chiffre exact, ce qui est très avantageux quand on copie les images avec la *camera lucida*.

Le microscope de MM. George Oberhaüser et Trécourt (*pl.* I, *fig.* 8) qui est dit *à platine tournante*, ou à tourbillon, parce que la platine et le corps de l'instrument tournent ensemble sur leur axe, est bien digne d'éloges, pour sa stabilité, son centrage, et pour les divers détails de son mécanisme à la fois simple et ingénieux. Ce qui augmente beaucoup sa stabilité, c'est le peu de hauteur du support et le poids considérable du pied. Ce pied, en forme de tambour plus large que haut, est surmonté par la platine très épaisse qu'on fait tourner avec la main, et sur un prolongement latéral de laquelle est fixée une colonne ronde qui supporte le corps de l'instrument MM, enfoncé à frottement dans un canon CCCC, correspondant au centre de la platine.

Comme la platine est toujours à la même hauteur, c'est le corps du microscope qu'on approche plus ou moins du porte-objet, en le faisant glisser lentement dans le canon; puis, pour arriver à mettre exactement l'objet au point ou au foyer, on fait tourner une vis située dans l'axe de la colonne, et destinée à faire monter ou descendre très lentement le canon, et avec lui le corps du microscope.

C'est dans l'intérieur même du tambour, que se trouve l'appareil réflecteur, et le concentrateur si la lumière est réfléchie par une surface plane.

CHAPITRE IV.

DE L'ÉCLAIRAGE DES OBJETS SOUMIS AU MICROSCOPE.

Les objets soumis au microscope peuvent être éclairés de deux manières : ou par *réflexion*, si l'on reçoit la lumière sur leur surface, pour voir cette surface seule avec tous ses détails en creux et en relief ; ou par *transparence*, si, voulant péné-trer dans la structure intime de ces objets, on les fait tra-verser par le faisceau de lumière incidente. C'est encore ainsi qu'on éclaire les très petits objets dont on veut voir seulement le contour ou la silhouette. Pour ces deux modes d'éclairage, les moyens à employer sont fort différens.

Quand on étudie, à de faibles grossissemens, les objets éclairés par réflexion, la lumière du jour suffit ordinairement, si le ciel est découvert et brillant, ou s'il ne se présente que des nuages blancs légers. On peut d'ailleurs, si cette lumière ne suffit pas, recevoir, comme le faisait Spallanzani, un rayon de soleil sur l'objet soumis à l'observation. Mais aussitôt qu'on emploie des grossissemens plus forts, il devient impossible de se servir ainsi de la lumière directe du soleil, parce qu'il en résulte des effets d'irradiation qu'on ne peut éviter, et qui ont causé de nombreuses erreurs parmi les physiologistes mi-crographes du-dix-huitième siècle.

La lumière d'une forte lampe à double courant d'air n'aura pas cet inconvénient, si elle est concentrée sur l'objet par une large lentille de 5 à 8 centimètres de foyer. On pourra d'ailleurs également concentrer la lumière du ciel par le moyen de cette lentille. Cependant la lumière ainsi concentrée arrive obliquement sur l'objet, et d'autant plus obliquement que l'objectif ou la lentille du microscope en est plus rapproché. On conçoit bien qu'il devient même totalement impossible d'éclairer ainsi quand, pour les forts grossissemens, la distance entre l'objet et la lentille du microscope est moindre que deux ou trois millimètres.

On a recours alors à l'emploi d'un petit miroir concave d'un très court foyer (*pl.* II, *fig.* 1) qui, percé d'une ouverture centrale pour laisser passer l'objectif du microscope, s'adapte à l'extrémité de cet instrument, soit à vis, soit à frottement, soit au moyen d'un support particulier. Lieberkühn, le pre-mier, adapta au microscope simple des miroirs métalliques de ce genre auxquels on a conservé son nom. M. C. Chevalier a construit ces petits miroirs en verre étamé ; ils ne sont point sujets à se ternir par l'oxidation, absorbent moins de lumière, et donnent ainsi une clarté plus vive.

L'objet est placé sur un petit disque opaque, en liége noir, par exemple *a*, assez large seulement pour intercepter toute la lumière du faisceau *m* qui pourrait arriver sur l'objectif du microscope *n*. Ce petit disque est fixé à l'extrémité d'une aiguille comme celle de la figure 5, dont le support à genou (*n, fig.* 5) s'adapte à la platine du microscope, et qui permet d'amener l'objet au point convenable dans l'axe de l'instrument; mais il est plus simple encore de placer le petit disque noirci *a* au milieu d'une plaque de verre *b* qui glisse sur la platine *c* ou sur le chariot, en ayant soin de supprimer tous les diaphragmes, et de laisser le passage *d d*, aussi grand que possible pour le faisceau lumineux *m*, qui, réfléchi par la surface concave du miroir, vient se concentrer sur l'objet *a*, placé au foyer du miroir, c'est-à-dire à moitié de la longueur du rayon. La lumière, comme on le voit d'après la figure, arrive donc également sur tout le contour de l'objet, et avec une obliquité d'autant plus grande que la distance focale de l'objectif est moindre; on conçoit dès lors qu'il n'en peut résulter qu'un éclairage tout-à fait défectueux et incapable de donner une idée nette du relief de l'objet, puisque les ombres, s'il y en a, sont toutes dirigées de la circonférence vers le centre. M. Pritchard, à Londres, a évité une partie de ces inconvéniens pour l'éclairage des corps opaques, en renvoyant presque horizontalement, d'un seul côté, sur l'objet, au moyen d'un miroir concave placé verticalement auprès de l'objectif, la lumière d'une forte lampe, réfléchie une première fois par un miroir placé horizontalement.

Mais quelque soin que l'on prenne pour améliorer l'éclairage des objets opaques, il ne servira que fort rarement, quand, par exemple, on voudra étudier des surfaces métalliques ou miroitantes, ou nacrées, ou irisées, comme les ailes ou les écailles de certains papillons diurnes, ou les élytres de certains coléoptères à reflets métalliques, quand on voudra observer directement les aspérités de la surface de l'épiderme végétal ou des graines, etc. Dans toute autre circonstance, il sera préférable, pour les grossissemens les plus forts, d'étudier les corps par transparence, en les réduisant en lames très minces, et en les tenant plongés dans les liquides convenables pour les rendre suffisamment perméables à la lumière.

Éclairage par transparence.

L'éclairage des objets par transparence est le plus utile et véritablement le meilleur, quoiqu'il ne donne pas toujours une notion exacte de la forme et de la structure des corps, dont les diverses parties transparentes sont indiquées par des effets de réfraction et non par des reliefs et des creux, comme on serait tenté de le croire d'abord.

Pour de faibles grossissemens, il suffit de réfléchir la lumière du ciel ou des nuées par un simple miroir plan placé au-dessous du porte-objet, et qui produit le même effet que si le microscope sans miroir était dirigé vers la partie lumineuse du ciel. Mais pour des grossissemens qui dépassent soixante ou cent diamètres, un miroir plan, non plus que la lumière directe du ciel ne donnent plus une clarté suffisante, parce que la même somme de lumière est répartie sur un champ beaucoup plus étendu, et que d'ailleurs, l'absorption par les verres du microscope s'augmente en même tems que le pouvoir amplifiant. Il faut donc augmenter l'intensité de la lumière illuminante, et pour cela on remplace le miroir plan par un miroir concave dont le foyer répond à peu près à la position de l'objet soumis au microscope. On pourrait aussi se contenter d'interposer sur le trajet de la lumière réfléchie par le miroir plan, un verre lenticulaire dont le foyer coïnciderait de même avec la position de l'objet.

Ce simple changement dans le mode d'éclairage suffit pour les grossissemens au-dessous de 200 diamètres, et permet de se servir également de la lumière d'une lampe. Mais quand on arrive à des grossissemens de 300 et 400 diamètres, on est frappé des effets produits par la diffraction qui, sur le contour de tous les corps opaques ou fortement ombrés, fait naître une frange ou une ombre diffuse d'autant plus prononcée que le corps est plus étroit : on peut même, en variant la distance de l'objet au microscope simple ou composé, distinguer dans cette frange ombrée du contour, plusieurs bandes très étroites alternativement colorées, telles qu'on en voit dans les expériences directes sur la diffraction. Ces franges produites par les interférences des rayons de lumière, rasant le bord des objets opaques ou ombrés, seraient évitées si les rayons de la lumière illuminante avaient leur foyer de convergence sur le point même que l'on observe, puisque ces rayons continueraient leur route en divergeant comme s'ils partaient de ce point même, et que, par conséquent, ils ne pourraient en aucune manière produire d'interférence. Mais un tel résultat ne pourrait être obtenu complètement en raison de l'imperfection de nos appareils et de l'impossibilité de fabriquer des petites lentilles exemptes des aberrations de sphéricité et de réfrangibilité. On peut toutefois approcher de ce résultat désirable, et diminuer beaucoup l'intensité des effets de diffraction dans le microscope. Voici la description d'un appareil dont je me sers :

Appareil d'éclairage propre à diminuer les effets de diffraction. (Planche II , fig. 2.)

La lumière, pour être réfléchie dans l'axe de l'instrument, peut être reçue sur un miroir parallèle ou sur la base d'un prisme P. Dans ce dernier cas elle est plus vive, et les images sont plus nettes, parce que la réflexion est plus complète, et qu'il n'y a point, comme avec le miroir, une double réflexion, celle de l'étamage et celle de la surface extérieure de la glace.

Mais un prisme, pour donner la réflexion totale, doit recevoir la lumière presque horizontalement, ou de manière que le faisceau de lumière incidente fasse avec l'axe du microscope un angle de 70° à 75° au moins. S'il n'était pas possible de recevoir la lumière dans cette direction, en laissant le microscope vertical, il faudrait incliner l'instrument tout entier.

Le faisceau de lumière F G réfléchie dans l'axe de l'instrument G H, doit traverser le concentrateur A C, appareil formé de plusieurs lentilles achromatiques, qui concentre et réunit la lumière sur le seul point à étudier O.

La première lentille A ayant douze lignes de foyer, réunirait à cette distance les rayons du faisceau G I en un petit cercle qui n'offrirait pas encore toute l'intensité et surtout la netteté désirables, parce qu'une telle lentille ne peut être ni parfaitement aplanatique ni achromatique si on l'emploie seule.

Une seconde lentille B, de deux lignes de foyer, placée à 6 lignes en-deçà du foyer de la première, rapprochera ce foyer à une ligne et demie, et par conséquent rendra le cercle lumineux quatre fois plus étroit, et ainsi l'intensité de la lumière seize fois plus grande.

Si une troisième lentille C, d'une ligne de foyer, se trouve placée immédiatement au-dessus, et à une ligne et demie du foyer de la précédente, elle réduira la distance focale à 3/5 de ligne au lieu de 3/2, ou bien à 6/10 au lieu de 15/10 ; alors le diamètre du cercle lumineux sera réduit dans le rapport de 15 à 6, ou rendu deux fois et demie plus étroit, et l'intensité sera exprimée par le carré de ce nombre, ou 2,5 × 2,5 = 6,25, six et un quart. Or elle était déjà rendue seize fois plus grande ; multipliant 16 par 6,25, nous aurons cent pour exprimer l'intensité que la lumière concentrée sur un point aura acquise.

Cependant, cette concentration n'est pas le seul avantage qu'on a obtenu ainsi, il en est un autre non moins important, c'est la netteté provenant de la destruction, par un heureux choix de lentilles, des aberrations de sphéricité et de réfrangibilité.

Pour juger à la fois si l'appareil fonctionne bien, et pour s'assurer si son foyer tombe exactement sur le porte-objet, on choisit une mire éloignée F, dont l'image réfléchie par le prisme, vient se peindre en O avec des dimensions microscopiques, au foyer de la lentille C. Cette image, grossie 300 ou 500 fois par le microscope, doit être bien parfaite pour conserver encore sa netteté : on peut donc juger que l'appareil est bien construit si, dans ce cas, il permet de distinguer des fils de fer à la distance de 300 mètres, par exemple.

La netteté désirée ne peut être obtenue qu'en se mettant rigoureusement à l'abri de toute lumière étrangère ou superflue, et voilà pourquoi, d'abord, une glace parallèle, introduisant toujours une double image, ne peut valoir un prisme.

Pour se débarrasser de toute lumière superflue, on interpose sur le trajet du faisceau de lumière incidente, un diaphragme LL n'ayant que tout juste l'ouverture nécessaire MM pour laisser arriver le faisceau dont on a besoin ; en variant l'ouverture et l'éloignement du diaphragme, on arrive aisément à connaître la dimension convenable. J'ai cru remarquer qu'une petite ouverture, très rapprochée du prisme, donne plus de netteté qu'une plus grande qu'on éloigne davantage, et que cette petite ouverture, trop éloignée, donne des contours diffus aux objets ; il m'a paru aussi que l'on gagne à rapprocher le prisme le plus possible du concentrateur.

Un autre diaphragme D, dans l'intérieur du concentrateur, intercepte les rayons transmis par les bords de la première lentille A, qui sont toujours moins bien travaillés ou moins propres ; il arrête la lumière réfléchie par les parois du tube, et enfin, en réduisant le faisceau à sa partie centrale, il augmente beaucoup la netteté, et empêche que les images ne soient noyées dans la lumière.

L'image de la mire peut se voir par le microscope directement dans l'air, et sans lame de verre interposée ; mais elle gagne considérablement en pureté, si on la fait arriver à la face supérieure d'une lame de verre poli bien pur ; car, en effet, alors, cette lame de verre peut détruire complettement un reste d'aberration de réfrangibilité. D'ailleurs elle alonge la longueur focale du concentrateur, dans le rapport de 2 à 3, c'est-à-dire que, si la longueur focale du concentrateur était seulement de 2/3 de millimètre, on pourrait lui superposer une plaque d'un millimètre d'épaisseur, et le foyer serait transporté sur sa face supérieure.

Le concentrateur étant ainsi mis au point pour une mire dont l'image se peint à la face supérieure d'une plaque de verre, et le microscope étant approché à la distance convenable pour montrer cette image avec une grande netteté, c'est-à-dire les foyers du concentrateur et du microscope étant en coïncidence parfaite, si, sur la lame de verre, on place un objet à étudier, son image se trouvera rigoureusement superposée à l'image de la mire. Donc les rayons qui font voir l'objet partent de l'objet même dans toutes ses parties, et ce ne sont point des rayons parallèles ou obliques qui, en le traversant ou en rasant ses bords, pourraient produire des franges.

Quand, au mois d'octobre 1838, j'ai fait connaître publiquement, par une communication à l'Institut, cet appareil dont je me servais depuis long-tems, et que MM. Trécourt et George Oberhaüser avaient désiré consigner dans leur brevet d'invention, je savais que Wollaston avait, long-tems auparavant, proposé de concentrer, au moyen d'une lentille, la lumière réfléchie par un miroir plan dans son microscope simple ; mais j'ignorais que M. Brewster eût proposé de perfectionner l'éclairage de Wollaston, en faisant coïncider exactement le foyer de la lentille avec l'objet soumis à l'observation ; cependant je crois que toute personne de bonne foi conviendra que son appareil décrit en 1837, dans son *Treatise on the microscope* (p. 149, fig. 46), et reproduit dans le traité des microscopes de M. Charles Chevalier (*pl. I, fig. 47*) est tout-à-fait inexécutable avec son double système de lentilles et de ménisques non achromatiques ; et qu'en partant des idées

théoriques de l'illustre physicien d'Edimbourg, on n'eût point
obtenu un résultat vraiment utile.

Au reste, si l'appareil était jugé bon, et qu'on voulût m'en
contester l'invention, je m'en consolerais d'autant plus facilement que je n'ai jamais songé à m'en faire un titre scienti-
fique. Je désirais le garder pour mon usage, lorsque M. George
Oberhaüser m'avertit que quelques personnes étaient à la recherche du moyen que j'avais employé pour voir plus nettement
les filamens locomoteurs des infusoires, et me décida, par ses
offres amicales, à le livrer aux micrographes.

Depuis lors, cet appareil dont j'étais fort content, a été vivement critiqué, parce que, sans doute, on le jugeait d'après
des pièces mal conditionnées, ou parce qu'on ne voulait pas,
prendre la peine de le juger. Quant à moi, je me suis tellement habitué au genre de netteté qu'il donne aux images,
que je ne saurais m'en passer, et que je souffre en voyant
les contours épais et estompés des images produites quand on
éclaire simplement avec un miroir concave. Il en est de cela
sans doute comme de ces qualités délicates et imperceptibles
pour le vulgaire, qu'un bon artiste sent si bien dans un violon
d'un grand prix. Je reconnais toutefois bien volontiers, que
cet appareil d'éclairage est superflu sinon nuisible pour les
faibles grossissemens, et que si on ne sait pas modérer l'intensité de la lumière qu'il apporte dans le champ du microscope,
on ne distingue plus rien dans ce champ trop brillant, et l'œil
se fatigue, non sans danger, à chercher ce qu'un diaphragme
plus étroit ou une inclinaison différente du prisme réflecteur
rendraient immédiatement plus visible, en y faisant naître des
ombres.

Cet appareil peut également servir à concentrer la lumière
d'une lampe; mais alors il faut éloigner le concentrateur du
porte-objet, parce que sa longueur focale s'alonge à mesure que
le foyer lumineux se rapproche.

Un inconvénient de cet appareil d'éclairage, c'est la nécessité d'employer exclusivement, comme porte-objet, des lames
de verre d'une même épaisseur, ou du moins d'une épaisseur
telle, que le foyer du concentrateur atteigne à leur face supérieure. Cela peut s'opposer à ce qu'on se serve de verres concaves, destinés à contenir des animaux dans l'eau, ou des
compresseurs ordinaires, ou de certaines lames micrométriques

etc. ; mais les avantages réels de cet appareil nous semblent bien mériter que l'on prenne la peine de choisir des lames de verre d'épaisseur convenable, et qu'on supplée de quelque manière à ce qui ne peut être employé directement.

Cet appareil perdrait toute son utilité s'il n'avait toujours exactement son foyer sur la face supérieure de la lame de verre, ou sur les objets qu'on étudie; or la moindre différence d'épaisseur, soit de l'objet même, soit du liquide qui l'entoure, soit de la plaque de verre, nécessite un changement de position pour le concentrateur : à cet effet, il faut que, par un système de vis ou de leviers, ou d'engrenages, on puisse, à chaque instant, l'éloigner ou le rapprocher facilement d'une quantité insensible, sans qu'il cesse d'avoir exactement son axe sur le prolongement de l'axe du microscope.

CHAPITRE V.

DES DIAPHRAGMES.

On doit pouvoir à volonté modérer l'intensité de la lumière illuminante dans l'éclairage par transparence, et pour faire naître dans telle ou telle direction, des ombres qui sont un effet de réfraction; pour cela, on place sur le trajet du faisceau lumineux un écran mobile pourvu d'ouvertures de différens diamètres, dont on amène une plus grande ou une plus petite, suivant le besoin de l'expérience, soit dans la direction même du faisceau, soit un peu de côté, si l'on veut que les ombres soient plus prononcées.

Cet écran, qu'on nomme aussi un diaphragme, peut être placé au dessous de la platine du microscope; c'est alors un disque (*pl.* II, *fig.* 4 et *b b*, *fig.* 3) de métal, percé de trous de diverses largeurs, et porté par une tige *m* (*fig.* 3), fixée à la platine *a*, *a*, et sur laquelle il tourne librement. A l'ouverture de la platine *c*, est quelquefois ajusté par dessous, un bout de tube ou une pièce en cône tronqué, pour intercepter la lumière qui arriverait latéralement, et l'on fait tourner le diaphragme, jusqu'à ce que la lumière le traverse convenablement. Ce genre de diaphragme, avec ou sans le bout de tube *c*, est le plus commode, quand on se sert d'un miroir concave pour réflecteur ; mais quand on concentre, au moyen de lentilles, la lumière réfléchie par un miroir plan ou par un prisme, il faut se servir d'un écran plus grand, ayant au milieu une ouverture devant laquelle un disque tournant présente un trou plus ou moins étroit, suivant l'effet qu'on veut produire. Cet écran-diaphragme pouvant être placé à diverses distances du réflecteur et de l'objet éclairé, on arrive plus sûrement encore à obtenir des images exemptes de franges, autant que possible.

Un autre avantage que je trouve dans cet écran-diaphragme, c'est d'avoir toujours un de ses trous garni d'une plaque de tourmaline ou de quelqu'autre appareil polarisant, de sorte que, pour observer successivement un même objet dans la lumière ordinaire et dans la lumière polarisée, il suffit de faire tourner un peu le disque de l'écran, pour amener la tourmaline sur le trajet du faisceau de lumière incidente, et de superposer en même tems à l'oculaire du microscope une seconde plaque de tourmaline qu'on a toujours sous la main. On peut également avoir un disque de verre coloré ou dépoli, ajusté à un des trous de l'écran, pour se servir, dans l'occasion, de la lumière solaire ou d'une autre lumière qui serait trop éblouissante.

Il est très important de pouvoir faire varier à volonté, la position et la direction des ombres dans les images transmises par le microscope ; c'est pour cela que MM. Georges Oberhaüser et Trécourt ont construit la platine à tourbillon de leur microscope breveté, au moyen de laquelle l'observateur, sans perdre un seul instant, fait passer l'ombre tout autour de l'objet, en faisant tourner l'objet lui-même avec la platine et le corps du microscope autour de son axe, sans remuer le pied de l'instrument qui renferme l'appareil d'éclairage ou le réflecteur.

On arrive cependant bien aisément aussi à varier la position des ombres dans l'image, en inclinant diversement et à plusieurs reprises le réflecteur.

CHAPITRE VI.

DE LA PLATINE FIXE OU MOBILE, ET DU CHARIOT.

La platine du microscope est cette table métallique horizontale, sur laquelle est placé à volonté le porte-objet qui se
trouve amené au foyer du microscope, soit par le mouvement
du corps même de l'instrument, si la platine est fixe comme
dans le microscope de MM. G. Oberhaüser et Trécourt, soit
par le mouvement de haut en bas ou de bas en haut de la platine, si la position du corps du microscope est fixe comme
dans la plupart des autres instrumens modernes.

La platine, surtout quand l'observateur doit faire mouvoir
le porte-objet avec ses doigts, ou quand il doit disséquer ou
comprimer les objets sous le microscope, doit avoir une dimension assez considérable et une stabilité parfaite. Depuis
long-tems j'ai acquis l'habitude de chercher les plus petits
objets soumis au microscope, sur une plaque de verre que je
fais avancer lentement de côté et d'autre avec les doigts; pour
cela, il me faut une platine très solide, large de 7 à 8 centimètres, et sur laquelle la main trouve aisément un point
d'appui.

Toute personne qui en voudra prendre la peine, aura bientôt acquis cette même habitude, et trouvera une véritable
économie de tems à faire mouvoir ainsi le porte-objet sur la
platine; mais quand on n'en est point encore arrivé là, ou
quand on ne s'occupe qu'en passant des observations microscopiques, ou bien encore s'il s'agit de montrer quelques animalcules vivans à des personnes qui ne sauraient pas faire
mouvoir le porte-objet, pour maintenir ces animalcules dans le
champ du microscope; alors il faut avoir recours à une platine
mobile ou à l'appareil nommé le *chariot*, et qui est aussi une
platine mise en mouvement par des vis ou des engrenages.

La platine mobile de l'ingénieur Oberhaüser (*pl.* II, *fig.* 6),
est bien simple et bien ingénieusement conçue; elle se compose d'un disque de laiton *a a a* percé au milieu, s'adaptant
solidement sur la platine ronde tournante de son microscope,

et portant un second disque mobile un peu plus petit *bbb*, avec
une ouverture centrale plus grande au contraire, lequel peut
glisser en tous les sens, retenu par un ressort et par deux coulisseaux. Le levier I L tournant sur la vis P est constamment
poussé par le ressort R contre le bord du disque *bbb*. Les deux
coulisseaux C, C' glissant librement d'avant en arrière, le long
des rainures M, M', où les retient un tenon, s'appuyant par
un biseau sur les biseaux correspondans du disque *bbb*, lequel
peut ainsi glisser à coulisse le long de chacun d'eux. On conçoit alors que si l'on tourne l'une des deux vis V ou V' qui,
passant par les écrous E, E', vont presser les coulisseaux C,C';
le disque se trouvera poussé dans le même sens, ainsi que le
coulisseau correspondant, et glissera le long de l'autre coulisseau, où il est retenu par la pression du levier à ressort LR.
Si l'on tourne les deux vis à la fois, le disque s'avancera suivant une direction intermédiaire, poussé à la fois par les deux
coulisseaux, et glissant aussi sur chacun d'eux. L'effet inverse
aura lieu quand on détournera les vis. On pourra donc ainsi
mouvoir, dans tous les sens, sous le microscope, le porte-
objet posé sur cette platine, et chercher ou poursuivre un infusoire ou tout autre animalcule.

On a souvent construit des platines mobiles ou à chariot,
composées de trois plaques rectangulaires dont une fixe et
deux mobiles, glissant l'une au-dessus de l'autre entre des
coulisseaux, et mises en mouvement par deux vis à large tête.
La plaque inférieure emportant dans son mouvement d'avant
en arrière la supérieure qui, séparément, se meut transversalement et toutes deux ensemble par leur mouvement simultané, donnant au porte-objet une direction en diagonale aussi
variée qu'on peut le désirer. Quand les deux vis ont leur tête
garnie d'un cercle divisé, en rapport avec le pas de la vis qui
doit être parfaitement exécutée ; ce chariot devient le micromètre de Frauenhofer, instrument précieux et d'un prix fort
élevé, qu'on remplace ordinairement aujourd'hui par des appareils beaucoup plus simples.

La platine à chariot de Turrell (*pl.* II, *fig.* 7) se compose,
comme celle de Frauenhofer, de trois plaques rectangulaires
superposées, dont une fixe *aaaa* et deux mobiles *bbbb*,
cccc, glissant entre les coulisseaux *nn*, *nn* et *m*, *m* dans
deux directions à angle droit : l'une *cccc*, la supérieure, d'a-

vant en arrière, l'autre *b b b b* de gauche à droite, et de droite à gauche; celle-ci portant, fixés par des vis à tête noyée, les deux coulisseaux *m m*, entre lesquels glisse la plaque supérieure, entraîne cette plaque dans son mouvement; on conçoit donc facilement, d'après cela, comment le glissement simultané des deux plaques dans leurs coulisseaux respectifs, doit produire, suivant le sens ou la rapidité de ces glissemens, tous les mouvemens imaginables en diagonale, en ligne droite ou courbe, etc.; mais au lieu d'avoir, comme le chariot de Frauenhofer, une vis motrice dans la direction de chaque glissement; le chariot de Turrell présente une heureuse combinaison d'une vis avec un pignon à crémaillère.

Ainsi la vis *v v'* à large tête *r r*, sert à produire par dessous le mouvement transversal de toute la partie mobile de l'appareil, et un pignon *p*, porté par une tige *t t* passant dans l'axe de la vis *v v'*, et terminée par deux têtes *ss*, fait marcher d'avant en arrière la plaque supérieure *cccc* qui a par dessous une crémaillère engrenée avec le pignon *p*. Avec ce mécanisme on a l'avantage de pouvoir produire tous les mouvemens possibles du porte-objet, en se servant d'une seule main et même sans la déplacer; car les deux têtes *r r* et *s s* peuvent être pressées en même tems ou alternativement entre l'index et le pouce, en variant très peu la tension des muscles de la main.

C'est un chariot de ce genre que l'ingénieur Ch. Chevalier adapte à ses microscopes; il lui suffit, pour cela de fixer à la plaque fixe *a a a a* un fort tenon qui entre à frottement dans une mortaise ou dans une coulisse du support.

CHAPITRE VII.

DES MICROMÈTRES, DE LA MESURE DES OBJETS ET DU POUVOIR AMPLIFIANT DU MICROSCOPE.

Nous avons déjà parlé du micromètre de Frauenhofer, sous le titre de platine à chariot; ajoutons encore quelques mots sur ce sujet. Les deux vis micrométriques, avons-nous dit, portent un cercle ou cadran divisé en cent parties, tournant en outre devant un vernier qui peut donner les dixièmes de chaque division ou les millièmes d'un tour de vis; par conséquent, si le pas de vis était exactement d'un millimètre, on pourrait connaître si l'on a fait avancer le porte-objet d'un centième, d'un cinq-centième ou même d'un millième de millimètre. Si dans l'oculaire composé, au foyer même du premier verre, on a placé deux fils ou deux brins de soie se croisant au milieu, on jugera bien du mouvement de l'objet dont l'image passe derrière ces fils croisés ; on pourra donc aussi déterminer exactement le diamètre de l'objet d'après la quantité dont il aura fallu tourner la vis pour que cet objet, en suivant une direction perpendiculaire à l'un des fils, ait eu ce fil successivement à sa droite et à sa gauche.

Ce procédé, sans doute, donnerait très exactement la mesure des objets microscopiques si l'appareil était parfait ; mais en outre des imperfections inévitables dans les vis dont le pas ne sera pas partout égal, ni d'une épaisseur exactement telle qu'on l'aurait admis pour en déduire les mesures réelles, en outre des erreurs dans la division du cadran et du vernier et dans l'observation de la coïncidence de ces deux limbes, on rencontre une autre cause d'erreur bien importante, provenant de ce qu'on nomme le *tems perdu* dans les mouvemens de l'appareil, c'est-à-dire, de ce que les diverses pièces devant nécessairement avoir un peu de jeu pour se mouvoir librement, l'instant où le porte-objet commence à avancer ne correspond pas toujours à l'instant où la vis commence à tourner. C'est là une des principales raisons qui ont fait renoncer à l'usage de cet appareil, dont le prix n'était point en rapport avec les services qu'on en tirait. D'autant plus encore que chaque mesure à prendre exigeait un tems assez long pour amener l'image de l'objet en contact avec un des fils, pour la faire mouvoir ensuite jusqu'à ce que le fil la touchât du côté opposé, et pour compter sur le cadran et sur le vernier avant et après l'opération, le nombre de divisions et de subdivisions, afin d'en déduire, par un petit calcul, la mesure cherchée.

On emploie quelquefois un moyen plus simple, consistant à placer dans le tube d'oculaire, au foyer du premier verre, deux pointes opposées, dans la direction d'un diamètre : l'une de ces pointes est fixe et arrive presque au milieu ; l'autre est mobile et peut s'en approcher jusqu'à la toucher ; elle forme le prolongement d'une vis micrométrique dont l'écrou est fixé au tube même, et dont l'autre extrémité porte en dehors sur le côté du tube, un cadran divisé tournant aussi contre un vernier. On peut donc également, avec cet appareil, et même plus directement, mesurer en centièmes et millièmes de millimètres, un objet microscopique dont l'image se trouve contenue entre les deux pointes en question.

Mais, de tous les moyens de mesurer les objets microscopiques, le plus direct, assurément, c'est de faire comme Leeuwenhoek, de placer en même tems sur le porte-objet, dans le champ du microscope, l'objet à mesurer et un autre objet dont on connaît exactement le diamètre, et qui servira de terme de comparaison, ou mieux encore une échelle divisée ou une plaque de verre sur laquelle sont tracées des lignes parallèles, toutes également espacées, d'un centième de millimètre par exemple. Ces moyens, d'ailleurs, ne donnent véritablement qu'une approximation pour la mesure des corps; mais comme, d'une part, presque tous les objets à mesurer, tels que les corpuscules sanguins, les grains de pollen, les fibres musculaires, les poils, etc. n'ont point de dimensions absolument fixes, et comme, d'autre part, les micromètres à vis, quoique généralement plus exacts, sont eux-mêmes sujets à quelques erreurs, il faut préférablement employer les mesures approximatives qu'on peut prendre instantanément et d'un seul coup d'œil.

On a d'ailleurs un moyen tout naturel de mesurer et de noter les grandeurs des objets sur le dessin qu'on en fait, quand on a déterminé le pouvoir amplifiant du microscope, et qu'on a fait les dessins à l'aide de la *camera lucida*, ou quand on a acquis l'habitude de croiser les axes optiques des deux yeux, car alors, en regardant de l'œil gauche dans l'instrument, on transporte par ce croisement des axes l'image sur le papier vu de l'œil droit, et l'on tient une règle divisée, ou un compas dont l'ouverture est prise égale au diamètre de l'objet.

Leeuwenhoek comparait directement les objets avec des grains de sable fin d'un quart de millimètre environ, placés en même tems sous le microscope; puis, au lieu de compter, comme nous le faisons aujourd'hui, combien de fois le diamètre de l'objet est compris dans celui d'un grain de sable, il comparait les volumes ou le cube des diamètres : ainsi, pour lui, un objet large de un quarantième de millimètre, ou un dixième du grain de sable, était en volume dix fois dix répété dix fois, ou mille fois plus petit que le grain de sable.

Cela explique pourquoi, dans les anciens ouvrages, on voit indiqués des grossissemens si considérables ; car ce que nous appelons aujourd'hui un pouvoir amplifiant de cent diamètres, eût été alors nommé un grossissement d'un million de fois le volume , ce qui , d'ailleurs revient au même.

Au lieu des grains de sable , dont la grosseur n'est pas exactement déterminée , Jurin employa comme termes de comparaison des petits morceaux d'un fil métallique très fin , choisi de telle sorte que ce fil, enroulé en hélice autour d'une petite tige cylindrique , donnait pour cent de ses tours une longueur déterminée , d'où il pouvait conclure avec assurance l'épaisseur exacte d'un seul fil, puisque , tiré à la filière , il est égal dans toute sa longueur. On conçoit , en effet , que si l'on a un fil d'argent ou de platine assez fin pour que cent tours de ce fil enroulé sur une grosse épingle , occupent une longueur d'un centimètre ; ce fil sera lui-même épais exactement d'un dixième de millimètre. On se servirait également d'un fil de métal dont la grosseur ne serait pas aussi exactement en rapport avec le millimètre. Si le rapport de sa grosseur était une fraction assez simple , on pourrait faire de tète le calcul nécessaire pour avoir la mesure des objets soumis en même tems au microscope ; sinon un tableau dressé d'avance pour une même grosseur de fil dont on se servirait habituellement, donnerait immédiatement la mesure cherchée.

Ce moyen, tout vieux et tout simple qu'il est, sera employé avec avantage quand on n'aura pas d'autre micromètre et quand on voudra prendre, à première vue, une idée de la grosseur des objets , ou même aussi du pouvoir amplifiant de l'instrument ; car si un fil de métal ayant un dixième de millimètre, vu dans le microscope, nous paraît aussi gros qu'un crayon de mine de plomb qui a 8 millimètres et demi, le pouvoir amplifiant est de 85 fois le diamètre ; s'il paraît ausi large qu'une pièce de cinquante centimes , dont le diamètre est de 18 millimètres, le pouvoir amplifiant est de 180 fois le diamètre, etc.

Mais les échelles micrométriques tracées sur une plaque de verre sont ce qu'on emploie plus généralement aujourd'hui, pour mesurer directement la grosseur des objets microscopiques, et pour évaluer le pouvoir amplifiant du microscope. Ces échelles, qu'on nomme simplement aussi des *micromètres*, sont formées d'une série de petites lignes parallèles d'une ténuité extrême, tracées sur une plaque de verre à des inter-valles parfaitement égaux, au moyen d'une pointe de diamant. Ces intervalles qui sont d'un centième ou d'un deux-centième, et même quelquefois d'un cinq-centième de millimètre, sont réglés par une vis micrométrique d'une exécution parfaite, portant un cercle divisé qui tourne contre un vernier, pour avoir exactement les subdivisions de la longueur du pas de la vis, qu'on suppose être dans un rapport simple et déterminé d'avance avec le millimètre. C'est ordinairement la plaque elle-même que la vis fait mouvoir en avant, d'un centième ou de toute autre partie aliquote du millimètre, et la pointe de diamant n'a qu'un mouvement transversal à exécuter, pour tracer une des petites lignes parallèles. On a soin de donner une longeur plus considérable à ces lignes, de cinq en cinq ou de dix en dix, pour faciliter l'évaluation des grandeurs.

Je me sers habituellement d'une échelle micrométrique exécutée avec une rare perfection, par M. Georges Oberhaüser; un cinquième de millimètre sur une plaque de verre, présente cent parties avec les divisions de cinq en cinq ou les centièmes de millimètre indiqués par des lignes plus longues. Cette échelle est presqu'imperceptible à l'œil nu; on voit seulement au milieu de la plaque de verre un petit point blanchâtre qui, par certaines incidences d'une lumière très vive, renvoie les couleurs du spectre. Aussi, pour retrouver facilement cette petite échelle et la placer exactement sous le microscope, a-t-il fallu l'entourer d'un petit carré tracé plus fortement avec le diamant.

Quelques observateurs placent sur la plaque micrométrique l'objet à mesurer, et peuvent ainsi, par comparaison directe ou par juxta-position de l'objet sur les divisions de l'échelle, évaluer sa largeur; ils représentent même souvent l'objet ainsi juxta-posé sur l'échelle, et cela permet au lecteur de comprendre immédiatement le rapport des grandeurs; mais quand on a une très bonne échelle micrométrique, on doit éviter de l'exposer à des frottemens multipliés qui ne manque-raient pas de l'altérer, si à chaque instant on appliquait des-sus diverses substances grasses ou visqueuses qu'on n'enleverait qu'en essuyant fortement et à plusieurs reprises.

Mesure du pouvoir amplifiant.

La mesure du pouvoir amplifiant d'un microscope ou du grossissement, comme on dit aussi, ne peut être donnée d'une manière absolue ; car elle est différente pour chaque personne, suivant la portée de sa vue, ou suivant l'habitude qu'elle a de considérer de très petits objets. Ainsi, pour chaque vue différente , le microscope doit être mis différemment au point, et ne peut donner, par conséquent, une image identique ; d'un autre côté, les personnes myopes ou habituées à regarder de près, devant mettre un objet à une distance de 170 ou 160 , ou même 150 millimètres de leur œil pour le voir distinctement, mettront à cette distance aussi , une règle divisée en millimètres, à laquelle ils voudraient comparer l'échelle micrométrique vue dans le microscope. Les personnes, au contraire, qui sont presbytes ou habituées à considérer les objets de plus loin , mettraient la règle divisée à la distance de 200 ou 250 millimètres , pour la voir nettement et pour la comparer à l'échelle micrométrique en question. Si, pour celle-ci , un cinquième de millimètre vu dans le microscope paraît aussi grand que 60 millimètres vus à la distance de 250 millimètres, le microscope est dit avoir grossi les images 300 fois, tandis que la même image , pour les personnes à vue basse, ne répondrait qu'à une longueur de 36 millimètres placée à la distance de 150 millimètres , et conséquemment à un grossissement ou pouvoir amplifiant de 180 fois.

Si l'on veut se servir de la *camera-lucida* , rien ne sera plus aisé pour chacun , que de mesurer le pouvoir amplifiant du microscope ; il suffira, en effet, de transporter, au moyen de cet appareil, l'image de l'échelle micrométrique sur un papier blanc placé à la distance de la vision distincte ou adoptée comme telle, puis d'approcher de cette image une règle divisée en millimètres qui se trouve vue directement. Si on se sert du microscope vertical, et qu'on veuille, comme nous l'avons dit déjà, croiser les axes visuels des deux yeux, de manière à transporter sur le papier, vu de l'œil droit, à la distance de la vision distincte, l'image du micromètre vu de l'œil gauche dans le microscope, on arrivera également à mesurer le pouvoir amplifiant , si l'on mesure la longueur de l'échelle micrométrique , soit avec une règle divisée , soit avec le compas. Quand on n'a pas encore l'habitude de croiser ainsi les axes visuels, il sera plus commode de comparer le micromètre vu de l'œil gauche, avec des carrés de papier blanc, de 10 , 20 millimètres, ou de toute autre grandeur déterminée, qu'on a placés sur un fond obscur , à la distance de la vision distincte.

On peut aussi arriver, par le calcul, à déterminer le pouvoir amplifiant d'un microscope , d'après la longueur focale des diverses lentilles qui entrent dans sa composition ; mais encore ce calcul est subordonné à la longueur admise par chaque personne pour la distance de la vision distincte. On ne calcule guère d'ailleurs ainsi le pouvoir amplifiant , que pour le microscope simple , en cherchant tout simplement combien de fois la longueur focale de la lentille ou du doublet est contenue dans la distance de la vision distincte. Si , par exemple, on prend 180 millimètres pour cette distance, et qu'on veuille savoir combien un objet paraît grossi par une lentille de 2 millimètres de foyer , on trouve que 180 millimètres contenant 90 fois 2 millimètres , le diamètre de l'objet doit être rendu 90 fois plus grand.

Quand une fois on connaît le pouvoir amplifiant du microscope , on peut arriver à mesurer approximativement des objets que leur petitesse soustrait à toute mesure directe , en les comparant à des fils très fins vus à l'œil nu , et dont on a déterminé d'avance la grosseur en les soumettant eux-mêmes au microscope. Ainsi les meilleures échelles micrométriques ne pouvant donner directement que les cinq centièmes de millimètre , on ne pourra guère évaluer directement par comparaison avec ces divisions sous le microscope, que des millièmes ou des demi-millièmes de millimètre , et cependant il existe une foule d'objets dont les dimensions sont beaucoup moindres ; mais si l'on compare ces objets vus dans le microscope , avec un cheveu épais de 0,05 vu à l'œil nu , ou avec un brin de laine fine de 0,02 , ou avec un fil de soie de cocon de 0,01 ou 0,011, il sera facile, en divisant par le pouvoir amplifiant du microscope, celle de ces grosseurs qui a paru la plus conforme, d'obtenir l'évaluation de la grosseur réelle. C'est ainsi que le filament locomoteur d'un infusoire grossi 300 fois , paraissant aussi fin qu'un fil de cocon de 0,011 vu à l'œil nu , on est en droit d'admettre que le filament de l'infusoire est épais seulement de la 3oo^e partie d'un 90e de millimètre ou d'un vingt-sept-millième de millimètre. Si la grandeur à évaluer peut, comme le filament d'un spermatozoaire, se comparer à une ligne tracée avec la plume, ou la pointe du compas, ou le tire-ligne, sur le papier placé à la distance de la vision distincte ; on n'a qu'à répéter parallèlement cette même ligne treize fois, par exemple, en laissant des intervalles égaux à ces lignes, autant que possible, puis à mesurer en millimètres cette somme de 25 épaisseurs, paraissant à l'œil nu aussi fortes que l'objet vu dans le microscope, ou bien encore à mesurer quatre fois cette distance pour avoir le chiffre cent, puis à diviser la centième partie de cette somme, ou l'épaisseur d'une des lignes par le pouvoir amplifiant : quand, par exemple, cent fois la ligne tracée sur le papier, produit une épaisseur de 15 millimètres, une seule des lignes est épaisse de 0,15, et en divisant par le pouvoir amplifiant supposé de 3oo fois le diamètre, on a 0,ooo5, ou un demi-millième, un deux-millième.

Remarquons dès à présent que toutes nos mesures dans la suite de cet ouvrage, seront indiquées en fractions décimales de millimètre, 0,15 exprimant 15 centièmes ; 0,ooo5, cinq dix-millièmes, etc.

CHAPITRE VIII.

DU COMPRESSEUR, ET DES DIVERS SUPPORTS.

Dès l'instant qu'on a commencé à couvrir d'une lame de verre mince poli, la goutte de liquide qui contient les objets soumis au microscope, on s'est aperçu que la pression exercée par cette lame mince et celle qui résulte de la cohésion ou de l'action capillaire du liquide retenu entre les lames de verre, déforme de plus en plus ces objets, mais qu'en même tems elle les rend plus transparens et fait voir davantage dans leur intérieur les détails d'organisation. On a dû souvent aussi chercher à augmenter ou à varier cette pression, en appuyant obliquement une des aiguilles de dissection ou le bec de plume qui sert à pêcher les animalcules.

Cet effet de compression a été régularisé au moyen d'un instrument : le compresseur, imaginé par M. Purkinje, mais perfectionné beaucoup depuis. On en a tiré d'admirables résultats sur l'ovologie et sur l'helminthologie, parmi lesquels il faut mettre en première ligne ceux que M. Doyère a obtenus dans ses recherches sur les tardigrades.

L'instrument de M. Purkinje se composait de deux disques de verre reçus dans une virole en cuivre, et pressés l'un contre l'autre par un anneau qui se vissait dans la gorge de la virole.

Le *compresseur* perfectionné par M. Schiek de Berlin, est une sorte de fausse platine ou de porte-objet qui se pose sur la platine ; il se compose (*pl.* II, *fig.* 8) d'une plaque rectangulaire de cuivre, ayant au milieu un trou rond pour laisser passer la lumière, garni d'une lame de verre, et sur laquelle s'applique une seconde lame mince, pressée par un anneau mobile *m*. Cet anneau, pour pouvoir s'appliquer également de partout sur la lame de verre mince, tourne sur deux pivots *pp* diamétralement opposés, entre les branches de la fourchette FF, qui elle-même est portée par un levier mobile à bascule en B, et traversé à son extrémité C par une vis à tête molettée, qui, pressant sur la pièce D, fait abaisser la fourchette et presse l'anneau *m* sur la lame de verre. La pièce D, elle-même, tourne sur une tige Q, engagée dans la plaque AA, pour qu'on puisse détourner toute la partie comprimante, quand on veut ajuster d'autres objets entre les lames de verre.

M. de Quatrefages a apporté au compresseur une modification importante, en le rendant susceptible d'être retourné à volonté sens dessus dessous, pour que le même objet, comprimé entre les lames de verre, puisse être observé du côté où sa structure se laisse mieux voir, et surtout pour que l'étude successive des deux faces complète les notions qu'on a voulu demander à ce mode d'expérimentation. Il a suffi, pour rendre le compresseur propre à cet usage, d'ajouter par dessus quatre petits pieds *n*, d'une hauteur telle que quand, en retournant le compresseur, ils posent sur la platine du microscope, l'objet placé entre les deux lames de verre qui doivent être alors d'égale épaisseur, se trouve encore au foyer du microscope. On conçoit qu'il faut aussi qu'alors l'anneau et la fourchette ne dépassent pas la hauteur de ces petits pieds, pour que le compresseur se pose bien horizontalement sur la platine.

Mon appareil d'éclairage laissant fort peu d'intervalle entre le concentrateur et le foyer du faisceau de lumière concentrée, ne permet pas de se servir des compresseurs ordinaires, dont l'épaisseur est trop considérable, à moins qu'on ne fasse monter les lentilles du concentrateur beaucoup au-dessus du niveau de la platine, ce qui ne serait pas sans inconvénient, puisqu'on ne pourrait plus alors faire glisser le compresseur d'un côté à l'autre. On pourrait sans doute construire des compresseurs beaucoup plus minces, mais ils manqueraient peut-être de solidité. Voilà toutefois comment j'ai pu les remplacer, *pl.* I, *fig*. 9: une simple bande de laiton BB rendu bien élastique par l'écrouissage, est fixée par une vis C sur un petit socle, au bord de la platine RR, puis de là, en s'enfléchissant un peu, elle arrive jusqu'au-dessous de l'objectif du microscope A, offrant en cet endroit une ouverture ronde, de même diamètre que la monture de la lentille. En dessous, cette même lame doit être bien horizontale, et susceptible de s'appliquer exactement sur la lame de verre mince *m* qui recouvre le porte-objet *nn*. Une vis V, à tête molettée presse cette lame par un collet *r r*, et traverse la platine qui lui sert d'écrou. Ce petit appareil si simple reste toujours en place, et il est soulevé en vertu de son élasticité; il ne me gène pas pour la plupart de mes observations, et je l'enlève facilement, en dévissant les deux vis V et C, si j'ai besoin d'avoir toute la platine libre. Quand il est en place comme à l'ordinaire, si dans le cours de mes observations je crois devoir faire, sur l'objet soumis au microscope, quelqu'expérience de compression, je n'ai qu'à tourner la vis V, et je puis, en réitérant les pressions graduelles que je donne ainsi, arriver aux mêmes résultats qu'avec le compresseur ordinaire; j'ai de plus l'avantage d'avoir toujours mon appareil sous la main, de même que pour les expériences de polarisation.

M. Mandl a nommé *glisseur* ou *rouleur* un appareil dérivant à la fois du chariot et du compresseur, et au moyen duquel l'objet soumis à l'observation est roulé sur lui-même et plus ou moins comprimé en même tems par le glissement de la lame de verre qui le recouvre. On se donne ainsi le moyen d'étudier le corps sous toutes ses faces et d'éviter les illusions ou les fausses notions qui résultent du simple aspect d'une image produite par les effets de réfraction d'un objet transparent.

M. Laurent, dans ses importantes recherches sur le développement de l'œuf des limaces, a été conduit à inventer un petit support (*pl.* II, *fig.* 11), composé de deux fils de métal tordus ensemble et laissant entre eux un certain nombre d'ouvertures rondes *a a a*, dans chacune desquelles il engage un œuf de limace. Cette série d'œufs se trouve tenue horizontalement près de la surface d'une petite caisse AA pleine d'eau, par une tige que termine en dehors une tête molettée T, et qui peut tourner sur elle-même dans un canon C soudé à la cloison A B. La rangée d'œufs peut donc, par ce moyen, être présentée à chaque instant au microscope sous tous les aspects; et le fond de la caisse étant formé par une glace bien transparente, on peut, comme M. Laurent, étudier le développement des embryons, malgré les changemens de position qu'ils éprouvent. Une simple caisse à fond de glace, comme celle dont nous venons de parler AA, est souvent employée pour étudier les animaux vivans ou la circulation des sucs des végétaux tels que les *chara*, les *hydrocharis*, les *zanichellia*, etc.; cependant je préfère les placer tout simplement entre des lames de verre mince avec de l'eau.

D'autres caisses en verre, à faces planes verticales comme celles de M. C. Chevalier, auront une utilité beaucoup plus réelle, parce qu'on peut y laisser vivre divers animaux ou végétaux qui se fixent aux parois où on les observe directement, en approchant la caisse de l'objectif d'un microscope horizontalement placé, et qui reçoit dans le sens même de son axe, la lumière soit directe soit réfléchie et concentrée par un miroir concave. De telles caisses verticales et plus ou moins épaisses, pourront être laissées long-tems en observation pour suivre le développement des œufs ou germes de zoophytes, de spirorbes, des algues, etc., qui viennent se fixer aux parois si on les a remplies d'eau de mer avec quelques petites touffes d'algues.

On a construit des supports de diverses formes pour observer sous le microscope la circulation du sang des poissons ou des têtards. M. Donné a particulièrement indiqué un moyen fort ingénieux pour montrer la circulation du sang dans la langue d'une grenouille qu'on étale avec quelques épingles sur une plaque de liége percée d'un trou pour le passage de la lumière. Nous en reparlerons plus tard à l'occasion des observations sur le sang.

M. Poizeuille a imaginé, pour ses belles recherches sur la circulation, un porte-objet pneumatique; c'est une caisse en cuivre fermée en dessus et en dessous par des glaces planes épaisses de $3,5^{mil}$, et dans laquelle, par le moyen d'un ajustage particulier, on peut augmenter ou diminuer la pression de l'air, après qu'on y a introduit des animaux ou même des végétaux pour les soumettre au microscope.

Avant que d'avoir construit des caisses de verre à faces planes, on observait les animalcules vivans dans des tubes ou dans des flacons cylindriques, et pour cela le microscope était muni de certains supports particuliers, auxquels on aura souvent encore recours, quand on voudra étudier quelque objet vivant que l'on ne peut retirer du flacon où il s'est développé.

Au microscope est encore jointe ordinairement une petite pince à ressort (*fig.* 5 *m*) portée par une tige cylindrique qui glisse dans un canon *n*, tournant à bascule sur un support fixé à la platine du microscope, de manière à pouvoir tourner sur lui-même. Un petit insecte, tenu par la pince, peut, au moyen des divers mouvemens dont cet appareil est susceptible, être amené facilement au foyer du microscope. La tige de la pince est terminée, à l'autre extrémité, par une pointe très fine pouvant également servir à fixer un insecte ou un autre objet sous l'objectif du microscope; mais on doit avoir soin de garnir cette pointe avec un petit étui, qui se visse en *r*, et empêche qu'on ne se blesse en se servant de la pince.

Cette petite pince étant nécessairement très légère, ne suffirait pas pour tenir un insecte qu'on voudrait disséquer; M. G. Oberhaüser en a construit une beaucoup plus forte et très commode pour ce même objet : elle se compose d'une longue tige d'acier cylindrique (*pl.* II, *fig.* 10), glissant dans un canon mobile C C porté par une pièce P fixée à vis V, sur le bord de la platine MM. C'est l'extrémité de la tige qui se termine elle-même en pointe, pour former une des mâchoires de la pince; une seconde pièce L, formant l'autre mâchoire, se trouve portée par un talon T, dans laquelle elle se meut à bascule. La queue L de cette pièce sert de bras de levier si on presse dessus avec le doigt, pour faire ouvrir la pince, qu'un petit ressort $r\,s$ placé en dessous tient habituellement fermée, puis une vis V, permet de comprimer l'objet tenu entre les mâchoires de la pince, assez fortement pour qu'il ne cède pas à la traction exercée par les aiguilles de dissection ou les scalpels, et qu'il reste invariablement fixé au foyer du microscope F.

CHAPITRE IX.

DE LA CAMERA LUCIDA, OU CHAMBRE CLAIRE.

Par opposition avec la chambre obscure, dans laquelle on pourrait calquer les images des objets extérieurs, peintes par les rayons concentrés au foyer d'une lentille, on a nommé *chambre claire* ou *camera lucida*, un petit appareil réflecteur destiné à transporter optiquement une image sur le papier à dessin. L'œil peut alors voir à la fois cette image plus ou moins vive, et le crayon avec lequel la main va calquer en quelque sorte cette image apparente, qui n'existe que dans l'œil de l'observateur, et non sur une surface, comme celles de la chambre obscure.

Wollaston est l'inventeur de la *camera lucida*, qui se compose d'un prisme quadrangulaire (*pl.* II, *fig.* 12) A B C D, dont un des angles A est droit ; l'angle opposé C est obtus, et les deux autres sont aigus. Une des faces A B de l'angle droit étant tournée vers un objet m, reçoit perpendiculairement les rayons qui en viennent, et qui éprouvent à l'intérieur du prisme, deux réflexions complètes sur les faces B C et C D qu'ils rencontrent très obliquement. Après la seconde réflexion, ces rayons sortant perpendiculairement par la face A D, sont reçus par l'œil placé tellement près du bord D, qu'il peut recevoir en même tems, dans une moitié environ de l'ouverture de la pupille, des rayons venant directement d'un papier blanc E F. L'image de l'objet m se trouve donc transportée sur le même papier en n, par l'effet de la double réflexion qu'ont subie, dans l'intérieur du prisme, les rayons avant d'entrer dans l'œil ; par conséquent le crayon G, vu directement, peut suivre sur le papier tous les contours et les détails de l'image n vue par double réflexion dans le prolongement des rayons deux fois réfléchis.

Cette *camera lucida*, destinée particulièrement aux dessinateurs, qui s'en servent pour prendre plus rapidement et plus exactement une vue d'un paysage ou d'un monument, avait des inconvéniens notables, et dont le principal tient à la difficulté qu'on éprouve à tenir constamment l'œil à la même distance des bords du prisme.

M. Amici apporta donc un perfectionnement important, en remplaçant le prisme quadrangulaire unique de Wollaston par une combinaison d'un prisme triangulaire A B C (*fig.* 13, *pl.* II) avec une plaque de verre D E, à faces parallèles; on conçoit, en effet, qu'alors les rayons partant du point *m* et réfléchis dans l'intérieur du prisme sur la face B C, puis réfléchis une seconde fois en *p* par la plaque de verre D E, se confondent avec les rayons partant du papier sur lequel on dessine en *n*, et traversant aussi la plaque de verre en *p*, sans que l'œil O soit aussi rigoureusement assujetti à rester à la même place.

L'une ou l'autre de ces *camera lucida* eût pu être adaptée au microscope horizontal, dans lequel les rayons sont reçus par l'œil comme s'ils venaient d'un objet situé à une certaine distance; mais on a dû préférer encore une autre combinaison spécialement appliquée au microscope par M. Amici et encore perfectionnée par M. Ch. Chevalier pour les instrumens de sa composition. Cette *camera lucida*, représentée dans la planche I, figure 13, se compose d'un miroir d'acier poli MM, percé au centre d'une ouverture ronde, plus petite que la pupille de l'œil, qui reçoit, par cette ouverture, les rayons arrivant dans l'axe du microscope, en même tems qu'il reçoit aussi une certaine quantité de rayons réfléchis par la face inclinée du miroir. Ce miroir est supporté d'une manière quelconque devant l'oculaire *o* du microscope, et incliné suffisamment vers le bas, pour pouvoir réfléchir les rayons venant du papier *n*, sur lequel on dessine, et déjà réfléchis une première fois dans l'intérieur du prisme A B C, par sa base A C.

Ainsi, comme avec les précédentes *camera lucida*, l'image de l'objet et celle du papier et du crayon qui suit les contours de cette image sur le papier, se trouvent superposées; mais ici l'image fournie par le microscope, et qui est l'équivalent de l'objet lui-même, n'a point été déplacée ou transportée dans le sens vertical ; c'est l'image du papier et du crayon qui se trouve au contraire transportée dans le sens horizontal ou dans le prolongement de l'axe du microscope, ce qui revient toujours au même résultat, quoiqu'il semble qu'on ait devant les yeux, dans le microscope, l'image d'une main dessinant, au lieu de voir sa propre main superposée à l'image qu'on veut copier, comme dans les autres *camera lucida*. De là résultent deux avantages très grands ; l'un c'est que l'image de l'objet arrivant directement à l'œil sans avoir subi préalablement une réflexion, reste plus vive et plus nette, et conséquemment plus facile à copier, tandis que l'image du papier et du crayon, réfléchie deux fois, devient beaucoup plus faible, ce qui n'a pas autant d'inconvénient que pour l'image à copier, et ce qui, d'ailleurs, peut être compensé en éclairant plus vivement le papier ou moins vivement le champ du microscope ; l'autre avantage, c'est que l'on reste dans la même position que pour les observations, en regardant horizontalement, au lieu de se déplacer pour regarder perpendiculairement en bas, comme avec les autres *camera lucida*.

Cependant on emploie fréquemment aussi un petit appareil fort simple, qui a précisément les inconvéniens dont cette *camera lucida* est exempte, c'est le *miroir de Sœmmering*, que l'on réunit quelquefois sous le même nom de *camera lucida*, quoique le principe de sa construction et de son emploi soit tout différent. C'est un petit miroir rond d'acier poli M, plus étroit que la pupille, ayant deux millimètres environ, et tenu par une petite tige métallique B C D (*pl.* II, *fig.* 14) vis-à-vis l'oculaire du microscope A A, incliné de 45 degrés, de manière à réfléchir vers l'œil situé en O les rayons arrivant dans l'axe de l'instrument. Or ce miroir étant plus étroit que la pupille, l'œil doit recevoir en même tems, tout autour de ce miroir, des rayons venant directement du papier situé en *n* et du crayon servant à suivre les contours de l'image, qui vue dans le prolongement des rayons réfléchis O M, paraît véritablement être appliquée sur le papier *n*. L'image de l'objet soumis au microscope et qu'il s'agit de calquer sur le papier *n* est sans doute affaiblie par l'absorption qu'elle subit en se réfléchissant sur le miroir de métal M ; il faudra donc, si on ne peut augmenter l'intensité de la lumière illuminante, dans l'instrument, diminuer la lumière venue directement du papier, sans quoi l'image ne serait pas assez distincte pour être copiée. On peut bien aussi, remplacer comme le fait M. G. Oberhaüser pour son microscope, le petit miroir métallique de Sœmmering par un petit prisme rectangulaire de verre très pur (*pl.* I, *fig.* 16) qui, tourné d'une manière convenable, produit dans son intérieur, sur sa plus large face, une réflexion dite totale, et laisse à l'image beaucoup plus de clarté.

Ces divers appareils, comme nous venons de les décrire, sont applicables seulement au microscope horizontal ; mais on les rend immédiatement applicables au microscope vertical, quand on substitue à l'oculaire un autre tube d'oculaire coudé à angle droit, contenant comme réflecteur, dans l'angle, un prisme rectangulaire de verre très pur ; pour renvoyer le faisceau lumineux dans une direction horizontale. C'est ainsi que M. G. Oberhaüser adapte à son microscope vertical, comme *camera lucida*, son petit prisme rectangulaire (*pl.* I, *fig.* 16) dont nous avons déjà parlé.

On peut d'ailleurs aussi appliquer directement, soit au microscope vertical, soit au microscope simple, comme l'ont fait MM. Milne-Edwards et Doyère, un des réflecteurs obliques représenté dans la planche I, fig. 14, 15, 16, c'est-à-dire le miroir percé d'Amici (*fig.* 14), ou le miroir de Sœmmering (*fig.* 15), ou le petit prisme rectangulaire (*fig.* 16), l'un et l'autre disposés en sens inverse, en plaçant en avant, à une certaine distance, un miroir destiné à réfléchir sur ce premier réflecteur l'image de la main et du crayon dessinant sur le papier. On conçoit, en effet, qu'alors encore, l'œil dont la pupille est plus large que le trou du premier miroir ou le miroir de Sœmmering, ou le petit prisme, reçoit à la fois les rayons transmis par le microscope, et ceux qui sont réfléchis par l'un de ces appareils ; par conséquent encore, il voit superposé à l'image microscopique le crayon que la main, avec un peu d'habitude, pourra conduire suivant tous les contours et les détails de cette image. La seule différence entre ces divers appareils est, comme on le voit, qu'avec le premier, les rayons transmis par le microscope arrivent directement par le centre de la pupille, et que dans les deux autres, ces mêmes rayons arrivent dans l'œil, seulement autour du réflecteur entre ce réflecteur et le bord de la pupille.

Si , au lieu d'un miroir pour réfléchir l'image du crayon , on place à une certaine distance un écran M N vivement éclairé et sur lequel sont tracées des lignes parallèles écartées d'un millimètre , l'image de cet écran et de son échelle divisée , se trouvera réfléchie par le petit appareil réflecteur , et transporté ainsi dans l'axe du microscope : par conséquent , si l'on a mis sur le porte objet un fil de métal dont la grosseur est exactement connue , ou une échelle micrométrique tracée sur une plaque de verre , on déterminera immédiatement le pouvoir amplifiant du microscope. Si , par exemple , un dixième de millimètre vu dans l'instrument, occupe autant d'espace que vingt millimètres sur l'image de l'écran réfléchie dans l'axe du microscope , on en conclut que le pouvoir amplifiant est de 200 fois le diamètre.

Quand une fois on a déterminé ce pouvoir amplifiant , il suffit de comparer un objet quelconque vu dans le microscope avec l'image de l'écran et de son échelle divisée, pour connaître sa mesure.

Mais on comprend que le pouvoir amplifiant déterminé ainsi , est relatif seulement à la position qu'on a donnée à l'écran ; car si on éloigne cet écran, le pouvoir amplifiant , sans avoir changé lui-même, est jugé plus considérable, parce que l'image de l'écran réfléchie dans l'axe du microscope est rendue plus petite. L'inverse a lieu si on rapproche l'écran ; mais, dans l'un et l'autre cas, la mesure réelle des objets reste la même : c'est le rapport de deux quantités qui varient proportionnellement.

Si c'est avec le microscope horizontal ou avec le microscope vertical muni d'un tube oculaire coudé , qu'on se sert d'une des *camera-lucida* ci-dessus décrites , alors c'est sur le papier que se place l'échelle divisée en millimètres , devant servir de la même manière à déterminer et le pouvoir amplifiant du microscope et la grosseur réelle des objets. Dans ce cas , la distance de l'œil au papier sur lequel on dessine , doit être fixée comme la distance de l'écran dans le cas du microscope vertical , et si elle varie , le pouvoir amplifiant est jugé avoir varié de même aussi. (Voyez chap. VII, page 27).

CHAPITRE X.

DES APPAREILS POUR LA POLARISATION, POUR LES OPÉRATIONS DE CHIMIE MICROSCOPIQUE, etc.

On a si souvent besoin de constater l'action des différens corps sur la lumière polarisée, qu'il est indispensable d'avoir toujours sous la main des moyens faciles et prompts pour faire cette expérience.

J'ai déjà dit, en parlant de l'écran diaphragme, comment une tourmaline collée avec un peu de cire sur une des ouvertures de cet écran, me sert à polariser instantanément le faisceau de lumière incidente. Une seconde plaque de tourmaline simplement posée sur l'oculaire du microscope vertical, ou portée par un anneau qui entre à frottement sur l'oculaire du microscope horizontal, sert à analyser le faisceau de lumière transmise. En effet, des plaques de tourmaline taillées parallèlement à l'axe des cristaux, fournissent un des meilleurs moyens et surtout des plus simples, pour avoir un faisceau de lumière polarisée, parce qu'elles ne laissent passer que les rayons polarisés dans le sens même de l'axe. La seconde lame placée sur le trajet du faisceau polarisé le laissera passer, si elle est tournée dans le même sens que la première : elle l'interceptera tout entier, si elle a son axe de cristallisation tourné à angle droit, et produira des effets intermédiaires pour toutes les autres positions. Mais pour que ces effets soient bien prononcés, il est nécessaire que les tourmalines aient une teinte assez foncée brune ou verte; car c'est par absorption d'une partie du faisceau lumineux, qu'elles rendent polarisée la portion transmise; cette coloration aura donc souvent un inconvénient grave en dénaturant les couleurs des objets soumis à l'observation. On a divers autres moyens de polariser la lumière, qui n'auront point cet inconvénient, mais qui généralement ne seront pas d'un usage aussi facile. Ainsi, on pourra polariser la lumière incidente par réflexion à 35° sur une plaque de verre noir, ou en lui faisant traverser sous une incidence oblique, ce qu'on nomme une pile de glaces minces, c'est-à-dire sept à dix plaques de verre superposées et inclinées de 35° sur la direction du faisceau. On peut enfin profiter de ce fait important, que dans la double réfraction par le spath d'Islande, les deux rayons dans lesquels se partage le faisceau transmis à travers ce cristal, sont polarisés en sens inverse. Il faudra donc, d'une manière quelconque, intercepter l'un des deux rayons, pour avoir l'autre rayon complètement polarisé et parfaitement pur. Cet effet s'obtient par une ingénieuse combinaison, dans le *prisme de Nichol,* ainsi nommé du nom de son inventeur; c'est simplement un cristal de spath d'Islande étroit et très alongé dans le sens de quatre de ses faces, lequel a été divisé, suivant un plan mené très obliquement d'un sommet au sommet opposé, et recollé ensuite avec de la térébenthine cuite ou quelque autre mastic. Il en résulte à l'intérieur une face réfléchissante oblique qui laisse passer celui-là seul des deux rayons qui est le moins incliné, et réfléchit complètement l'autre. Ce prisme de Nichol peut s'adapter sous la platine du microscope, ou se fixer au diaphragme.

Quant à la tourmaline superposée à l'oculaire, elle peut également être remplacée par une pile de glaces ou par un second prisme de Nichol, qui serait placé dans l'intérieur même du tube oculaire.

Expériences de chimie microscopique.

L'emploi des larges lames de verre mince dont on recouvre le porte-objet, permet de faire sous le microscope une foule d'opérations chimiques ; car on peut faire arriver successivement, par capillarité, différens réactifs sous une telle lame mince, sans craindre de compromettre les parties métalliques du microscope, ni les lentilles. On peut encore, en portant au-dessus de la flamme d'une lampe ou d'une bougie, le porte-objet pendant quelques instans, reconnaître ensuite les réactions produites par la chaleur. Mais pour faire des opérations suivies et pour étudier particulièrement la marche des réactions produites par la chaleur, il est nécessaire d'avoir un appareil comme celui que M. Ch. Chevalier ajoute à son microscope horizontal, pl. I, fig. 9.

La pièce contenant le prisme réflecteur *m* à l'intérieur, et les lentilles, se retourne de manière que les lentilles *n* regardent en haut, alors on fait entrer à frottement l'anneau B qui porte une tige verticale A A, le long de laquelle peut glisser à crémaillère le support PP, et ayant vers le sommet un autre support mobile à fourchette D pour le miroir réflecteur N ; on peut aussi avoir, dans l'intervalle, un diaphragme R à disque mobile.

Sur le support simple PP, on peut faire directement toutes les expériences à froid, soit dans des verres de montre, soit entre des lames de verre plan. Pour les expériences qui exigent l'emploi de la chaleur, on place sur le support une plaque rectangulaire alongée assez épaisse E F (*fig.* 10), aux deux extrémités de laquelle sont suspendues des petites lampes à alcool L L, au moyen desquelles on l'échauffe fortement en peu de tems. Au milieu de la plaque est une cavité concave, percée d'un trou au centre, et dans laquelle se loge une petite capsule de verre G, comme un verre de montre, contenant les substances à mettre en expérience. Quand les petites lampes sont allumées, la chaleur de la plaque ne tarde pas à se communiquer à la capsule de verre et à son contenu.

Des expériences électro-chimiques ont pu également être faites sous le microscope, au moyen d'une petite pile à courant constant, comme celles que fabrique pour cet usage M. Ch. Chevalier, et des petits conducteurs isolés comme ceux de Ploessl, représentés dans la pl. I, fig. 11 ; on voit que les conducteurs sont deux fils métalliques *m n*, traversant deux petits tubes de verre *v v* qui glissent dans les canons *c c* mobiles à charnière en B B, sur les deux supports A A, fixés à une petite platine mobile D D.

Redressement ou retournement des images dans le microscope.

Enfin, pour terminer ce chapitre et cette section, nous devons indiquer le *prisme redresseur* appliqué par M. Ch. Chevalier à son microscope horizontal, pour rendre aux images leur position naturelle, et les diverses combinaisons d'oculaires multiples qu'on peut adapter au microscope vertical pour redresser complètement l'image. Ce redressement est presque indispensable quand on veut disséquer sous le microscope même, sans avoir acquis péniblement l'habitude de faire mouvoir les aiguilles ou les autres instrumens de dissection en sens inverse de ce qu'on voit réellement dans le champ du microscope, où les images sont renversées par l'effet du croisement des rayons. Pour le microscope horizontal, la réflexion par le prisme intérieur *m* a déjà redressé l'image de haut en bas, de sorte que les mouvemens faits d'arrière en avant sur le porte-objet, paraissent dirigés de bas en haut dans le champ du microscope; il ne reste donc qu'à redresser ou retourner l'image de droite à gauche, et c'est ce que fait le prisme redresseur (*pl.* I, *fig.* 12) dont les bases *a b c* sont placées vis-à-vis la paroi du tube qui le renferme, et dont les arêtes sont transversales, ainsi que les faces qui dévient un peu et réfléchissent complètement le faisceau transmis par le microscope.

On conçoit donc qu'avec deux prismes semblables, placés à angle droit, l'un devant l'autre, dans un tube adapté à l'oculaire du microscope vertical, on redressera complètement, en deux fois, les images renversées de cet instrument, et avec une perte de lumière beaucoup moindre que dans les oculaires composés.

Expériences de daguerréotype sur les images formées dans le microscope.

Nous indiquons ici, comme pour mémoire seulement, la possibilité de reproduire sur des plaques daguerriennes, comme l'a fait M. Donné, les images formées dans le microscope. Il suffit pour cela, de supprimer l'oculaire du microscope vertical, et d'exposer une plaque préparée, à l'action des rayons qui, après avoir traversé les lentilles achromatiques ou l'objectif du microscope, viennent comme dans une chambre obscure former une image dans l'intérieur du tube, à une hauteur qu'on a soin de faire concorder exactement avec la position de la plaque. Les essais faits par M. Donné, permettent d'espérer qu'on pourrait arriver ainsi à des résultats satisfaisans. On a d'ailleurs reproduit, plus facilement encore, les images du microscope solaire sur les plaques daguerriennes.

SECTION II.

DE LA MANIÈRE D'OBSERVER ET DE TRAVAILLER AVEC LE MICROSCOPE.

CHAPITRE PREMIER.

DE LA MANIÈRE D'OBSERVER AU MICROSCOPE.

L'art d'observer au microscope ne s'acquiert que par une longue habitude : nos mains ont besoin de s'accoutumer à faire mouvoir assez lentement le porte-objet sur la platine du microscope, et à en rapprocher l'objectif d'une quantité, qui n'est appréciable qu'avec l'instrument lui-même ; nos yeux doivent aussi s'accoutumer à étudier et à comprendre des objets vus partiellement, à un grossissement de 200 à 300 diamètres, et à démêler dans leur structure, à travers une transparence presque complète, les parties pleinesou creuses, ou en saillie. C'est donc une grande erreur que de croire qu'on puisse se servir convenablement du microscope comme d'un autre instrument de physique, dès l'instant même où on l'a entre les mains. Une longue pratique est nécessaire, et seule elle doit apprendre à l'observateur une foule de détails d'expérimentation qu'il est impossible d'indiquer, car ils sont le plus souvent propres à chacun.

Mais il y a quelques règles générales que nous devons exposer ici. La première, relative au degré d'amplification ou de grossissement qu'il convient d'employer, se réduit à cette recommandation : de commencer toujours l'étude d'un objet par des grossissemens faibles, et de n'arriver que progressivement à l'emploi des grossissemens les plus forts. En effet, à mesure que le grossissement est plus considérable, le champ de vision se réduit et ne laisse plus voir qu'une partie fort restreinte de l'objet. Il faut donc d'abord, surtout si l'on n'a pas une grande habitude, soumettre l'objet à un grossissement très faible, de dix à cinquante diamètres, par exemple, quand c'est un petit insecte, un cyclope, un systolide ou un autre petit animal à étudier dans sa forme générale : pour cela, on peut se servir du microscope simple, qui a l'avantage de montrer les objets dans leur position directe. On passe ensuite à des grossissemens de 100 à 150 diamètres avec le microscope composé qui, comme on sait, montre l'objet dans une position renversée, et n'en laisse voir qu'une partie, si son diamètre réel est d'un ou de plusieurs millimètres.

Le renversement des images dans le microscope composé, rend plus difficile, en commençant, la manœuvre nécessaire pour amener l'objet dans l'axe même de l'instrument ou dans le centre du champ de vision ; c'est une raison pour qu'on s'exerce d'abord à bien placer l'objet sous des grossissemens plus faibles ; car, avec les grossissemens de 300 diamètres, le moindre mouvement du porte-objet cause un déplacement si considérable de l'image, qu'on est souvent exposé à perdre de vue l'objet de l'observation. Il faut ensuite passer beaucoup de tems à le chercher, à moins que, changeant aussitôt les lentilles, on ne reprenne un grossissement beaucoup moindre, pour remettre en place l'objet en question.

La difficulté pour mettre au point ou à la distance focale précise, l'objet qu'on veut étudier, est d'autant plus grande, que le grossissement est plus fort : or, on conçoit que, pour l'objet vu dans l'instrument, les dimensions en épaisseur sont augmentées comme les largeurs, et que, par conséquent, si un corps paraissant épais d'un millimètre au grossissement de 400 diamètres, on veut voir successivement sa surface supérieure, puis l'inférieure, il faudra remonter ou abaisser l'objectif de 1/400 millimètre. Jusqu'à ce que la main ait acquis l'habitude de ces mouvemens microscopiques, on est donc exposé à monter et à descendre l'instrument d'une quantité beaucoup trop forte, et par suite même à briser le porte-objet par le contact forcé de l'objectif. Quand il faut, comme il arrive souvent, rapprocher l'objectif d'une quantité beaucoup plus petite, on préfère souvent exercer une légère pression sur le

corps du microscope ou sur la platine, pour l'approcher suffisamment, à cause de l'élasticité du métal. Mais pour ces forts
grossissemens aussi, il faut bien se rappeler que le microscope
pris au point pour un observateur, ne le sera pas pour une
autre personne dont la vue serait différente, c'est-à-dire, qui
serait plus myope ou plus presbyte ; car la distance de l'objectif à l'objet, est toujours en rapport avec la vue de l'observateur.

Il est à propos de s'arrêter, autant que possible, à l'emploi de certains grossissemens déterminés a l'exclusion des
grossissemens intermédiaires: que ce soient, par exemple, ceux
de 10, 20, 5o, 100, 15o, 200 et 3oo fois le diamètre ; on
gardera dans sa pensée, la notion du diamètre et des détails
d'organisation de certains objets bien conçus, qui serviront de
termes de comparaison toujours présens. Nous avons dit que
le microscope simple sera préférable pour l'emploi des grossissemens faibles jusqu'à 4o diamètres ; il sera même convenable, quand un objet a été étudié déjà avec les lentilles ou
doublets de 20, 10 et 5 millimètres de foyer, qui donnent ces
grossissemens de 10, 20 et 4o diamètres, de substituer immédiatement la lentille ou le doublet de 2.5 à 2 millimètres
de foyer, qui donne un grossissement de 8o à 100 diamètres,
pendant que l'objet est encore en place, avant de le transporter sous le microscope composé.

Quant à l'emploi des lentilles ou doublets d'un millimètre,
ou de moins d'un millimètre de foyer, il n'y faut avoir recours que pour des comparaisons ou des vérifications utiles ;
car leur ouverture est tellement étroite, que l'œil doit en être
très rapproché, et encore le faisceau lumineux, au lieu d'em-
brasser toute l'étendue de la pupille, n'en occupe qu'une trop
petite portion ; c'est pourquoi si, par quelque pression ou
par un frottement de la paupière, on a déterminé l'injection
de quelques vaisseaux dans l'œil, le champ de la vision se
trouve immédiatement traversé de taches ou de barres noires
permanentes, sans qu'on puisse se préserver de cet inconvénient autrement que par le repos.

Une deuxième règle à suivre dans l'emploi du microscope,
c'est de se préserver de toute cause extérieure de malaise ou
de fatigue ; ainsi on doit éviter soigneusement que l'instrument ou la table qui lui sert de support, ne vacille d'aucune

manière, ou ne reçoive d'ébranlemens par suite du mouvement des voitures à l'extérieur, ou de la marche des personnes sur les planchers, ou même par suite des pulsations du cœur qui se communiqueraient à la table. En outre de ces conditions de stabilité, il faut que l'observateur ait fixé la hauteur de son siége, celle de la table, et celle de l'oculaire de son microscope, de telle sorte que les muscles du cou, des épaules et de la poitrine, n'éprouvent aucune tension, aucune gène par suite d'une position forcée qui finirait par être un obstacle réel à une bonne suite d'observations. Il faut aussi que les coudes, ou tout au moins que le coude gauche sur lequel le corps doit se reposer, soit supporté à une hauteur convenable : je me sers avantageusement pour cela, d'une pile de livres posée sur la table, et dont la hauteur est facilement réglée.

Au moyen de ces précautions, on évitera sans doute certaines causes de malaise ; mais on n'empêchera pas que la fatigue ne se fasse sentir plus ou moins promptement suivant l'habitude qu'on a déjà acquise, et suivant l'état de santé où l'on se trouve actuellement. On s'aperçoit bien, par exemple, qu'un mal de tête, qu'un rhume, qu'un embarras gastrique nous laissent bien moins aptes au travail du microscope ; mais quelle que soit la cause de la fatigue qu'on éprouve, il est prudent de suspendre et d'ajourner ses observations microscopiques. Il m'est arrivé souvent de passer douze heures de suite au microscope, sans fatigue notable, et d'autres fois un travail d'une heure m'obligeait à prendre du repos.

Une troisième règle bien importante pour le micrographe, c'est de modérer convenablement la lumière, soit extérieure, soit intérieure. Nous avons déjà dit pourquoi on doit absolument proscrire l'emploi des rayons directs ou réfléchis du soleil pour les forts grossissemens ; nous devons ajouter encore que l'on doit éviter d'éclairer trop vivement par transparence le champ du microscope, parce que, s'il est éblouissant de clarté, on n'y peut rien distinguer, tout d'abord, et l'œil se fatigue bien davantage à chercher les objets transparens ; mais la fatigue serait presqu'aussi grande, si l'on s'obstinait à démêler les objets qu'on sait devoir se trouver dans un champ de vision trop sombre. Il faudra donc se donner un degré de clarté comparable à celui que nous présente un ciel lumineux

quand on peut le regarder sans fatigue ; à cet effet, on affai-
blira par des diaphragmes la lumière trop vive, ou bien on
dirigera le réflecteur vers un point du ciel moins lumineux ; et
quand, au contraire, le ciel sombre et nuageux ne présentera
pas assez de clarté, il faudra recourir à l'emploi d'une bonne
lampe brûlant à blanc, telle que la lampe de Carcel ou toute
autre bonne lampe mécanique, ou bien telle que la lampe dite à
fond tournant, et celle de Wiesnegg. Mais, dans tous les cas,
l'emploi des diaphragmes et des écrans sur le trajet de la lumière
destinée à l'éclairage des objets vus par transparence, est indispensable pour modérer cette lumière et pour faire naître, en l'interceptant plus ou moins, des ombres passagères et des contours obscurs qui aident beaucoup à reconnaître les objets, et
qui servent ensuite à démêler leur structure intime. Quant aux
objets vus par réflexion, on n'est arrêté dans l'emploi de la
lumière la plus vive, que par l'inconvénient résultant de la ra-
diation des points brillans et de toutes les illusions qui en
proviennent.

Si l'objet vu dans le microscope doit être copié sur un papier blanc, on aura soin d'éclairer ce papier de manière à le
rendre aussi clair que le champ du microscope, ou, ce qui revient au même, de réduire la clarté du champ pour que les
deux images soient également éclairées. Les yeux, pendant
l'observation microscopique, doivent être soigneusement pré-
servés de toute lumière étrangère, soit directe, soit réfléchie.
Un écran ou une visière mettra les yeux à l'abri de la lumière
directe, et l'on éloignera tous les corps brillans ou blancs, ou
vivement colorés, dont les rayons pourraient arriver même très
obliquement à l'œil de l'observateur ; l'écran destiné à préserver la vue des rayons de la lampe qui sert à éclairer le microscope, aura aussi pour objet d'abriter la tête contre la chaleur rayonnante de cette lampe, si l'on se sert du microscope
vertical; on s'évitera ainsi un notable inconvénient pendant les
observations très prolongées en hiver.

Un bon système d'écran ménage considérablement la vue
de l'observateur, et lui permet de regarder d'un œil sans fermer ou sans froncer l'autre œil, comme le font les personnes
qui n'ont pas encore l'habitude du microscope, et que la lumière extérieure fatigue beaucoup. Spallanzani travaillait dans
une chambre obscure, où pénétrait un seul rayon de lumière

par un trou pratiqué au volet. M. De Mirbel se tient, pour
ses opérations microscopiques, dans une sorte de petite chambre obscure, qui ne laisse arriver la lumière que sur le miroir
de l'instrument. Pour moi, je préfère à tout autre système
d'écrans, un bonnet noir que j'abaisse sur mes yeux, de manière à ne voir que l'oculaire et la platine du microscope, ainsi
que mon dessin ; mais je ne néglige pas cependant l'emploi
d'un écran pour m'abriter de la chaleur de la lampe.

CHAPITRE II.

DES ILLUSIONS DANS L'OBSERVATION AU MICROSCOPE.

Illusions provenant de l'œil.

Nous avons dit déjà que, suivant l'état général de la santé,
la vue se trouve plus ou moins active et pénétrante. Mais en
outre de ces prédispositions qui réagissent de loin, en quelque
sorte, il y a dans l'œil même de nombreuses causes d'illusion
pour l'observateur : ainsi, sans parler de l'inflammation ou de
l'irritation même légères de la conjonctive et des paupières,
qui doivent empêcher les travaux micrographiques, il y a encore
d'autres causes d'illusion contre lesquelles il est bon d'être pré-
muni. Un cil renversé devant l'œil, produit aussitôt une
tache noire très volumineuse dans le champ de la vision, et
l'on est exposé surtout à cet inconvénient, quand on commence à se servir du microscope, si l'on approche l'œil trop
près de l'oculaire que touchent alors les cils. Des mucosités
ou une humidité trop abondante à la surface de l'œil, produisent l'apparence de nuages gris, ou de cordons noueux
qu'on voit monter et descendre dans le champ de la vision,
chaque fois que les paupières viennent de se fermer un instant.
Cet effet est souvent le résultat d'un éclairage trop brillant,
ou de la fatigue pour ceux qui commencent à se servir du microscope. D'autres effets analogues, mais beaucoup plus variés, sont le résultat d'une petite congestion sanguine, ou
du passage du sang dans certains vaisseaux, qui ne sont ordinairement traversés que par des liquides incolores et sans

granules. C'est quand on tient la tête trop penchée ou quand on a le cou trop serré, qu'on observe ces effets : on voit alors des taches ou des points, ou des chaînes ou des serpenteaux qui traversent obstinément le champ du microscope, et qui causent souvent au micrographe une vive inquiétude, en lui faisant redouter pour la conservation de sa vue un danger qui n'existe réellement pas ; c'est d'ailleurs en évitant soigneusement tout ce qui peut faire porter le sang à la tête, qu'on se met à l'abri de cet inconvénient.

Il est enfin d'autres causes d'illusion dont on doit chercher le siége dans la rétine même ; des éclairs, des lueurs vives et passagères, une obscurité uniforme occupent toute la moitié inférieure ou supérieure du champ de la vision, et ne s'effaçant que peu à peu, sont les résultats d'ébranlemens spontanés dans la rétine, et véritablement ces phénomènes pourraient faire craindre qu'une amaurose ou toute autre affection grave ne dût être la conséquence d'une longue série de travaux microscopiques, si l'on ne savait que la plupart des micrographes, que l eeuwenhoek, entre autres, ont conservé d'excellens yeux jusque dans une extrême vieillesse ; et si l'on ne songeait qu'une foule de professions comme l'horlogerie, la peinture en miniature, la gravure, etc., occasionent à ceux qui les exercent, une fatigue beaucoup plus grande et plus continuelle que n'en peut causer l'usage d'un bon microscope avec les précautions convenables.

Illusions provenant du microscope lui-même.

Nous n'avons pas à parler ici des nombreuses causes d'illusions inhérentes à des microscopes non achromatiques ou défectueux. Il suffit pour ceux-là, si beaux, si riches qu'ils puissent être, de les laisser absolument de côté, et de leur préférer un doublet ou même une lentille plano-convexe pour faire des observations de quelque valeur. Nous ne répéterons pas ce qui a été dit plus haut au sujet de l'éclairage et des inconvéniens d'une diaphragmation imparfaite ou d'une lumière non convenablement concentrée sur l'objet. Il serait superflu de rappeler que c'est surtout à ces imperfections de l'éclairage, aussi bien qu'à l'emploi de la lumière directe du soleil, qu'ont été dues les nombreuses erreurs des physiologistes sur la structure intime des tissus dans les animaux et les végétaux.

Mais en supposant le microscope aussi parfait qu'on peut l'avoir aujourd'hui, il restera encore bien des causes d'erreur, quand on voudra surtout se servir des plus forts grossissemens. Déjà, en effet, à 300 et 400 fois le diamètre, les corpuscules ou les fibres opaques dont le diamètre est d'un quinze-centième à un trois-millième de millimètre, n'ont pas le contour aussi net, aussi tranché que si des images directes étaient formées dans l'œil: quand la lumière n'est pas exactement concentrée sur l'objet, le contour est un peu diffus ou comme estompé; quand au contraire, le faisceau de lumière a son foyer sur le point même qu'on étudie, le contour est plus net, plus tranché, mais on évite difficilement alors la formation de franges multiples très fines produites par la diffraction, et qu'on aperçoit sur les bords en regardant attentivement.

Comme les objets ne peuvent être vus que par transparence, aux grossissemens les plus forts, on n'a que des effets de réfraction auxquels l'œil n'est pas accoutumé, pour juger des pleins ou des vides, des reliefs ou des creux; ainsi une bulle d'air et une gouttelette d'huile dans l'eau paraîtront l'une et l'autre bordées d'un cercle noir et pourvues d'un point lumineux au centre, si on les examine séparément, et si l'on cherche pour chacune la distance convenable; mais si on les examine ensemble et comparativement, on reconnaîtra bientôt une différence essentielle entre ces deux petites boules : l'une, celle d'air, représentant un espace vide et moins réfringent par rapport à l'eau, agira comme une petite lentille biconcave, et n'aura son centre brillant que si on rapproche l'objectif du microscope, puisque le petit faisceau lumineux qui la traverse devient divergent et doit avoir son foyer au-delà de cette sphère. La petite boule d'huile, au contraire, réfractant la lumière plus fortement que l'eau, agira comme une lentille biconvexe, et montrera son centre plus brillant quand on éloigne l'objectif du microscope; on peut voir d'ailleurs, en faisant arriver la lumière obliquement, que ces deux globules sont plus fortement ombrés chacun d'un côté différent.

Ces particularités offertes comparativement par les globules d'air et d'huile, sont bien propres à faire juger ce qui est vraiment plein ou en relief, vide ou en creux, dans l'objet soumis au microscope; aussi, pour s'accoutumer à faire bien cette distinction, devra-t-on étudier un mélange d'air, d'huile et d'eau changé en émulsion, en l'agitant avec de la gomme ou du sucre dans un flacon, ou simplement en agitant une goutte d'huile avec la salive entre ses dents.

La poussière ou les impuretés sur les verres du microscope ou sur le porte-objet ou sur le réflecteur, sont des causes d'illusion qu'il est bien facile d'éviter en essuyant avec un pinceau d'abord puis avec un linge fin à demi usé toutes les surfaces sur lesquelles s'est attachée la poussière. Le plus souvent c'est à l'extérieur seulement que cette opération doit être faite; mais si, par suite des changemens de température ou par suite du remplacement des oculaires et des objectifs, la poussière a pénétré aussi dans l'intérieur, il faut dévisser les diverses pièces, en observant bien leur position relative pour pouvoir ensuite les remettre en place. On s'assure d'ailleurs, en faisant tourner ou mouvoir successivement l'oculaire, les objectifs, le porte-objet ou le réflecteur, à laquelle de ces pièces le nettoyage est nécessaire. Des bulles, des taches ou des rayures dans les verres du microscope sont souvent très préjudiciables à l'observation; on ne peut les faire disparaître qu'en changeant les verres eux-mêmes; mais quand elles sont peu considérables, on s'accoutume facilement à en faire abstraction, et on se sert du microscope comme si elles n'existaient pas.

La vapeur des yeux, ou des doigts, ou celle de l'haleine, en se condensant sur les verres froids du microscope, rend momentanément toute observation impossible, il faut essuyer les surfaces ternies et quelquefois les essuyer ainsi à plusieurs reprises, ce qui n'est pas sans inconvéniens; à moins qu'on n'attende que l'instrument tout entier ne se soit échauffé suffisamment pour ne plus condenser la vapeur; on est même obligé, pendant les grands froids de l'hiver, de chauffer son miscroscope en l'approchant du feu; sinon les verres continueraient trop long-tems à être ternis par la respiration. Le microscope horizontal est moins exposé à cet inconvénient que le microscope vertical; mais pour celui-ci encore, on évite en partie la condensation de l'haleine, en plaçant une petite feuille de papier ou de carton mince, traversée par le corps du microscope, et destinée seulement à intercepter le souffle humide dirigé en bas.

Illusions produites par des objets étrangers ou imprévus.

Les poussières et les corps légers, en se déposant sur les objets qu'on soumet à l'observation, ou sur l'eau qui sert à les humecter, ou sur la lame de verre, présentent souvent dans le champ du microscope des parcelles ou des objets tout-à-fait imprévus: ce sont surtout les debris de nos vêtemens et des meubles dont nous nous servons, de nos livres, de nos papiers, des parcelles détachées incessamment de notre propre corps; et accidentellement les débris des animaux ou des végétaux qui nous entourent. Ainsi on verra plus fréquemment des brins de laine, reconnaissables à la couleur qu'ils ont reçue de la teinture, des fibres de chanvre, de lin et de coton provenant de notre linge et de nos papiers, des barbules de plumes d'oie détachés de la plume de nos lits, de nos coussins, des écailles de notre épiderme et même de l'épithélium de notre bouche, surtout si nous avons humecté avec la salive les objets à étudier, des granules de graisse qui s'écrasent facilement entre les plaques de verre et qui, vraisemblablement détachés de notre peau par le frottement, ont flotté dans l'atmosphère avec d'autres poussières etc.

Plus rarement on voit en été dans le champ du microscope, des poils, des duvets de différens végétaux, ceux du platane par exemple, transportés dans les airs et pouvant embarrasser beaucoup l'observateur qui leur supposerait une autre origine. En même tems aussi des écailles de papillon, et des spores de plantes cryptogames sont apportés par les vents sous le microscope.

Si l'on observe des objets plongés dans l'eau ou dans un autre liquide, entre des plaques de verre, on est exposé en commençant, à prendre pour quelque chose d'extraordinaire les bulles d'air qui se trouvent emprisonnées, et parfois aplaties et singulièrement lobées, quand elles ont pénétré entre des filamens, entre des brins de conferves par exemple. Il arrive même, souvent, que si les bulles d'air sont volumineuses, et si la température vient à changer, la lame de verre supérieure se couvre par dessous de très petites gouttelettes ayant une apparence de régularité qui pourrait faire croire qu'on a sous les yeux un tissu organique. Quant aux bulles d'air assez petites pour conserver la forme globuleuse, on les reconnaîtra, comme nous l'avons dit plus haut, à leur cercle noir et à leur centre clair, quand on rapproche l'objectif du microscope.

Une autre cause d'erreur provient de l'évaporation de l'eau contenue entre les lames de verre ; le liquide alors, se retire peu à peu, suivant une ligne courbe, concave, qu'on voit s'avancer en travers du champ, poussant devant elle tous les petits corps flottans.

Il faut mentionner aussi comme pouvant causer quelques méprises, les cristaux de sulfate de chaux, de sulfate de potasse ou des autres sels contenus dans l'eau dont on se sert, et qui se forment souvent dans l'eau même, par suite de l'évaporation de cette eau sur le porte-objet.

La condensation de la vapeur sur le porte-objet donne lieu à des apparences assez remarquables dans le microscope ; si la plaque de verre était parfaitement nette, toutes les gouttelettes de vapeur garderaient une forme circulaire ; mais il en est rarement ainsi, et ces gouttelettes sont alongées et disposés en séries dans le sens suivant lequel on a essuyé ou frotté le verre ; si en outre les doigts ont été appliqués sur cette plaque, leur trace imperceptible d'abord se trouve nettement indiquée par la condensation de la vapeur. La dessiccation des substances soumises au microscope produit un autre genre d'apparences contre lesquelles on doit être en garde : qu'un liquide gommeux ou albumineux se dessèche sur une plaque de verre, on voit dans le résidu une foule de fentes et de fêlures diversement entre-croisées et comme anastomosées, qui ont été prises pour des vaisseaux par quelques anciens micrographes.

CHAPITRE III.

DU MOUVEMENT BROWNIEN OU MOUVEMENT MOLÉCULAIRE.

A la suite des diverses causes d'illusions, il convient de parler du mouvement continuel de titubation que présentent dans un liquide les particules des corps solides ou liquides insolubles, très divisés, ou les molécules qui ont moins de 1/500 millimètre de diamètre. En effet, ce phénomène qui appartient indifféremment à tous les corps suffisamment divisés, pourrait induire en erreur sur la manifesfation de la vie, l'observateur qui ne serait pas prévenu.

Ainsi des botanistes très distingués ont pris pour des animalcules spermatiques végétaux, les granules contenus dans le liquide que laisse échapper le grain de pollen au contact de l'humidité, parce que ces granules sont agités du mouvement moléculaire. M. Brown ayant observé ce mouvement dans diverses substances, donna le nom de *molécules actives* aux particules qu'il voyait s'agiter ainsi; mais quand lui-même eut reconnu que toutes les substances, même inorganiques, que les pierres et les métaux mêmes réduits en particules assez ténues, présentent ce phénomène, il fallut bien renoncer à l'idée d'activité organique, et ne voir là qu'un phénomène purement physique, dont l'explication ne peut être donnée.

C'est dans le lait et dans les émulsions que ce phénomène est plus facilement étudié; on y voit en effet des globules huileux de diverses grosseurs, et dont les plus petits, ceux qui ont moins de 1/600 millimètre s'agitent vivement, tandis que les plus gros sont immobiles, et que ceux de grosseur moyenne de 1/400 à 1/300 millimètre présentent un mouvement peu sensible qu'on n'aperçoit qu'en regardant attentivement. La gomme-gutte, le carmin et les autres couleurs dont on se sert pour peindre l'aquarelle, ainsi que l'encre de chine, si on les délaye avec un peu d'eau, restent en suspension pendant fort long-tems, et montrent bien aussi le phénomène du mouvement Brownien. On voit les particules se mouvoir irrégulièrement à droite et à gauche, en avant et en arrière, comme si elles étaient retenues par un fil, en s'écartant de leur position primitive de trois, quatre et jusqu'a huit et dix fois leur diamètre, si elles sont assez petites, si elles n'ont par exemple qu'un millième de millimètre.

On reconnaît alors que, moins la densité des corps divisés en particules diffère de la densité de l'eau, et plus le mouvement est vif; de sorte que, pour des métaux pesant sept à douze fois autant que l'eau, les particules doivent être beaucoup plus petites que pour un corps léger comme le carmin. D'autre part, si l'on chauffe le liquide, le mouvement devient notablement plus vif, et comme tout autre agent physique ou chimique, la lumière, l'électricité, le magnétisme, le contact des réactifs chimiques ou des divers solides est sans influence sur le mouvement Brownien, on est conduit à penser que c'est le résultat des impulsions variées que chaque particule reçoit de la part du calorique rayonnant émis par tous les corps voisins.

Ce mouvement Brownien joue un rôle important dans certains phénomènes physiques: c'est lui qui empêche les eaux troubles de se clarifier promptement par le repos; c'est lui aussi qui répand dans toute une masse d'eau et y tient en suspension les particules désagrégées d'un corps animal ou végétal qui se décompose. On voit d'ailleurs souvent sous le microscope, un infusoire en se décomposant ne laisser après lui qu'un amas de petites particules, qui s'agitent isolément et qu'il faut bien se garder de prendre pour des monades, non plus que les molécules qui troublent un liquide putréfié ou celui d'une macération.

Une goutte du liquide dans lequel se produit le mouvement Brownien peut-être exactement enfermée dans l'huile, sans que le phénomène cesse de se produire; c'est même là une preuve de l'indépendance de ce mouvement.

CHAPITRE IV.

PRÉPARATION DES OBJETS POUR L'OBSERVATION AU MICROSCOPE.

Pour beaucoup d'objets qui peuvent être étudiés à sec, il n'y a pas d'autre préparation à faire, que de les déposer sur une plaque de verre servant de porte-objet. Ainsi, pour des écailles de papillon, pour des poils, pour des grains de pollen, on presse légèrement, soit l'aile ou le corps de l'insecte, soit l'anthère du végétal, de manière à faire adhérer ces objets; si cela ne suffit pas, on humecte la plaque de verre, en dirigeant son haleine dessus. Mais ces mêmes objets et beaucoup d'autres sont plus convenablement étudiés, si on les tient plongés dans une goutte d'un liquide qui augmente beaucoup leur transparence et rend leur contour moins sombre et moins épais. L'eau pure est le liquide ordinairement employé pour cela ; et l'on doit, pour éviter les causes d'illusion dont nous avons parlé, veiller à ce que cette eau soit bien pure ; mais si les objets à examiner peuvent être altérés ou dissous par l'eau pure, comme les grains de pollen, les corpuscules sanguins, les vers intestinaux, certains tissus organiques, etc., il faut se servir d'une dissolution d'albumine, du serum du sang, ou simplement de la salive, si ce sont des animaux ou leurs organes vivans ; et préférer l'eau sucrée, la dissolution de gomme ou de dextrine, si ce sont des parties de végétaux qu'on veut soumettre au microscope. On pourrait aussi employer une dissolution de miel, en se souvenant qu'il contient souvent des grains de pollen récoltés par les abeilles, de même que dans la salive se trouvent des écailles d'épithélium, dans la dextrine des grains de fécule altérés, et dans un sirop de sucre altéré, ou dans l'eau de gomme long-tems conservée, il se trouve des sporules de moisissure ou des granules de ferment, etc.

Quand l'eau ou les dissolutions aqueuses ne suffisent pas pour rendre transparens les objets à examiner, il faut se servir d'un liquide plus réfringent, de l'huile, par exemple, ou de la térébenthine, ou des huiles volatiles provenant de la distillation du goudron de houille ou du caoutchouc, lesquelles pénétrant dans toute l'épaisseur des corps, leur donnent un degré de transparence qu'on n'aurait pas soupçonné d'abord.

Quand le liquide employé est susceptible de s'évaporer, il faut, pour retarder l'évaporation, recouvrir le porte-objet avec une lame de verre mince (1), et l'on conçoit qu'alors l'évaporation n'ayant lieu que sur le contour de la plaque, elle sera d'autant plus lente que la plaque sera plus large. Aussi, peut-on, en se servant de plaques très larges, non-seulement observer pendant long-tems des animaux d'eau douce, mais encore conserver vivans dans l'eau de mer, sous le microscope, des animalcules marins qui, sans cela, périraient promp-

(1) Les plaques de verre mince dont on se sert sont épaisses d'un quart de millimètre environ, et polies sur les deux faces ; c'est-à-dire que, pour les faire, on a pris des morceaux de glace mince qu'on use et qu'on polit d'un côté, et dont l'autre face est conservée avec son poli primitif. Des plaques de glace ainsi amincies, et larges de 15 à 20 millimètres en carré se vendent 3 francs la douzaine ; j'en ai eu plusieurs fois de beaucoup plus larges (de 25 millimètres) qui me coûtaient 5 à 6 francs la douzaine.

tement par suite de l'évaporation et de la concentration de l'eau salée. Les plaques de verre mince ont un autre avantage, c'est de maintenir bien plane la surface du liquide, et d'éviter ainsi certaines déviations des rayons lumineux, qui nuiraient à l'observation.

L'évaporation de l'eau contenue entre les lames de verre, ne pourrait être complètement arrêtée, que si l'on bordait la plaque supérieure avec une traînée d'huile, ou si l'on appliquait cette plaque sur une bordure de suif, ou si, comme l'a fait M. Peltier, on collait d'abord sur la plaque du porte-objet un anneau d'étain en feuille, que l'on enduit légèrement avec du suif, et au centre duquel est placée la goutte de liquide que l'on emprisonne ensuite exactement, en appliquant par dessus et en faisant adhérer au suif la plaque mince supérieure. Mais de cette manière, l'accès et le renouvellement de l'air étant également empêchés, la vie ne tarde pas à disparaître dans l'eau ainsi renfermée ; les animalcules périssent asphyxiés avec des phénomènes remarquables. Il vaut donc beaucoup mieux s'opposer à l'évaporation, en ajoutant de tems en tems une goutte d'eau sur le bord des lames, entre lesquelles elle pénètre par capillarité ; et si on est obligé d'interrompre l'observation, on recouvre la plaque de verre avec une cloche humide ou avec un verre de montre, ou simplement on la renverse sur l'ouverture d'un bocal ou flacon à col droit plein d'eau, de manière que le bord s'appliquant exactement, l'objet à préserver de l'évaporation soit tenu dans une atmosphère saturée d'humidité. Ce même procédé peut d'ailleurs être employé pour conserver pendant long-tems certains infusoires vivans dans une goutte d'eau non recouverte d'une lame mince.

En outre des innombrables objets d'étude qui s'offrent de tous côtés à nos regards, dans les organes et dans les élémens de structure des végétaux et des animaux, dans les animaux eux-mêmes que leur volume permet de placer tout entiers sous le microscope, tels que les petits insectes et les zoophytes ; il est encore une foule d'êtres que leur petitesse dérobe à notre vue et que le microscope seul nous apprend à connaître dans les eaux : ce sont les infusoires, les systolides, les diatomées et les desmidiées. Il faut chercher ces petits êtres dans les eaux douces ou marines, tranquilles ou stagnantes ou, ce

qui revient au même, dans les couches de débris et de petites conferves, qui recouvrent les pierres et les plantes submergées. Si l'on transporte sur le porte-objet, un peu de cet
enduit végétal et limoneux, on est certain d'y trouver de
nombreux organismes microscopiques. Beaucoup d'autres nagent librement dans le liquide, il faut donc les pêcher dans
cet océan qu'ils habitent ; pour cela, on se sert avantageusement d'un tube de verre ouvert aux deux bouts, qu'on plonge
verticalement, en tenant le doigt appuyé sur l'extrémité supérieure. L'air enfermé dans le tube, empêche l'eau d'y pénétrer ; mais si, après avoir amené l'extrémité inférieure du tube
dans l'endroit jugé le plus convenable, en regardant avec une
loupe ou même à l'œil nu ; si, disons-nous, on soulève le doigt,
l'air s'échappe chassé par l'eau, qui s'élance tout-à-coup, en-
traînant les animalcules. Comme la plupart des infusoires na-
geans sont conduits près de la paroi, soit en se portant vers
la lumière, soit en s'y arrêtant pour chercher leur nourriture
parmi les corpuscules et les végétaux adhérens, comme d'ailleurs un grand nombre de diatomées et de desmidiées viennent s'y fixer naturellement, de même que les infusoires sta-
tionnaires, vorticelliens, stentor, anthophyse, actinophrys, etc.,
je préfère racler cette paroi avec une plume taillée par le dos en
manière de cure-oreille ou de petite cuiller ; mais dans ce cas
encore, on doit préalablement explorer la paroi du flacon,
en regardant tout autour avec une forte loupe. Quand les infusoires sont peu nombreux dans un liquide, c'est par hasard
qu'on réussit à les pêcher ; on pourrait cependant, pour les
grosses espèces comme pour les systolides, rendre leur cap-
ture plus facile, en filtrant le liquide, et en recueillant les dernières portions restées sur le filtre. Les infusions proprement
dites, contiennent ordinairement une si prodigieuse quantité
d'animalcules, que la plus petite goutte en contient plus qu'il
n'en faut pour l'observation, et qu'on est quelquefois obligé
de l'étendre avec de l'eau pure.

Les infusions se préparent tout simplement, en mettant
dans un bocal de l'eau et une petite quantité d'une substance
végétale ou animale ; du pain, de la farine, du foin, du chenevis
ou du poivre écrasé, des insectes, de la chair, etc. Au bout de
quelques jours, si la température est assez élevée, on voit souvent le liquide rempli d'infusoires tellement nombreux, qu'ils

forment des nuages blanchâtres; mais tant de circonstances peuvent influer sur le développement des infusoires, qu'on n'est jamais sûr d'obtenir exactement un même résultat : la facile décomposition des substances, ou la putréfaction, par exemple, la proportion de l'eau à la substance mise en infusion, la qualité de l'eau, et surtout la qualité de la substance infusée, le libre accès de l'air à la surface, l'exposition à la lumière, et les variations de température, etc., sont autant de conditions qu'on n'est pas maître de reproduire exactement semblables, et de là résultent des différences notables dans la manifestation de la vie des infusoires. Il faut toutefois se rappeler qu'on ne trouve ainsi qu'un petit nombre d'espèces de ces animalcules, trente ou cinquante peut-être ; et encore dix, tout auplus, sont pourvues de cils vibratifs et faciles à étudier, avec un grossissement de 100 à 300 diamètres, en raison de leurs dimensions, dépassant un vingtième de millimètre.

Les animalcules microscopiques sont ordinairement assez diaphanes pour qu'on puisse étudier leur structure par transparence, en faisant seulement varier la distance de l'objectif, afin de distinguer successivement ce qui appartient à la face supérieure ou à la face inférieure, ou à l'intérieur de leurs corps. Si on les enferme entre des plaques de verre mince, ils peuvent se trouver comprimés de plus en plus à mesure que l'eau s'évapore, et le résultat de cette compression est de montrer mieux encore leur structure, et plus tard la manière dont ils se décomposent en cessant de vivre. Si la pression de la lame de verre ne suffit pas, on l'augmente par le moyen du compresseur, ou bien en appuyant légèrement avec la pointe d'une aiguille. Si, au contraire, on veut empêcher l'effet de cette pression et conserver les animalcules vivans, il faut placer en même tems sur le porte-objet, dans la goutte de liquide, quelques filamens de conferves, ou des fibres de chanvre ou des brins de laine, ou un morceau de cheveu, ou tout autre filament qu'on aura sous la main, ou un petit fragment de lame de verre, suivant l'épaisseur qu'on veut réserver pour le libre mouvement des animalcules.

CHAPITRE V.

DE LA DISSECTION DES OBJETS MICROSCOPIQUES.

Nous avons déjà dit que la transparence d'un grand nombre d'animalcules permet d'étudier directement leur structure, sans qu'il soit nécessaire de recourir à une dissection que la petitesse de ces êtres et leur extrême mollesse rendrait souvent impossible. Nous avons dit aussi que la compression peut servir à compléter les notions acquises par l'examen direct de ces petits êtres, et de beaucoup d'animaux plus volumineux, comme les planariées, les zoophytes, les annelides et les helminthes, il en sera de même aussi pour les ovules et les embryons des végétaux et de tous les autres animaux. La pression augmentée jusqu'à produire l'écrasement, fournira encore de nouvelles lumières sur la nature des tissus et des liquides composant ces divers organismes ; et, comme on assistera ainsi à la cessation de la vie, on se fera bien mieux une idée des différences offertes par une même substance avant et après la mort.

La dissection microscopique se fera le plus souvent par déchirement et par écartement des parties molles sous l'eau, et les instrumens dont on se sert pour cela sont simplement deux aiguilles emmanchées et soigneusement affilées. On conçoit, par exemple, que si les tégumens d'un ver ou d'une larve d'insecte se laissent facilement déchirer par ces pointes, on pourra, en opérant dans une goutte d'eau sous le microscope simple, écarter et isoler l'intestin, l'appareil nerveux, les trachées, les organes de sécrétion, etc., et étaler séparément chacune de ces parties sur la plaque de verre avec de l'eau, et la recouvrir ensuite d'une lame mince, si l'on veut s'opposer à la dessiccation, en ayant soin d'ajouter quelques morceaux de cheveu ou d'une autre substance dure, pour supporter cette lame mince, si l'on craint de comprimer ces tissus si délicats.

Les aiguilles à dissection peuvent être fixées dans un manche d'ébène comme les scalpels ; mais ce manche doit être rond, pour qu'en aiguisant les aiguilles sur la pierre à rasoir, on puisse les tourner entre les doigts. Je préfère les emmancher dans des

*.

morceaux de bambou ou de ce jonc flexible qui sert pour battre les habits. L'aiguille enfoncée avec force dans un des vaisseaux rectilignes du centre de ces joncs, se trouve assez solidement fixée, et dans une direction convenable.

Les parties trop résistantes pour être ainsi déchirées par les aiguilles de dissection, doivent être coupées par le scalpel ou par les ciseaux. S'il s'agit du tégument d'un ver, d'une petite ascaride ou d'une anguillule, on se sert d'un petit scalpel à tranchant arqué ou relevé vers l'extrémité; on tâche de saisir l'animal entre le scalpel et la lame de verre, en s'aidant d'une aiguille avec la main gauche, puis en balançant et en inclinant l'instrument, on arrive à ne tenir que le tégument seul, pincé longitudinalement; il ne s'agit plus alors que d'appuyer d'arrière en avant, en relevant le manche du scalpel, pour détacher la bande de tégument qu'on tenait pincée. Quand l'ouverture ainsi pratiquée est suffisamment grande, on prend les aiguilles, pour faire sortir et développer les organes intérieurs. On coupera de la même manière les tégumens cornés des très petits insectes.

Si le ver ou l'insecte à disséquer est un peu plus volumineux; si, par exemple un filaire a près d'un millimètre de diamètre, on peut fendre les tégumens avec de petits ciseaux, ou mieux avec le microtôme de M. Straus-Durkeim (1).

Les tissus compactes, ou présentant un certain degré de consistance dans toute leur masse, doivent être divisés en lames ou en tranches minces, pour être soumis au microscope. Les uns mous comme les glandes, les nerfs, le cerveau, le parenchyme des fruits, etc. se divisent ainsi au moyen d'une lame de rasoir ou de scalpel bien affilé, en ayant soin d'humecter abondamment la substance à diviser et l'instrument, ou même en opérant sous l'eau, et en étalant ensuite dans une goutte d'eau, sur le porte objet, la tranche mince restée adhérente à l'instrument tranchant. Si la substance à diviser est plus consistante, comme le liége, les bois tendres, les graines farineuses, les fruits secs, les tégumens des animaux, etc., ou

---

(1) Le microtôme, ainsi nommé par M. Straus, est construit sur le principe des forces du tondeur : les deux lames coupantes très petites et très aiguës terminent deux tiges plates d'acier qui sont articulées à charnière à l'extrémité, et sont maintenues par une vis portant deux écrous, de manière à n'avoir que deux ou trois millimètres de jeu.

se sert encore du scalpel, que l'on guide avec le pouce de la
main gauche tenant l'objet, qu'on a eu soin d'humecter
ainsi que le scalpel, sans cependant qu'il soit nécessaire d'o-
pérer sous l'eau. En s'exerçant un grand nombre de fois à enlever ainsi des tranches minces de la surface d'un morceau
de bois, par exemple, on finit par obtenir ces tranches bien
égales, et tout-à-fait propres à l'observation microscopique.
Certaines substances, pour se prêter à ce mode de division,
doivent être assujetties d'une certaine manière ; ainsi, par
exemple, pour diviser des cheveux en tranches très minces,
j'en forme un petit faisceau que j'agglutine dans une rainure
longitudinale sur une baguette de bois, ou à la surface d'un
crayon de mine de plomb ; puis, coupant le tout en tranches
transversales très minces que je délaye dans l'eau sur le porte-
objet, j'obtiens une multitude de petites lames circulaires de
cheveu, parmi lesquelles je cherche avec le microscope celles
qui se prêtent mieux à l'observation.

Si les substances à diviser sont plus dures, comme les os,
les dents, l'ivoire, l'enveloppe crustacée ou coriace de certains fruits, la coque des noix, des cocos, le bois, et surtout
l'épiderme siliceux des palmiers, etc., le scalpel ne suffit plus
pour les diviser en lames minces, il s'ébrèche ou perd son tranchant ; il faut alors avoir recours à un petit ciseau d'excellent
acier, de ceux, par exemple, qu'on emploie pour graver la
vignette sur bois : en le poussant avec la paume de la main,
et en le faisant agir obliquement sur la substance convenablement humectée, on arrive à enlever des petits copeaux
enroulés qu'on recueille et qu'on étend dans une goutte d'eau
sur le porte-objet.

Plusieurs de ces substances aussi, comme toutes les substances pierreuses, comme les bois fossiles, peuvent enfin être réduites en lames minces par le frottement avec l'émeri et l'eau
sur une glace dépolie ou sur une plaque de métal. Pour avoir
ces lames suffisamment minces, on commence par débiter la
substance, soit à la scie, soit avec un fil de fer enduit d'émeri ;
puis on colle les lames ainsi obtenues sur une plaque de verre
ordinaire, avec de la térébenthine cuite ou avec un autre mastic résineux qui est dissous par l'alcool, quand la petite lamelle en question a été suffisamment usée et polie, d'abord
d'un côté puis de l'autre.

Presque tous les procédés que nous avons indiqués sont des moyens indirects, car les moyens directs sont impuissans ici : c'est le hasard qui, le plus souvent, fait trouver à l'observateur une coupe heureuse ou un écartement des parties tel que la vraie structure soit tout-à-fait manifeste ; encore faut-il qu'en dessinant l'objet ainsi préparé, on ait soin de faire abstraction des irrégularités accidentellement produites dans l'arrangement des parties. On peut donc poser comme règle générale, que c'est par des opérations répétées un grand nombre de fois, qu'on arrive à des résultats satisfaisans de dissection microscopique.

CHAPITRE VI.

DES RÉACTIONS CHIMIQUES ET DES MODIFICATIONS DIVERSES A FAIRE SUBIR AUX OBJETS MICROSCOPIQUES.

Quand un objet soumis à l'observation microscopique ne laisse pas immédiatement apercevoir sa structure, lors même qu'il a été réduit en lames minces, ou comprimé, ou rendu plus transparent par l'immersion dans un liquide convenable, il faut modifier cette structure par certaines réactions. L'action de la chaleur ou l'ébullition dans l'eau suffira souvent pour augmenter la transparence en dissolvant quelques substances interposées ou en faisant pénétrer le liquide dans tous les interstices, ou même en facilitant la désagrégation. Or, pour obtenir cet effet, il suffit de porter, pendant quelques instans, au-dessus de la flamme d'une lampe, la plaque de verre sur laquelle est l'objet recouvert d'une lame mince avec de l'eau.

La macération, c'est-à-dire le séjour prolongé dans l'eau, produit aussi la dissolution de certaines parties qui se décomposent, et l'isolement ou la désagrégation des parties qui persistent, des fibres, par exemple, qui sont ainsi moins altérées que par l'action de la chaleur.

L'alcool, soit à froid, soit à chaud, sera employé fréquemment avec succès, pour dissoudre des substances résineuses ou autres qui nuisent à la transparence ; il servira aussi à rendre plus consistans et plus visibles les nerfs et les fibres. L'éther et les essences serviront surtout pour dissoudre les parties grasses, les globules de lait, par exemple : c'est avec l'essence de térébenthine, que Swammerdam dissolvait le corps graisseux qui enveloppe les organes intérieurs des chenilles. Les huiles essentielles pyrogénées, comme celles du goudron de houille, ont d'ailleurs la propriété de dissoudre certains produits bitumineux qui résistent à d'autres agens, dans les lignites par exemple.

La potasse sera aussi employée comme dissolvant, et dans beaucoup de circonstances elle augmentera singulièrement la transparence des objets soumis à l'observation.

L'ammoniaque produira le même effet, mais à un moindre degré ; elle servira en outre, par son odeur seule ou par l'action de sa vapeur, à tuer lentement et à altérer plus ou moins des infusoires nageant dans une goutte de liquide.

Les acides produiront des réactions diverses, mais d'abord ils pourront être employés pour dissoudre l'enduit calcaire de certaines algues marines, ou l'incrustation des zoophytes et des mollusques, ou enfin la partie terreuse des os et des dents des vertébrés. L'acide nitrique faible, soit seul, soit mêlé avec l'alcool, servira à rendre plus consistante la substance nerveuse ; il jaunira les fibres animales et les parties cornées, d'une manière caractéristique. D'un autre côté, l'acide sulfurique attaquera fortement les tissus végétaux, et produira aussi une coloration spéciale.

L'iode est spécialement le réactif de l'amidon, qu'il fait immédiatement connaître en le colorant en bleu ou en violet. Il produit sur diverses substances organiques une coloration jaune ou brunâtre qui sera souvent un indice important. Les sels d'or, d'argent et de mercure pourront aussi, dans certains cas, être employés pour colorer fortement des tissus animaux ou végétaux, et rendre leur étude plus facile.

Les couleurs simplement suspendues dans l'eau, comme le carmin et l'indigo, servent à manifester le mouvement des cils vibratiles ou des filamens moteurs des infusoires, par le tourbillonnement qui entraîne leurs molécules.

Ces mêmes couleurs délayées dans l'eau qui contient des animaux microscopiques, sont avalées par eux et mettent en évidence leurs organes digestifs. D'autres substances colorées, complètement solubles dans l'eau, pourront pénétrer soit par imbibition, soit par compression, dans les objets soumis à l'observation, et produire l'effet de véritables injections, quand ces objets seront transportés dans un liquide incolore.

CHAPITRE VII.

CONSERVATION DES OBJETS MICROSCOPIQUES.

Les objets microscopiques à conserver ne peuvent être mis à l'abri de la poussière que par les lames minces de verre, ou de mica, ou de gypse (sulfate de chaux) dont on les recouvre. Cette dernière substance est si tendre, si facile à rayer, qu'on doit éviter de s'en servir. Le verre en lames minces polies est généralement préférable à toute autre substance transparente ; cependant le mica, en raison de sa flexibilité, offre un avantage bien réel, en s'appliquant plus exactement sur l'objet, et permettant de chasser, par la pression, un excès du liquide visqueux dont on l'a entouré, sans pour cela que l'air en vienne prendre la place.

Quelques objets pourraient être conservés à sec sous la lame mince qui les recouvre, et c'est ainsi que, dans les porte-objets ou glissoirs des anciens microscopes et dans ceux du microscope solaire, les objets sont enfermés entre deux petits disques de mica taillés à l'emporte-pièce, de manière à se loger dans la rainure des ouvertures circulaires d'une petite règle d'ivoire ou d'ébène.

Mais le plus grand nombre des objets microscopiques et surtout ceux que la dessiccation peut déformer, et ceux qui manquent de transparence, ne peuvent être conservés à sec ; il faut les entourer d'un liquide visqueux susceptible de se dessécher ou de se solidifier.

Pour toutes les substances cornées ou écailleuses comme les organes extérieurs des insectes, pour les tégumens durs et cassans des graines, pour les substances grasses ou résineuses, ou non susceptibles de s'imbiber d'eau, on emploie comme excipient le baume du Canada ou simplement la térébenthine de Venise préalablement épaissie ou desséchée en partie par l'action d'une douce chaleur qui fait évaporer l'huile essentielle; une gouttelette de cette térébenthine chauffée étant mise sur la plaque de verre et ramollie de nouveau par la chaleur, on applique dessus l'objet à conserver, on chauffe doucement jusqu'à ce que l'air contenu dans les interstices ait été remplacé par la térébenthine, et on superpose la lame mince de verre ou de mica, avant que le refroidissement n'ait commencé. Les préparations faites de la sorte sont véritablement inaltérables si la térébenthine a été suffisamment desséchée; elles ont une belle transparence, mais elles ne peuvent être pratiquées pour les substances molles et habituellement pénétrées d'humidité.

Pour ces objets comme le pollen des fleurs, le tissu utriculaire des végétaux, le bois en lames minces, les acariens, les entomostracés etc., il faut employer la gomme naturellement mélangée d'un acide végétal qui l'empêche de se fendiller : à cet effet on choisit parmi les morceaux de gomme de prunier ou d'abricotier, ceux qui conservent un peu de mollesse et qui ne sont pas trop fragiles; on en fait une dissolution très épaisse et visqueuse qu'on tient dans un petit bocal à l'abri de la moisissure, en y ajoutant un peu de camphre ou d'acide arsénique. Une gouttelette de cette gomme visqueuse est mise sur la plaque de verre pour recevoir l'objet plus ou moins humide mais dont on laisse évaporer l'humidité superflue avant de le recouvrir par la lame mince. On comprime ensuite pour mieux appliquer la lame mince et pour expulser la gomme en excès. Le miel et le sirop de sucre rendu incristallisable par une longue ébullition, peuvent convenir pour conserver les objets que la dessiccation dans la gomme ne manquerait pas d'altérer, mais, presque toujours, il s'y forme plus tard des cristaux de sucre ou de mannite en aiguilles, et d'ailleurs, la dessiccation ne pouvant se faire complètement, on est exposé à voir la lame mince glisser sur l'objet.

Il est à propos de placer tous les objets microscopiques sur des plaques de verre de mêmes dimensions, soigneusement étiquetées et numérotées; ces plaques se rangent commodément sur des tablettes ou sur des feuilles de carton fort, entourées d'un rebord un peu plus épais que les plaques de verre qui doivent ne point laisser de vide entre elles. Les tablettes ainsi chargées des petits porte-objets classés méthodiquement, peuvent se superposer ; puis, recouvertes par une dernière tablette simple, elles se placent dans un étui ou dans une boîte et sont dressées dans la bibliothèque. J'ai préparé ainsi des milliers de petites plaques de verre de 14 millimètres de large sur 20 millim. de long, qui sont rangées par 108 sur des tablettes à rebord en carton ; mais je regrette de leur avoir donné des dimensions trop petites.

CHAPITRE VIII.

DE L'ICONOGRAPHIE OU DE LA REPRÉSENTATION DES OBJETS MICROSCOPIQUES.

Beaucoup d'objets microscopiques s'altèrent si promptement dans les liquides quelconques, qu'il n'y a d'autre moyen d'en conserver le souvenir que de les dessiner immédiatement. Si l'on veut se borner à tracer les contours exacts de l'image offerte par le microscope, on en vient aisément à bout avec l'aide de la *camera lucida*, lors même qu'on ne sait pas dessiner, et dans ce cas il est assurément plus commode de se servir du microscope horizontal. Mais si l'on a l'habitude du dessin, il est bon de s'accoutumer à regarder de l'œil gauche dans le microscope vertical, tandis que l'œil droit voit et guide le crayon sur un papier supporté à une hauteur convenable à côté de l'instrument. Dans ce cas, on arrive en croisant les axes optiques des deux yeux, c'est-à-dire en les faisant converger par un léger effort, on arrive à superposer les images vues par chacun des yeux, de manière à vérifier leur égalité parfaite.

Si, au lieu d'un simple trait, on veut faire un dessin ombré de l'objet soumis à l'observation, on a le choix de plusieurs modes différens de représentation. En effet, quelques naturalistes d'un grand mérite ont cru devoir représenter l'objet non tel que le montre l'instrument, mais tel qu'il nous paraîtrait s'il était opaque et d'une couleur uniforme ou moulé en plâtre : c'est un dessin d'après la bosse, avec ses ombres régulières que ces naturalistes font systématiquement, et véritablement ainsi ; ils donnent bien une idée précise de la forme sinon telle qu'elle est, au moins telle qu'ils la conçoivent, ce qui n'est pas toujours la même chose, et encore abstraction faite de la nature et de la consistance des parties. Ce mode de représentation, facile à pratiquer pour les objets vus par réflexion et à de faibles grossissemens, devient de plus en plus incertain à mesure qu'on emploie des grossissemens plus forts ; enfin ses résultats sont tout-à-fait arbitraires quand les objets fortement grossis sont vus par transparence ; car alors on n'a sous les yeux que des effets complexes de réfraction, au milieu desquels il est fort difficile de démêler ce qui est en relief ou en creux, ce qui est plein ou ce qui est vide. On n'arrive même à se faire une notion précise de la forme et de la structure des objets, qu'en variant successivement l'incidence et l'intensité de la lumière, au moyen des diaphragmes et par l'inclinaison du réflecteur, et en variant la distance de l'objectif au porte-objet ; or, pour chaque variation si légère qu'elle soit, l'image a changé, les effets de refraction sont différens ; il est impossible de reproduire dans un dessin toutes ces modifications, dont la succession a produit dans l'esprit une notion complexe. C'est alors que le micrographe éprouve un véritable embarras pour le choix d'un mode de représentation qui puisse rendre sa pensée tout entière. Quand l'objet est très simple, on peut encore représenter exactement deux ou plusieurs des modifications produites dans son image par le jeu de la lumière, et mettre ainsi sous les yeux du lecteur les élémens de conviction qu'on a eus soi-même, et c'est ce que nous avons fait dans nos planches, pour des corpuscules sanguins, pour des fibres musculaires et pour divers élémens de structure des animaux et des végétaux ; mais quand il s'agit d'un objet très complexe, tel qu'un systolide, un pollen volumineux, une cellule végétale à parois épaissies, etc., il faut bien adopter une disposition mixte pour les ombres et les lumières du dessin ; et en outre il faut convenir que la surface supérieure étant systématiquement dessinée avec plus de vigueur, le second plan sera indiqué par des teintes un peu affaiblies, et le troisième plan sera encore plus affaibli ou presque effacé : de la sorte ces divers plans ne pouvant être vus à la fois dans le microscope, sont étudiés séparément, en faisant varier la distance de l'objectif, et sont

exprimés par des teintes différentes et des ombres de con-
vention sur le même dessin. Mais ce mode de représentation,
fort utile pour faire comprendre une structure parfaitement
connue de l'observateur, pourra bien souvent servir à répandre
de fausses notions quand cette structure n'est que soupçonnée
ou devinée par analogie. Dans tous les cas, il me paraît indispensable de représenter exactement ce que montre le microscope, quand il s'agit de faire connaître la structure intime des
élémens organiques, de la fibre musculaire, du sang, de la
substance nerveuse, etc., sans quoi on est exposé à donner des
figures idéales, comme l'ont fait jusqu'ici tant de naturalistes.

LIVRE DEUXIÈME.

APPLICATION DU MICROSCOPE A L'ÉTUDE DE L'ORGANISATION DES ANIMAUX.

SECTION PREMIÈRE.

OBSERVATIONS GÉNÉRALES.

CHAPITRE PREMIER.

DES ÉLÉMENS ORGANIQUES ET DES ÉLÉMENS DE STRUCTURE.

Les élémens organiques, comme la fibrine, l'albumine, la caséine, etc., ne présentent absolument aucune structure appréciable sous le microscope; quand ils sont encore dissous dans l'eau, on ne peut distinguer leur présence que par une légère différence dans l'action du liquide sur la lumière. Quand ils sont coagulés, ils paraissent quelquefois susceptibles de se désagréger en particulés irrégulières, mais non en globules réguliers, ni en fibres. Ce n'est que par l'effet d'une illusion d'optique qu'on a cru y voir des globules, lorsque, dans un microscope imparfait et pourvu d'un mauvais système d'éclairage, chaque particule désagrégée paraissait entourée d'une auréole ou d'une ombre circulaire produite par la diffraction. Les mêmes causes d'illusion ont fait penser naguère, que les élémens de structure sont aussi formés de globules uniformes. D'autres causes d'erreur ont présidé aux observations microscopiques des anatomistes du dix-huitième siècle. Plusieurs, en éclairant l'objet par les rayons directs du soleil, ont pris pour une réalité ces mille accidens de lumière, ces apparences de fibres contournées qu'on aperçoit sur un objet quelconque éclairé de cette manière et vu de très près. La plupart observant les objets à sec ou exposés à la dessiccation, ont été trompés par des illusions qu'on n'a pu éviter que par l'emploi récent des lames de verre mince poli, dont on recouvre les objets soumis à l'observation, entourés d'un liquide qui s'oppose à leur dessiccation, et qui augmente leur transparence.

CHAPITRE II.

DU TISSU CELLULAIRE.

On nomme tissu cellulaire, d'après l'apparence qu'elle présente dans les mammifères adultes, la substance qui occupe les interstices des fibres et des faisceaux musculaires, des nerfs, des vaisseaux et des divers organes. Cette substance, dans ces animaux, paraît en effet toute formée de lames élastiques entre-croisées, et laissant entre elles des lacunes ou cellules : soumise au microscope, elle montre des fibres sinueuses transparentes irrégulièrement disposées et qui, pour la plupart, sont des apparences produites par les plis des lames ou par l'étirement de la substance même. Quelques-unes de ces fibres sont aussi des vaisseaux vides. Mais, ni dans ces fibres, ni dans les lames du tissu cellulaire, le microscope ne fait apercevoir ni globules, ni structure granuleuse. Ce qu'on a voulu nommer *tissu adipeux*, est simplement du tissu cellulaire dans les lacunes duquel s'est déposée de la graisse par l'effet d'une sorte de filtration organique, et sans qu'il soit nécessaire de supposer un réseau de vaisseaux tout autour du globule de graisse. Si la graisse est observée dans les poissons où elle est plus liquide, ou dans les larves d'insectes, on reconnaît que chaque globule de graisse s'est formé dans l'épaisseur du tissu cellulaire, et que, grossissant peu à peu jusqu'à atteindre un diamètre de o,1 millim., il a distendu et aminci ses parois, qui sont devenues une membrane vésiculeuse parfaitement homogène et diaphane, quelquefois légèrement plissée par l'effet de la compression, mais non striée, ni fibreuse, et tenant au reste de la masse par le prolongement de la membrane en forme de pédicule. C'est particulièrement dans la graisse liquide entourant le cerveau des poissons, que cette forme de vésicules graisseuses s'observe aisément.

Du Sarcode.

Dans tous les animaux très jeunes, dans les larves d'insectes, dans les embryons, dans les vers et dans les zoophytes, le tissu cellulaire n'a pas les caractères que nous avons indiqués plus haut, c'est alors une substance glutineuse, homogène, diaphane, présentant au contact de l'eau des phénomènes si singuliers, qu'on doit peut-être la distinguer du vrai tissu cellulaire, comme j'ai déjà proposé de le faire en la nommant *sarcode*.

Il est surtout facile d'observer cette substance, quand elle sort par exsudation tout autour du corps des vers intestinaux parenchymateux, tels que les distomes, les cysticerques, les ténias, etc., placés encore vivans avec de l'eau entre deux lames de verre. Après quelques heures, on voit le contour de ces vers bordé par une rangée de globules diaphanes ou de disques plus ou moins saillans, plus ou moins pressés les uns contre les autres, et qui, par l'effet de la contraction des fibres et de la pression exercée par la lame de verre, sortent et s'étalent de plus en plus jusqu'à se détacher même et flotter dans le liquide, si l'on donne quelques secousses. Bientôt on aperçoit dans plusieurs de ces disques de sarcode, des cavités sphériques ou vacuoles, dont la nature n'est bien connue que si l'on compare la disposition de leurs ombres avec ce qu'on observe en même tems dans les disques même ; et si l'on fait attention qu'en éloignant l'objectif, le centre des vacuoles devient plus sombre, et le centre des globules sarcodiques est plus clair ; tandis que, de part et d'autre, l'inverse a lieu si on rapproche l'objectif. Les cavités ou vacuoles ainsi produites spontanément, vont en s'élargissant, et se multiplient à tel point, que certains globules de sarcode finissent par n'être plus qu'une sorte de cage percée en tous les sens. Puis enfin, de ces globules altérés progressivement ainsi par le contact de l'eau, il ne reste finalement qu'une mince couche granuleuse ou plutôt rugueuse, analogue à l'albumine coagulée.

La viscosité des expansions sarcodiques est facile à constater, en inclinant le porte-objet pour faire couler le liquide

*

d'un côté à l'autre ; on les voit, en effet, alors, s'étirer et s'agglutiner soit entre elles, soit à la plaque de verre.

Nous avons représenté dans la planche V, fig. 1, 2, 3, 4,
5, 6, 7, 8, des globules de sarcode à divers degrés d'altération. Ceux de la figure 1 proviennent du distôme du foie
(*D. hepaticum*), leur diamètre est quelquefois de 1/10 millimètre. Celui de la fig. 2 provient d'une larve de tipule, il
est parsemé de gouttes d'huile ; ceux de la fig. 7 sont sortis
par expression des organes génitaux du lombric. Les embryons sont formés d'une substance analogue ; ainsi, les figures 10 et 11 de la même planche représentent l'embryon
de la limace, et ses expansions sarcodiques variables. Les membranes muqueuses de tous les vertébrés laissent aussi sortir ,
par expression, un véritable sarcode , comme le montrent les
figures 1, 2 et 15 de la planche IV , faites d'après des muqueuses de batraciens , qui sont d'ailleurs munies des cils vibratiles. Les figures 25 de la planche III expriment une singulière modification de sarcode ou de tissu cellulaire plastique
pris entre la peau et la couche musculaire d'un poisson de
mer (*cottus scorpius*).

Dans un travail remarquable, dont un extrait en allemand ,
publié d'abord dans les archives de Müller , vient d'être traduit dans les Annales des Sciences naturelles (2ᵉ série. 1842,
t. 17 , p. 5.) M. Schwann a prétendu prouver que tous les
tissus animaux et tout organisme en général , sont formés de
cellules qui prennent naissance autour d'un noyau ou *nucleus*
granuleux , soit dans l'intérieur de cellules déjà existantes ,
soit dans une substance sans structure appréciable interposée
entre les cellules ou entre les élémens des tissus, et qu'il
nomme le *cytoblastéme*. M. Schwann d'ailleurs, distingue
cinq classes de tissu , d'après le mode de structure ou d'agrégation des cellules dont ils se composent.

1° Dans une première classe sont compris les corpuscules
sanguins, ceux du mucus, du pus, etc. , qu'il considère
comme des cellules indépendantes et isolées, nageant dans un
liquide ou simplement rapprochées.

2° Dans une deuxième classe , il comprend le cristallin ,
les divers épithélium, l'épiderme et tous les tissus cornés, les
ongles, les plumes , les poils etc. , qu'il considère comme formés de cellules distinctes ou pourvus d'une paroi propre ,

mais soudées extérieurement entr'elles, et finissant par former un tissu homogène par suite de leur soudure intime et de l'oblitération de leurs cavités.

3° A sa troisième classe, appartiennent les dents et leur émail, et les cartilages qui sont censés formés de cellules dont les parois, mais non les cavités, se sont fondues les unes dans les autres.

4° A la quatrième classe, l'auteur rapporte le tissu cellulaire et ses dérivés, le tissu adipeux, le tissu élastique et les tendons dont les cellules, dit il, s'alongent pour former des faisceaux de fibres. Il décrit le tissu cellulaire comme prenant naissance dans le cytoblastême sans structure, par des cellules rondes avec noyau qui, bientôt deviennent fusiformes, fibreuses, et conservent, adhérent à leur paroi, le noyau dans lequel on distingue encore un ou deux points foncés.

Les extrémités de ces cellules fusiformes donnent des fibres quelquefois rameuses, et finissent par se transformer en un faisceau de fibres excessivement déliées. Plus tard, le faisceau fibreux naît immédiatement du noyau qui, enfin, reste seul fixé sur un faisceau de fibres que M. Schwann croit être creuses.

5° A sa cinquième classe, M. Schwann rapporte la fibre musculaire, la substance nerveuse et les vaisseaux capillaires qui résulteraient, suivant lui, de cellules dont les parois et les cavités se seraient fondues les unes dans les autres.

CHAPITRE III.

DU PARENCHYME DES GLANDES.

Le parenchyme proprement dit, celui du foie, par exemple, considéré dans ses élémens de structure, présente une substance homogène demi-transparente et plus ou moins remplie de particules irrégulières un peu plus réfringentes, qui paraissent être la même substance plus condensée. On y voit souvent en même tems de très petits globules huileux plus ou moins nombreux. Dans le foie des mammifères, cette substance élémentaire forme des grains (*acini*) larges de 1 à 2 millimètres, globuleux ou polyèdriques, qu'on nomme lobules, du centre de chacun desquels part un ramuscule de la veine hépatique terminé là en cul-de-sac simple ou bifide, ou trifide, et recevant par filtration le sang qui a traversé l'épaisseur du lobule. La substance du lobule quoique toute molle et continue, est disposée en séries rayonnantes de petites masses pulpeuses contiguës qui se distinguent par un peu plus de consistance et d'opacité en leur centre, et semblent se fondre les unes dans les autres par leur contour qui est plus transparent. Les interstices des lobules sont occupés par les ramifications multipliées de l'artère hépatique, de la veine porte, des conduits biliaires et des vaisseaux lymphatiques, tous se terminant dans ces interstices et n'étant la continuation d'aucun autre ordre de vaisseaux.

Le parenchyme du rein, du testicule et de plusieurs autres glandes se compose de tubes nombreux plus ou moins contournés, à parois épaisses faisant fonctions de filtres organiques, et dont la substance est encore analogue soit à celle des lobules du foie, soit au sarcode même. Tels sont les tubes représentés dans la planche VI, fig. 8 et 9, lesquels proviennent du rein d'un oiseau. On remarque à leur surface des aréoles régulières dont le centre est occupé par un noyau, par une petite masse granulaire, et qui deviennent de plus en plus distinctes par suite de l'action décomposante de l'eau; cette même action y détermine aussi la formation de vacuoles bien distinctes autour des noyaux granuleux.

CHAPITRE IV.

DES DIVERSES SORTES DE FIBRES — FIBRE MUSCULAIRE.

Si l'on suit le développement du tissu cellulaire soit en passant des animaux inférieurs aux plus complexes, soit dans un même animal parcourant les périodes successives de son accroissement, on voit dans ce tissu d'abord homogène ou à l'état de sarcode, on voit dis-je paraître des fibres de plus en plus distinctes : fibres unies , transparentes , les unes élastiques , les autres presque dépourvues d'élasticité , les unes irritables et contractiles par elles-mêmes , les autres non contractiles ; mais toutes également uniformes dans leur structure apparente et dans leur contour, et paraissant également homogènes soit qu'elles proviennent des tendons non élastiques , soit qu'elles proviennent des tissus élastiques proprement dits, comme celui de l'aile des oiseaux, par exemple, qui est formé de fibres égales parallèles, épaisses de 1/200 millimètre ou 0,005 : telles sont celles, beaucoup plus minces, de 1/300 à 1/800 millimètres , qui seules s'observent dans les parties musculaires des mollusques , des annelides et de la plupart des entozoaires et des zoophytes , comme aussi dans la couche musculaire de l'intestin et de la vessie des mammifères. Mais dans les muscles du mouvement volontaire chez tous les vertébrés et les articulés, et même chez quelques vers intestinaux (pentastomes), les fibres ont une structure particulière tout-à-fait caractéristique : simples, elles sont homogènes, épaisses de 1/500 à 1/800 milli., et présentent des renflemens égaux et également espacés qui feraient croire , dans certains cas, qu'elles sont formées d'une rangée de globules agglutinés susceptibles de se rapprocher pendant la contraction. Ces mêmes fibres agrégées constituent des faisceaux régulièrement striés en travers, parce que les renflemens de toutes les fibres élémentaires se correspondent exactement ; l'écartement des stries varie avec le degré de contraction du faisceau musculaire : il est ordinairement de 0,002 à 0,004. Ces stries s'effacent complètement si le faisceau musculaire a été trop comprimé ou ramolli par la macération. Ces mêmes stries, naturellement droites et perpendiculaires à la direction du faisceau, deviennent obliques et arquées, de manière à représenter une courbe continue en hélice comme le filet d'une vis , si on les voit obliquement, ou si la lame de verre superposée les a comprimés en glissant dessus. C'est là ce qui donne lieu de croire que les stries pourraient être réellement produites par un filet extérieur tourné en hélice.

Les stries longitudinales indiquant la séparation des fibres élémentaires, sont beaucoup plus difficiles à distinguer que les stries transverses , parce que les fibres élémentaires sont naturellement agglutinées par suite de la mollesse de leur propre substance ; mais, si, par l'ébullition, on détermine la séparation des élémens solubles et la coagulation ou la contraction de l'albumine et de la fibrine qui en font partie , alors les fibres élémentaires plus consistantes peuvent se dissocier facilement. Cet effet s'observe surtout aisément dans le muscle de bœuf bouilli ; on voit alors les faisceaux musculaires plus nettement striés, s'effiler à l'extremité s'ils ont été comprimés à plusieurs reprises , comme nous l'avons représenté dans la planche VI, fig. 10 ; on a pu croire faussement d'après l'apparence d'un faisceau qui s'effile ainsi (fig. 10, *e*) que chaque faisceau est entouré d'un étui membraneux, mais l'étude des muscles , dans toute la série animale, ne permet pas de conserver une telle opinion. La figure 27 de la planche III représente imparfaitement un fragment de muscle de dauphin que j'avais étudié avec soin, et dont chaque renflement transverse paraît divisé dans toute sa longueur par une ligne médiane ; les stries longitudinales , indices de la séparation des fibres élémentaires, ne sont visibles que dans les intervalles des renflemens ; dans la même planche , la fig. 21 est un muscle d'insecte hyménoptère (ichneumon) dont la structure fasciculée est bien visible : les fig. 22 et 23 sont des fibres élémentaires de deux ordres différens, prises dans la pince d'une écrevisse ; la fig 26 est un muscle de mouche ; la figure 12 de la planche IV montre un muscle de grenouille pressé obliquement , de sorte que les renflemens transverses sont infléchis. Dans la planche XII sont représentés les muscles de plusieurs animaux articulés : savoir ; celui d'un balane, fig. 10, d'un *cryptus* , fig. 11 ; celui d'une larve de scolyte, fig. 13, et celui d'un brachine, fig. 14. Les différences qui existent entre ces diverses figures ne sont pas essentielles , elles tiennent en partie au mode de préparation ou d'observation, ou même à la manière dont le dessin a rendu l'objet et à l'exactitude qu'a mis le graveur à le copier. Dans tous les cas et quelque mode de décomposition qu'on emploie , il est impossible de trouver des globules réguliers , comme élémens de structure, dans les fibres musculaires : à la vérité, parmi les débris de ces fibres , écrasées soit avant soit après la coction, on voit une infinité de particules irrégulières comme dans l'albumine coagulée ou dans le parenchyme écrasé, mais rien qu'on puisse nommer exactement des globules. Bien au contraire, si on isole par une de ses extrémités une fibre vivante, une de celles par exemple qu'on trouve dans le thorax des coléoptères, dont elles font mouvoir les ailes, et si on observe dans l'eau, sous le microscope, cette fibre diaphane, qui continue à s'infléchir de côté et d'autre, on reconnaît parfaitement que sa structure est homogène; si on l'écrase ensuite, on s'assure qu'elle n'avait pas d'enveloppe extérieure, ni de cavité intérieure, ni aucune partie plus consistante que le reste.

M. Valentin prétend que les faisceaux musculaires primitifs se forment de petits corpuscules arrondis qui se placent en séries et se soudent entre eux ; suivant ses dernières observations (Müller's Archiv., 1840.), il se forme d'abord des noyaux avec granules internes ou nucléolules qui s'entourent bientôt de cellules très délicates, lesquelles s'alongent et s'alignent comme des fils de conferves; les parois de ces cellules s'épaississent par la formation de fibres secondaires, qui plus tard constituent seules les parois du tube à l'intérieur duquel sont renfermés les noyaux des cellules primitives.

M. Schvann (Müller's. Archiv., 1840.), admet aussi que les fibres musculaires sont des tubes creux provenant de la soudure d'une série de cellules dont les parois intermédiaires ont été résorbées, tandis que la paroi extérieure s'est épaissie au contraire par un dépôt de substances secondaires dans l'intérieur du canal, qui renferme encore les noyaux des cellules primitives, jusqu'à ce que, par suite du dépôt de substances à l'intérieur, la cavité soit complètement obstruée.

CHAPITRE V.

DES CILS VIBRATILES.

De même que les fibres musculaires d'une structure homogène se contractent par elles-mêmes, sans qu'un nerf vienne leur apporter le principe d'excitabilité, de même, des filamens très fins en forme de cils d'une extrême petitesse, dressés à la surface de certains animaux ou de leurs parties, se contractent par eux-mêmes, et se meuvent d'un mouvement vibratile continu, très vif.

La surface du corps des planariées, des paramécies et de beaucoup d'autres infusoires, est entièrement revêtue de cils vibratiles soit épars, sans ordre, soit en rangées régulières. Un grand nombre d'embryons, ceux des acalèphes, par exemple, ceux des éponges, des actiniaires, des distomes, des mollusques, sont également tout couverts de cils vibratiles durant une des premières périodes de leur existence. La plupart des animaux inférieurs, s'ils ne sont pas ainsi totalement ciliés, ont au moins quelques parties, quelques organes pourvus de ces appendices microscopiques; ainsi chez les méduses, les franges qui accompagnent les ovaires, les festons élégans qui bordent les bras (chez les pélagies), montrent bien le mouvement vibratile. L'intérieur des tentacules des alcyons et de plusieurs autres zoanthaires, l'extérieur des tentacules de tous les polypes bryozoaires, comme les alcyonelles, les flustres, etc. (*pl.* XIV, *fig.* 45), la membrane qui tapisse les épines et le têt des oursins et des astéries, la partie antérieure des mollusques d'eau douce, les branchies de tous les mollusques univalves ou bivalves, etc., (*pl.* XIV, *fig.* 7) sont pourvus de cils vibratiles. Chez les animaux vertébrés eux-mêmes, on observe le mouvement vibratile sur plusieurs parties, notamment sur la muqueuse des cavités nasales et sur les organes génitaux femelles, sur toute la muqueuse de la bouche des batraciens (*pl.* IV, *fig.* 1, 2, 15), sur la surface respiratoire de presque tous les vertébrés à poumons, etc. Ce mouvement des cils vibratiles a pour objet principal de faire mouvoir les liquides qui baignent la surface garnie de cils, et par suite, de faciliter la respiration, l'olfaction, la fécondation, etc. Il sert aussi à la locomotion des animaux aquatiques, dont le volume est assez peu considérable pour que ces petites rames microscopiques puissent le mettre en mouvement, comme cela se produit chez les infusoires qui, par la même action, se meuvent, respirent et excitent dans l'eau des tourbillons destinés à amener leur nourriture.

La grandeur des cils vibratiles est constante sur un même animal ou sur un même organe; mais elle varie dans certaines limites, en passant d'un organe à un autre, soit chez le même animal, soit chez des animaux différens. Les plus gros s'observent sur les branchies des mollusques bivalves, où ils forment des rangées régulières en forme de peigne. Leur longueur dans la moule commune est de 0,02 millimètre, et leur épaisseur à la base est de 0,0009 millimètre ; les plœsconies, et les kérones parmi les infusoires, en ont d'aussi volumineux. Sur les branchies des mêmes mollusques, on voit des cils beaucoup plus fins et vivement agités, couvrant des renflemens transverses de la branchie. Mais les cils les plus petits qu'on ait souvent l'occasion d'observer, sont ceux de la surface des planaires : en effet, leur longueur n'est que de 0,005 millimètre, et leur épaisseur peut être évaluée à moins d'un dix-millième de millimètre.

Les cils vibratiles des animaux à sang froid sont bien faciles à observer, car ils conservent leur vitalité et leurs mouvemens assez long-tems après la mort de ces animaux, s'ils sont tenus dans le même milieu que pendant la vie. Ceux de la bouche des grenouilles continuent même de se mouvoir plus de 24 heures après la mort de l'animal, s'ils sont restés en place par une température de 8° à 12°. Les cils vibratiles des animaux à sang chaud perdent plus rapidement leur motilité ; cependant, j'ai vu ceux de la muqueuse nasale de l'homme, provenant de l'extraction d'un polype du nez, continuer à se mouvoir pendant plus de sept heures.

Les cils vibratiles, quelque part qu'on les ait pris, montrent tous les mêmes caractères : ils sont mous, vivans et contractiles dans leur propre substance, car on les voit se mouvoir isolément quand on déchire les branchies de mollusques ; ils se décomposent à la manière du sarcode après la mort ; on les voit bien clairement se crisper et se désagréger sous le microscope, si l'on en approche un tube trempé dans l'ammoniaque ; on ne peut donc, en aucune manière, les comparer aux véritables poils ou cils qui sont des productions cornées, des produits de sécrétion sans vitalité propre, au moins dans leur portion saillante. On ne peut non plus supposer avec M. Ehrenberg, que les cils vibratiles sont mus par des muscles insérés à leur base, puisqu'on les voit se courber euxmêmes en ondulant dans toute leur longueur.

Illusions produites par le mouvement des cils vibratiles.

Quand les cils vibratiles sont disposés en séries régulières, comme sur les tentacules des alcyonelles, sur toute la surface de certains infusoires (leucophres), sur les branchies des mollusques, sur les côtes ciliées des béroès, sur les lobes en forme de roue des rotifères, etc. ; leur mouvement se propageant de proche en proche et toujours dans le même sens, ces cils peu visibles par eux-mêmes forment par leur juxta-position, des intersections multiples qui interceptent la lumière à des intervalles réguliers, et paraissent comme autant de lignes courbes ombrées, ou de hachures qu'on voit se mouvoir uniformément dans le sens de la propagation du mouvement. Il est difficile de bien voir le mode de formation de ce phénomène, que j'ai expliqué dans mon Histoire naturelle des Infusoires (page 580 *pl.* XIX) , d'après les observations nombreuses faites sur les gros infusoires, tels que le plagiotoma et sur les systolides. Les anciens micrographes se sont complètement abusés sur ce fait, en voulant y voir un véritable mouvement de translation, c'est là ce qui a fait donner au rotifère le nom si caractéristique que nous lui conservons. En effet, les deux lobes arrondis qu'il déploie pour exciter des tourbillons dans le liquide et attirer ainsi sa proie, sont bordés par une rangée régulière de cils dont les intersections mobiles produisent l'apparence des dents d'une roue en mouvement, et particulièrement des dents entaillées de la roue d'échappement d'une montre. Il semble qu'on ait sous les yeux deux roues égales et contiguës tournant en sens inverse par l'effet de l'engrenage. Quand la rangée de cils, au lieu d'être circulaire, est en ligne droite comme sur les tentacules de l'alcyonelle, les intersections produisent l'effet d'une chaîne sans fin ou d'une rangée de perles montant d'un côté et descendant sur le bord opposé, le long du tentacule. Ces effets ont été attribués à de pures illusions, par M. Raspail, qui n'admettait pas la réalité des cils vibratiles. M. Dutrochet a voulu récemment expliquer les apparences de roues chez les rotifères, par l'existence d'une bordure ou membrane gaufrée à la manière des collerettes ou fraises qu'on portait dans le 15e siècle, et dont les plis mobiles se mouvraient uniformément.

CHAPITRE VI.

DE LA FIBRE NERVEUSE.

La substance nerveuse a été soumise, dans ces derniers tems, à l'observation microscopique, et a fourni des résultats fort curieux à plusieurs micrographes, et notamment à M. Ehrenberg. On distingue dans cette substance, des fibres cylindriques uniformes, creuses et remplies d'un liquide transparent, et d'autres fibres beaucoup plus déliées, présentant des renflemens ovoïdes ou fusiformes, espacés d'une ou plusieurs fois leur longueur, lesquels renflemens d'ailleurs, sont manifestement susceptibles de se gonfler de plus en plus par le contact de l'eau. Il est bien vrai que cette dernière sorte de fibre avec ses renflemens, ne se voit que dans la substance blanche du cerveau et dans les nerfs de l'ouïe, de la vision, tandis que les fibres cylindriques à parois épaisses et sans renflement, se voient exclusivement dans les nerfs du mouvement, et encore dans ces nerfs à une certaine distance du centre nerveux ; car, à leur sortie du cerveau, ils présentent encore un mélange des deux sortes de fibres. Mais il est permis de penser que la différence observée tient surtout à l'altération éprouvée au contact de l'eau, par les fibres dont la surface extérieure est plus perméable et moins consistante. En effet, nous ne connaissons nullement l'état des fibres nerveuses du cerveau dans l'état de vie ; nous les voyons déjà altérées, et par la cessation de la vie et par l'action mécanique de l'instrument tranchant employé pour les séparer, et par l'action chimique de l'eau ; et, comme d'un autre côté, nous voyons bien positivement les renflemens des fibres se multiplier et distendre dans l'eau, et leurs fragmens se gonfler en forme de globules et de disques irrégulièrement lobés et renfermant d'autres disques résultant de la condensation de la matière pulpeuse gonflée et modifiée par l'eau, nous sommes conduits à penser que, dans l'état de vie, la fibre du cerveau est sans renflemens.

Pour étudier la fibre du cerveau, on enlève successivement, avec un rasoir mouillé, des tranches aussi minces que possible, en entamant peu à peu le cerveau d'un animal nouvellement tué, jusqu'à ce qu'on obtienne sur la lame du rasoir une tranche convenable et convenablement soutenue par l'eau environnante; on fait alors glisser avec précaution cette tranche de cerveau sur la plaque de verre du porte-objet, et on la recouvre d'une lame mince de verre, en ajoutant de l'eau si c'est nécessaire, et en évitant de comprimer trop fortement. En cherchant ensuite avec le microscope, on trouve des endroits où les fibres à renflement se montrent en faisceaux réguliers, et l'on reconnaît aussi qu'elles se continuent avec des fibres sans renflemens. Les figures 7 et 8 de la planche X. représentent ces deux états de la fibre du cerveau d'un moineau, après et avant l'action de l'eau ; les figures 9 et 12 montrent aussi les diverses modifications que le contact de l'eau fait éprouver à la substance nerveuse du cochon d'Inde et du moineau ; les fig. 10 et 11 représentent une portion de la rétine du cochon d'Inde et de la grenouille ; les petites baguettes parallèles dont est formée cette expansion nerveuse sont également susceptibles de se gonfler et de se changer en disques rebordés, par l'action de l'eau, comme on le voit dans la figure 10. Dans la figure 14, on a représenté les vésicules et les disques simples ou multiples, provenant de l'action de l'eau sur la substance nerveuse de la carpe.

La figure 13, enfin, représente une portion du nerf ophthalmique de la souris, dont les fibres, épaisses de 0,0046 à 0,005, ont été gonflées à l'extrémité par le contact de l'eau, et ont ainsi donné lieu à la formation de plusieurs disques à double bord.

CHAPITRE VII.

DU SANG ET DES CORPUSCULES SANGUINS.

Le sang ou liquide nourricier chez les animaux invertébrés, est le plus souvent incolore et contient des corpuscules irréguliers de cette substance glutineuse qui sert à la formation des divers tissus ; quelquefois aussi c'est un liquide coloré par lui-même, soit en rouge, soit en vert, ou en violet chez les annélides ; mais chez tous les animaux vertébrés, le sang, durant la vie, se compose d'un liquide limpide, incolore, contenant l'albumine et la fibrine en dissolution, et dans lequel flottent de nombreux corpuscules réguliers, discoïdes, rouges, nommés à tort *globules sanguins*, et qui, malgré leur extrême petitesse, produisent seuls la coloration si caractéristique du sang.

Les corpuscules sanguins sont parfaitement uniformes et égaux dans une même espèce d'animal pendant la vie ; c'est à peine si l'on remarque quelques variations de grandeur qui peuvent tenir à l'extrême mollesse de ces corpuscules ; mais en passant d'un animal à un autre animal d'un genre différent, et surtout d'une famille différente, et encore plus d'une classe différente, on observe des différences très notables de forme, de grandeur et de structure. Ainsi, chez les mammifères sans exception, ces corpuscules sont concaves au milieu et ne montrent jamais de noyau ou nucleus central ; chez presque tous aussi ils sont parfaitement ronds, tandis que, dans les trois autres classes de vertébrés, ils sont ovales, renflés au centre, et pourvus d'un nucleus visible après avoir été soumis à l'action de l'eau. Les corpuscules sanguins éprouvent une succession de changemens bien remarquables par suite de la concentration du liquide sanguin, résultant de l'évaporation lente, ou par suite d'une addition d'eau, ou de quelque dissolution saline. C'est même par l'action de l'eau que le nucleus d'abord invisible, devient très distinct dans certains corpuscules sanguins.

Le sang peut, à l'aide du microscope, s'observer circulant dans les vaisseaux d'un grand nombre d'animaux vivans. Le microscope simple suffit même pour voir bien clairement, avec un grossissement de 50 à 60 diamètres, la circulation du sang des grenouilles et des salamandres. Ces animaux étant à la fois très communs et pourvus de corpuscules sanguins plus volumineux que ceux des autres vertébrés, on les préfère ordinairement pour ce genre d'observations.

La membrane des pattes de la grenouille, sa langue, convenablement étalés sur une plaque de liége percée d'un trou pour le passage de la lumière, son mésentère, ou la queue du même animal à l'état de têtard, se prêtent facilement à l'observation : il suffit de fixer solidement l'animal sur une planchette de bois ou de liége, soit avec des liens soit avec de fortes épingles, et d'étendre avec d'autres épingles la membrane transparente et suffisamment humectée au-dessus d'une ouverture correspondant au centre de la platine du microscope. Les têtards peuvent être simplement maintenus sur la plaque de verre du porte-objet, avec de l'eau, au moyen d'une lame de plomb recourbée suivant le contour de leur corps, et présentant une ouverture au-dessus de la partie mince et transparente de la queue.

Pour les salamandres adultes c'est le mésentère qui sera plus facilement observé, mais chez ces animaux très jeunes ou à l'état de larve, on peut voir la circulation du sang dans la queue, et surtout dans les branchies qui forment deux touffes ramifiées, libres, de chaque côté du cou. Si la larve de salamandre est très petite, elle sera emprisonnée avec de l'eau entre des filamens de conferve ou des racines de lemna, et recouverte d'une lame de verre mince, de sorte qu'on la conservera vivante assez long-tems pour pouvoir l'étudier. On remarque alors que les corpuscules sanguins de ces très jeunes animaux diffèrent beaucoup de ceux des animaux adultes ; ils sont plus petits, plus renflés, et parsemés de petits globules huileux.

Les poissons très jeunes sont également assez transparens pour qu'on puisse observer la circulation de leur sang ; leur queue et leurs nageoires sont les parties où ce phénomène est le plus visible ; mais si l'on a des poissons éclos depuis peu ou des petits pris dans la poche incubatoire des syngnathes, on peut observer chez eux la circulation dans tout son ensemble.

Chez les animaux à sang chaud, il est plus difficile d'observer la circulation, cependant on la voit assez bien encore dans la membrane des ailes et dans celle de l'oreille de chauve-souris, dans l'oreille et dans la vessie urinaire des rats et des souris très jeunes, auxquels il suffit d'entamer avec des ciseaux la paroi de l'abdomen, pour que cette vessie gonflée d'urine limpide, fasse saillie au dehors ; mais, dans ce dernier cas, on ne peut se servir de l'appareil d'éclairage destiné à corriger les effets de diffraction.

Quand on observe ainsi la circulation du sang, on reconnaît aisément que les corpuscules sanguins ne sont pas des globules mais bien des disques aplatis, plus ou moins grands, ronds ou ovales suivant les espèces, mous et flexibles, s'offrant tantôt de face, tantôt de profil, et paraissant alors beaucoup plus étroits ; se pressant les uns les autres et se courbant ou se pliant un peu pour traverser les passages plus étroits. On reconnaît aussi, comme nous l'avons dit plus haut, que les corpuscules sanguins ne montrent point encore alors le noyau, que le contact de l'eau fait paraitre plus tard chez ceux des reptiles et des poissons. Si du sang extrait du corps d'un animal vivant est placé immédiatement entre des lames de verre, les corpuscules sanguins conservent leur forme et leurs propriétés pendant quelque tems, jusqu'à ce que l'évaporation qui se produit sur le bord de la lame supérieure, ait déterminé un certain degré de concentration dans le liquide ; si l'on pouvait s'opposer entièrement aux effets de l'évaporation, les corpuscules seraient altérés plus tardivement encore ; cependant le sang étant ainsi placé entre des lames de verre, en quantité suffisante pour que les corpuscules puissent se mouvoir librement, on voit bientôt ces corpuscules se rapprocher dans un certain ordre, s'appliquer les uns sur les autres face à face, et former des rangées régulières comme des piles de monnaie. C'est ce qu'on voit bien surtout quand on observe le sang humain provenant d'une piqûre d'aiguille faite au doigt.

Si, au lieu de laisser aux corpuscules sanguins la faculté de se mouvoir entre les lames de verre, on les comprime légèrement, on les voit s'agglutiner et se souder entre eux, ce qui prouve bien qu'ils ne sont pas enveloppés d'une membrane résistante.

Il est bien important de faire varier comparativement l'incidence de la lumière et le mode d'éclairage, et la distance du porte-objet, quand on étudie les corpuscules sanguins dans l'état normal : en effet, c'est ainsi qu'on parvient à acquérir la conviction que les corpuscules sanguins des mammifères sont des disques en forme de gâteaux à bord arrondi, et légèrement concaves au milieu ; car ces corpuscules, observés avec l'appareil d'éclairage que nous avons décrit, montrent nettement les mêmes effets d'ombre et de lumière qu'une lentille bi-concave, ou qu'une bulle d'air dans l'eau, ou qu'une gouttelette d'eau dans l'huile, devenant plus sombres quand on éloigne, et plus clairs quand on rapproche l'objectif du porte-objet. De même aussi, on acquiert une notion bien précise de la forme et de la structure des corpuscules sanguins chez les autres vertébrés, et des modifications que tous ces divers corpuscules peuvent éprouver.

A mesure que le liquide sanguin devient plus concentré par suite de l'évaporation, les corpuscules se contractent ou se plissent ou se crispent; ils deviennent d'abord assez régulièrement crénelés sur leur contour, puis, suivant leur constitution propre, ils offrent successivement des changemens de plus en plus importans. Ceux des mammifères deviennent noduleux et finissent par prendre, en se contractant, l'aspect d'une petite mûre à grains peu nombreux. Ceux des reptiles et des poissons se couvrent de plis rayonnans souvent très réguliers, qui, combinés avec les crénelures, leur donnent l'apparence d'une patène ciselée (*pl.* IV, *fig.* 5, *g*, *h*, *i*, et 6, *a*, *b*); plus tard ils deviennent irrégulièrement plissés et comme chiffonnés (*pl.* III, *fig.* 11, *a*, *b*). Si l'évaporation étant empêchée, les corpuscules restent long-tems en contact avec le liquide environnant, ils éprouvent des altérations d'un autre genre : des vacuoles ou cavités s'y forment spontanément, par une sorte de dissolution partielle ou de départ, comme on le voit indiqué dans les figures 8, *c*, *e*, et 9 de la planche IV. Si en faisant arriver un peu d'eau par capillarité entre les lames de verre, on diminue le degré de concentration du liquide, les corpuscules sanguins se gonflent de nouveau et reprennent à peu près leur forme primitive. Mais si l'eau est en excès, elle les rend bientôt tout-à-fait globuleux, puis elle agit en dissolvant peu à peu la matière colorante d'abord, puis la substance même du corpuscule, et de plus, elle fait paraître au centre un noyau spongieux qui, peu à peu, en se contractant, devient nettement circonscrit, et qui, plus tard, quand la couche externe est presque totalement dissoute par l'eau, semble être enfermé dans une vésicule diaphane dont il n'occupe pas toujours le centre. Si l'eau qu'on a ajoutée est enlevée par l'évaporation lente, les corpuscules, pourvu qu'ils n'aient pas été trop fortement dissous, se contractent et se crispent comme la première fois, par suite de la concentration du liquide; puis une nouvelle addition d'eau peut les regonfler encore, et ainsi de suite ; en agissant avec précaution, on pourra faire passer plusieurs fois alternativement les corpuscules sanguins de l'état de gonflement à l'état de contraction, sans toutefois qu'il en résulte aucune preuve de l'existence d'une membrane enveloppante qui se serait distendue ou plissée.

Au lieu d'eau, on peut ajouter au sang une dissolution d'albumine ou de sucre ou de diverses substances salines, pour éviter que les corpuscules ne soient dissous ; mais alors il se produit d'autres altérations dont la plus remarquable, assurément, est celle que m'a présenté la dissolution de sulfate de soude ajoutée au sang de grenouille.

Les corpuscules sanguins, en contact avec cette dissolution depuis quelques heures, sont devenus mous et visqueux à tel point, qu'en inclinant de côté et d'autre le porte-objet, ils se trouvaient étirés par le courant du liquide, et prenaient les formes singulières représentées dans la planche III, figure 11. Si le courant qui les entraînait était arrêté brusquement et dirigé dans un autre sens, ces corpuscules s'attachant à la plaque de verre par une de leurs extrémités, étaient étirés en un long fil glutineux terminé par un renflement ; presque tous présentaient en outre des vacuoles bien distinctes.

La dissolution presque saturée de carbonate de soude ajoutée au sang humain, a singulièrement modifié les corpuscules sanguins qui se sont gonflés notablement et ont présenté en même tems une ou deux dépressions profondes devenant des perforations réelles au centre, comme on le voit dans les figures 5, e, f, g, h, i, m, de la planche III ; plusieurs de ces corpuscules, fig. j, l, n, ont en outre été rendus plus mous et susceptibles de s'entourer de lobes adhérens au verre.

La dissolution de phosphate de soude modifie moins fortement les corpuscules sanguins de l'homme, et donne à quelques-uns la forme d'un godet ou d'une cupule à bords renflés, comme dans la figure 7 de la planche III.

Les dissolutions de sel marin, de nitrate de potasse, de sulfate de magnésie, de sulfate de potasse, etc., produisent sur les corpuscules sanguins, à peu près le même effet que la concentration du liquide.

Les corpuscules sanguins de l'homme sont larges de 0,0065 à 0,0083 milli. ; leur épaisseur est de 0,0027 ; ceux de bœuf sont larges de 0,0056 à 0,0062 ; ceux du Dauphin ont depuis

0,0078 jusqu'à 0,0089 millim. ; ceux du cochon d'Inde sont larges de 0,070 à 0,0072 millim., et ceux de la souris, de 0,0060 à 0,0063. Ils sont tous circulaires, comme chez la plupart des mammifères; les animaux de la famille des caméliens ayant seuls, parmi eux, présenté des corpuscules elliptiques.

Les corpuscules sanguins de pigeon sont longs de 0,0125 ; ceux du bruant ont depuis 0,009 jusqu'à 0,011 mill. ; ceux du moineau m'ont paru avoir jusqu'à 0,013 millim. de longueur; comme ceux de tous les oiseaux, ils sont elliptiques, et présentent, après avoir éprouvé l'action de l'eau, un noyau ou nucléus central égalant presque la moitié de la longueur totale.

Les corpuscules sanguins du lézard gris sont longs de 0,017, ceux de la couleuvre à collier ont de 0,019 à 0,021 millim., ceux du crapaud commun sont longs de 0,026 à 0,029 mill., et leur nucléus n'occupe que le tiers de la longueur; ceux de la grenouille sont longs de 0,0215 à 0,0265.

Les corpuscules sanguins du requin (*squalus carcharias*) sont longs de 0,029 à 0,030, et larges de 0,016 mill. seulement ; leur nucléus, après l'action de l'eau, n'a que le quart de la longueur totale. Les corpuscules sanguins du squale roussette sont longs de 0,024, et ceux de la raie bouclée sont aussi grands que ceux du requin.

Les corpuscules sanguins de la tanche (*cyprinus tinca*) et ceux de la carpe sont longs seulement de 0,0140 à 0,0150 mill. ; ceux du *syngnathus acus* m'ont paru n'avoir que 0,009; ceux du *cottus scorpius* ont 0,0114 ; ceux du congre enfin ont 0,0166 millim. Mais il faut remarquer que tous ces corpuscules discoïdes et aplatis changent promptement de formes et de dimensions, en se gonflant par l'absorption de l'eau, ou en se contractant par suite de la concentration du liquide.

M. Schultz regarde les corpuscules sanguins comme des vésicules contenant un liquide rouge et un noyau adhérent à leurs parois, lequel, primitivement, constituait le germe autour duquel s'est développée la vésicule avec le liquide contenu.

M. Donné, dans un travail récent, a indiqué le mode de formation des corpuscules sanguins aux dépens des globules du chyle et de la lymphe élaborés dans la rate. Il est certain que la présence des globules huileux dans les corpuscules sanguins des très jeunes animaux, vient à l'appui de la manière de voir de cet habile physiologiste et micrographe.

CHAPITRE VIII.

DES ZOOSPERMES OU SPERMATOZOAIRES.

Chez presque tous les animaux à sexes séparés, et chez beaucoup de ceux où des organes distincts sécrètent des produits séparés, pour la génération, un des produits caractérisant spécialement l'appareil général mâle, et nommé liqueur séminale ou spermatique, contient une infinité de corpuscules vivans qui sont les zoospermes ou spermatozoaires, faussement nommés aussi les animalcules spermatiques.

Ces corpuscules se composent généralement d'une partie renflée qu'on a nommée la tête de l'animalcule, et d'une partie filiforme très amincie, souvent très longue, et agitée d'un mouvement ondulatoire, qu'on a nommée la queue. C'est par l'agitation de ce filament, que ces corpuscules se meuvent dans le liquide à la manière des animaux, en portant leur partie renflée en avant. Ce filament, d'ailleurs, paraît être homogène comme les cils vibratiles, et comme eux aussi, il se contracte en vertu d'une force inhérente à sa propre substance ; cependant il est ordinairement moins facilement décomposable que les cils vibratiles ; car les spermatozoaires de l'homme et des mammifères se déposent sans se dissoudre dans l'urine, et ne sont pas dissous par l'ammoniaque faible. D'un autre côté, certains cils vibratiles comme ceux des branchies des mollusques bivalves résistent pendant quelque tems à la décomposition ; et ceux des tentacules de la *Flustra pilosa* (*pl.* XIV, *fig.* 6), sont crispés par l'action de l'acide nitrique faible, exactement comme les spermatozoaires de la cigale (*pl.* XIV, *fig.* 18 *b*).

Dans toute la série du règne animal, la forme des spermatozoaires n'est pas exactement celle que nous venons d'indiquer : au contraire, en passant d'une classe ou d'une famille à une autre, ou même en passant d'un genre à un autre genre de la même famille, on observe quelquefois des différences très remarquables, dont nous ferons connaître les principales ; mais partout où on les observe, on peut s'assurer que les spermatozoaires ne sont pas, comme on l'a cru, des animaux ou animalcules spéciaux vivant en parasites dans la liqueur séminale, où ils auraient pris naissance à la manière des infusoires. Ce sont des dérivés de l'organisme, produits par la surface interne des tubes séminifères, à la manière des cils vibratiles, avec lesquels ils ont une certaine analogie.

On se procure les spermatozoaires de divers animaux, en exprimant le testicule ou le canal déférent, ou quelque autre partie de l'appareil génital d'un de ces animaux nouvellement tué ; quelquefois aussi on peut obtenir directement la liqueur séminale de l'animal encore vivant, soit comme pour les poissons et les salamandres, en pressant un peu le ventre d'un mâle à l'époque du frai, soit, comme pour les chevaux, les taureaux et même les chiens, en recueillant la portion plus ou moins considérable que ces animaux laissent tomber après l'accouplement.

La liqueur spermatique ainsi obtenue est placée en très petite quantité, sur la plaque de verre du porte-objet, et recouverte par une lame très mince de verre poli ; quelquefois on peut ainsi l'étudier immédiatement, et l'on est sûr alors de connaître la forme véritable des spermatozoaires ; mais, plus souvent, il est nécessaire d'ajouter un peu d'eau ou de quelqu'autre liquide, pour délayer le produit trop consistant du testicule.

Or, le contact de l'eau modifie considérablement les spermatozoaires, en changeant leur forme, en augmentant tout d'abord leur motilité, et en leur donnant, dans beaucoup de cas, la faculté de se tordre et de s'enrouler sur eux-mêmes. Il faut donc bien se garder de prendre la forme ainsi altérée des spermatozoaires pour leur forme réelle. Je n'ai pas vu, d'ailleurs, qu'il fût indispensable d'employer l'eau tiède pour délayer la liqueur spermatique des animaux à sang chaud, ainsi qu'on le recommandait autrefois, puisque les spermatozoaires continuent encore à s'agiter pendant plusieurs heures après que la liqueur est refroidie. Quant à l'inconvénient signalé par les premiers observateurs, au sujet de la vapeur du liquide chaud condensée sur l'objectif et interceptant la lumière, on l'évite complètement, au moyen de la lame de verre mince dont on a recouvert le liquide. Si on laisse sécher un peu de liqueur spermatique sur le porte-objet, les spermatozoaires restent en relief, et leur épaisseur, encore augmentée par la substance environnante qui s'est accumulée autour d'eux en séchant , paraît beaucoup plus grande qu'elle n'est réellement par un simple effet de réfraction ; c'est là ce qui explique les dimensions exagérées des anciennes figures de spermatozoaires. Il faut noter aussi que l'emploi d'un grossissement excessif avec un éclairage imparfait , a conduit souvent les micrographes à attribuer aux prétendus animalcules spermatiques des dimensions calculées d'après leur image , bordées d'une large frange de diffraction , et à leur attribuer aussi des détails d'organisation qu'ils n'ont pas , comme par exemple , le noyau brillant signalé dans l'intérieur du disque. A une époque où les prétendus animalcules spermatiques étaient trop imparfaitement connus , on a voulu les classer zoologiquement ; on en a fait des familles et des genres , d'après la présence ou l'absence du disque ou renflement , nommé leur tête.

Voici quelques détails sur les spermatozoaires en particulier :

Les spermatozoaires de l'homme ne peuvent être bien vus qu'à un grossissement de 200 à 400 diamètres ; leur longueur totale est de 0,048 à 0,058 ; mais , comme le filament qui constitue les neuf dixièmes de cette longueur , est d'une ténuité extrême vers l'extrémité , il est bien rare qu'on le voie complètement ; et , dans ce cas , on est porté à croire le spermatozoaire beaucoup plus court. Le disque, qu'on a nommé la tête, est long de 0,0053 et large de 0,0035 , symétrique , ovale , et son contour tronqué en avant , où l'épaisseur est aussi beaucoup moindre. Le filament , nommé la queue , est distinctement articulé au disque , et s'en sépare nettement ; il présente près de son insertion plusieurs petits renflemens noduleux , et porte quelquefois en outre au-dessus du disque des lambeaux irréguliers détachés de la substance même du tube séminifère où ils ont pris naissance.

Le filament , à sa base , est épais de 0,001 environ ; au milieu de sa longueur , il n'a que le quart de cette épaisseur ; et enfin , à son extrémité , on ne peut lui supposer plus de 0,0003 à 0,00006 d'épaisseur.

Les spermatozoaires du cheval et ceux de l'âne ont à peu près la même forme et les mêmes renflemens noduleux que ceux de l'homme ; mais la liqueur spermatique chez ces animaux est beaucoup plus fluide , les spermatozoaires ne portent point , comme les premiers , de débris ou lambeaux du tube séminifère. Leur longueur totale est de 0,0555 à 0,0666, le disque est long de 0,0066 et large de 0,0033 , un peu plus étroit et comme tronqué en avant; je les ai vu s'agiter encore , douze heures après le refroidissement de la liqueur , au mois d'avril.

Les spermatozoaires du chien ont aussi la même forme à peu près ; leur longueur totale est de 0,062 , et le disque ou la tête , plus arrondi , est long de 0,0062 et large 0,005 ; mais ils sont fréquemment accompagnés d'un globule muqueux de 0,003, adhérent au filament qui s'enroule plus ou moins autour de ce globule.

Les spermatozoaires du surmulot sont longs de 0,177 et ceux du rat sont longs de 0,15 ; les uns et les autres , quelque soin que j'aie pris pour apercevoir un renflement discoïde à la partie antérieure (février 1840), ne m'ont paru avoir en avant qu'une sorte de crochet ou de croissant long de 0,013 chez le surmulot, et de 0,0114 chez le rat , vers la partie postérieure plus renflée de ce croissant, s'articule latéralement un long filament, épais de 0,0016 à la base, et s'amincissant graduellement jusqu'à l'extrémité où il n'a plus que 0,000033.

Les spermatozoaires de la souris, observés à plusieurs reprises , m'ont paru assez différens ; au premier instant on croit n'y voir qu'un simple crochet comme à ceux des rats , quoique plus renflé ; mais en variant l'éclairage on reconnaît bien qu'il y a un disque ovale irrégulièrement renflé , convexe en dessus , concave et comme plié longitudinalement à la face inférieure , où s'insère obliquement , près du centre , un filament légèrement noduleux.

En comprimant le canal déférent j'ai fait sortir une masse blanche de spermatozoaires rangés régulièrement comme les poils de la queue d'une marte (*planche* VI, *fig.* 3). La souris ayant été tuée avec de la strychnine , quelques-uns de ses spermatozoaires s'agitaient encore un peu , dix sept heures après.

Les spermatozoaires du lapin ont à peu près la même forme que ceux de l'homme et du cheval ; ils ont un filament notablement noduleux à la base ; leur longueur totale est de 0,07;

ceux du bouc et du chat ont encore à peu près la même forme; leur longueur est de 0,06 à 0,062.

Les spermatozoaires du cochon d'Inde présentent, au contraire des particularités fort remarquables; leur longueur totale est de 0,10 à 0,11. Leur disque mince, presque circulaire long de 0,008 et large de 0,006, et au bord duquel s'articule nettement le filament caudal, est revêtu d'une enveloppe molle, épaisse, soluble dans l'ammoniaque et susceptible de se détacher par la pression et la macération ; le diamètre du disque, ainsi revêtu de l'enveloppe, est de 0,013. Quand on fait sortir par expression le produit du testicule de cet animal, on obtient les spermatozoaires régulièrement empilés, de telle sorte que les disques revêtus de leur enveloppe sont superposés comme des piles de monnaie, et que les filamens forment un faisceau parallèle. Lorsque plus tard les spermatozoaires sont devenus libres, leur enveloppe est diversement modifiée par le contact du liquide ; tantôt cette enveloppe est ouverte et échancrée d'un côté, tantôt elle reste lâche et flottante comme un sac autour du disque ; tantôt enfin elle abandonne complètement le disque, qui reste libre avec ou sans son filament articulé; l'enveloppe en question est donc analogue à ces débris signalés à la base du filament des spermatozoaires de l'homme.

Les spermatozoaires des oiseaux n'ont jamais de renflement discoïde comme ceux des mammifères : la partie plus épaisse par laquelle ils sont fixés au tissu qui leur a donné naissance, est cylindrique oblongue, ou ondulée ou tordue en manière de tire-bourre lâche; mais en outre, ils présentent un mode de développement tout particulier, chez ceux surtout qui ne sont aptes à la génération que pendant une saison. A la fin de l'hiver, quand les testicules commencent à se gonfler, on y trouve des globules muqueux translucides, qui grossissent peu à peu jusqu'à avoir deux ou trois centièmes de millimètre, on y voit alors paraitre un faisceau de spermatozoaires replié plusieurs fois à la surface comme un écheveau de fil; ce faisceau qui contient dix ou vingt spermatozoaires, se montre de plus en plus distinct jusqu'à ce que, se détachant du globule, il s'étale en forme de gerbe et se désagrège complétement. On a pris ce globule pour une vésicule membraneuse dans l'intérieur de laquelle les spermatozoaires se produiraient, mais c'est une illusion.

La longueur des spermatozoaires du bruant proyer (*Embe-riza miliaria*) est de 0,165 ; leur plus grande épaisseur est de 0,0008 à 0,0011, (Planche III fig. 14).

Les spermatozoaires de la couleuvre à collier sont longs de 0,135, avec un renflement fusiforme très mince vers la base, de sorte qu'ils ressemblent à ceux de quelques oiseaux.

Ceux des grenouilles et des crapauds ont une structure et un mode de développement tout particulier : ceux du crapaud se composent d'une partie molle, renflée à une extrémité et amincie en pointe courbe à l'autre extrémité, de manière à présenter un peu la figure d'une alène courbe de cordonnier. Cette partie, longue de 0,025 à 0,030, change de forme par le contact de l'eau : tantôt elle est presque fusiforme, tantôt contractée en boule ou en virgule ; souvent elle présente un renflement latéral globuleux à l'extrémité la plus épaisse ; c'est de cette extrémité que part un filament flagelliforme d'une ténuité extrême, long de 0,043 et qui, par son agitation, détermine le mouvement du spermatozoaire dans le liquide. Ce mouvement s'observe encore 36 heures après la mort du crapaud.

Les spermatozoaires de la grenouille ont une partie fusiforme ou cylindroïde longue de 0,015 à 0,018, susceptible de se contracter en boule ou de se contourner en crochet ou en anneau, ou enfin pouvant s'étirer et se déformer de diverses manières par l'action de l'eau ; à l'extrémité de cette partie cylindroïde est implanté un filament flagelliforme long de 0,030 à 0,034 très délié et qui semble parfois être produit par un amincissement de la partie épaisse. Ils prennent naissance, comme ceux des oiseaux, à l'époque du rut, sur des globules d'abord très petits et translucides, qui deviennent plus troubles et montrent une touffe de spermatozoaires rapprochés en écheveau: ceux-ci, à l'époque de la maturité, tenant encore au globule par une de leurs extrémités, s'étalent en une houppe et finissent par devenir entièrement libres.

Les spermatozoaires des salamandres et des tritons, sont peut-être les plus remarquables par la singularité de leur structure ; ils n'ont pas moins de 0,55 à 0,60 de longueur totale ; ils se composent d'une partie en alène courbe longue de 0,11 à 0,125, épaisse de 0,0013 à sa base, d'où partent deux longs filamens, savoir: un filament principal, qu'on pourrait prendre pour la queue de cette première partie, long de 0,44 à 0,48, épais de 0,0013 à sa base, et s'amincissant graduellement jusqu'à l'extrémité où il n'a que 0,00025; puis un filament accessoire épais de 0,00008 seulement, enroulé en hélice lâche autour du précédent, dont par conséquent il égale deux fois la longueur. Tandis que le filament principal s'agite d'un mouvement ondulatoire et s'infléchit plus ou moins, le filament accessoire s'agite vivement et détermine un mouvement total de progression en ondulant luimême autour du filament principal; de telle sorte qu'on croit d'abord qu'il existe de chaque côté une rangée de cils vibratiles.

Les spermatozoaires des poissons osseux, ceux de la carpe en particulier, constituent cette masse blanchâtre qu'on nomme la laite de ces poissons : avant que d'avoir éprouvé l'action du contact de l'eau, ce sont des globules demi-transparens, larges de 0,0026, restant immobiles et inertes, tant qu'ils sont dans le liquide ambiant, probablement saturé de substances organiques et de sels; mais si l'on ajoute de l'eau, ces globules commencent aussitôt à se mouvoir avec une rapidité très grande, s'avançant à droite, à gauche, décrivant des lignes courbes irrégulières, en un mot présentant tous les signes du mouvement animal, sans qu'on puisse distinguer l'organe locomoteur de ces corpuscules; ce n'est qu'après trois ou quatre minutes, quand déjà le mouvement est notablement ralenti, que l'on reconnaît quoiqu'avec difficulté que chaque globule est pourvu d'un filament ondulatoire très délié, long de 0,012, droit ou replié ou tordu en boucle; à mesure que les spermatozoaires de la carpe subissent ces modifications, leur diamètre s'augmente, au bout de dix minutes ils sont déjà larges de 0,0036 puis de 0,0040 puis enfin de 0,005; en même tems leur filament caudal se contracte et se retire, mais ils continuent à s'agiter encore soit dans le reste de leur queue, soit dans tout leur contour.

Les spermatozoaires des mollusques céphalopodes sont contenus dans des tubes membraneux transparens, lisses et gonflés à une extrémité, plissés à l'autre extrémité, où se fait la rupture par laquelle s'échappe la masse blanche des spermatozoaires, sous la forme d'un cordon blanc tourné en hélice, comme un ressort à boudin ; ce cordon blanc , au contact de l'eau, se désagrège en filamens très déliés agités d'un mouvement ondulatoire , et qui sont les vrais spermatozoaires. Ces singuliers appareils , observés d'abord par le micrographe Needham et nommés *expulsoria* , ont été plus tard regardés comme des vers intestinaux et comparés même à des échinorrhinques.

Les spermatozoaires des mollusques céphalopodes sont en général filiformes, très longs et agités d'un mouvement ondulatoire ; ceux des limaces ont à leur base un renflement sinueux ou en tire-bourre comme ceux des oiseaux ; les spermatozoaires de la *limax agrestis* sont longs de 0,123 , épais de 0,00115 à la base, de 00083 au milieu, et de 0,0002 environ , à l'extrémité ; ceux de la *limax hortensis* beaucoup plus effilés , sont longs de 0,4 et plus minces ; ceux de *l'helix nemoralis* n'ont qu'un très petit renflement à la base ; ils sont longs de 0,75, épais de 0,0007 , au milieu. Ceux de *l'helix aspersa* sont longs d'un millimètre environ, et épais de 0,0014, sont en fils flexueux et s'agitent d'un mouvement ondulatoire assez vif. Il m'est arrivé de les voir , en été, s'enrouler comme un écheveau de fil ou une botte de fil de fer ; puis le cercle qu'ils formaient ainsi , large de 0,03 , tournait avec rapidité sur lui-même, en vertu du mouvement ondulatoire continué ; ou bien il se déroulait en partie , ou se tordait en écheveau en s'agitant sans cesse, et repassait ainsi plusieurs fois d'une forme à l'autre. Ces spermatozoaires , comme ceux des autres mollusques gasteropodes, se développent en longues houppes sur des globules muqueux larges de 0,02 environ.

Les spermatozoaires de l'écrevisse présentent des caractères tout particuliers : ce sont des globules glutineux larges de 0,016 à 0,020 , presque diaphanes , surmontés par un large anneau saillant , granuleux , et émettant obliquement sur leur contour trois, quatre ou cinq cirres en alène ou recourbés qui restent immobiles. L'anneau saillant semble quelquefois régulièrement guilloché ; il laisse au centre une ouverture ronde où le globule glutineux est à nu. Cette forme singulière a été mal interprétée et décrite comme une forme de barillet par un micrographe allemand. Beaucoup d'autres crustacés ont simplement des spermatozoaires filiformes ; il en est de même de la plupart des insectes ; leurs spermatozoaires , en forme de fil simple très delié, ont la faculté de se replier en une boucle dont les deux bouts se tordent ensemble comme ceux d'un fil trop fortement tordu, quand ils sont en contact avec l'eau. La boucle qu'ils forment ainsi a été souvent prise pour un disque, et décrite comme la tête des prétendus animalcules spermatiques, tels sont les spermatozoaires du *Brachinus sclopeta* (*planche* XII, *fig.* 22).

Les spermatozoaires de certains insectes se sont montrés à moi groupés d'une manière fort remarquable ; en longs cordons blancs visibles à l'œil nu et agités d'un mouvement vermiforme qui ferait croire que ce sont des vers intestinaux, si on ne distinguait bien à l'aide du microscope, les filamens déliés partant de toute la surface de ce cordon blanc, et agités d'un mouvement ondulatoire. Un insecte coléoptère de la famille des carabiques (*sphodrus terricola*) contenait dans ses testicules, le 22 février, plusieurs de ces cordons blancs, longs de 1,2, à 1,5, représentés dans la planche XI, fig. 19.

Les testicules de la cigale (*telligonia orni*) me montraient, au mois de juillet, en Provence, de tels cordons blancs, longs de 0,6, continuant à s'agiter dans l'eau et à se contourner durant plus de trois heures. Par suite de l'inflexion de ces cordons, les spermatozoaires semblables à des filamens flagelliformes, étaient tous rejetés du côté convexe et rangés obliquement comme les barbes d'une plume. Ces filamens, longs de 0,08, épais de 0,00025 à leur base et dans leur moitié inférieure qui est plus raide, sont plus minces et agités d'un mouvement ondulatoire dans le reste de leur longueur, et dans ce mouvement, ils présentent une particularité qui s'observe aussi dans quelques autres filamens agités de même. Il semble qu'on voie dans chacun d'eux un petit renflement obscur s'avancer lentement jusqu'à la pointe, en partant de l'endroit où commence le mouvement ondulatoire ; arrivé à la pointe il y reste pendant un tems quelquefois assez long ; c'est probablement un renflement réel de ce filament qui est contractile dans toute son étendue, car on voit ces filamens se crisper et se croqueviller tous à la fois si l'on ajoute un peu d'acide nitrique au liquide (*planche* XI. *fig.* 18).

Les spermatozoaires du lombric se développent à la surface d'un globule muqueux large de 0,06 et réduit plus tard à une largeur moitié moindre. Les spermatozoaires en forme de massue sont implantés sur ce globule par leur extrémité la plus mince, et de l'autre extrémité plus renflée, ils émettent un filament très mince, long de 0,04, qui s'agite faiblement. La partie renflée, d'abord très courte et presque globuleuse, s'alonge jusqu'à 0,018 ou 0,020, en devenant de plus en plus effilée et en prenant la forme d'une alène.

Il resterait encore à décrire un grand nombre de spermatozoaires des animaux inférieurs, comme ceux des flustres, par exemple, qui sont divisés en filamens multipliés à une des extrémités; mais toutes les descriptions qu'on pourrait ajouter encore ne feraient que confirmer ce que nous avons dit de la vraie nature des spermatozoaires, qui sont de simples dérivés de l'organisme, et non des animaux distincts.

CHAPITRE IX.

DES OEUFS, DES GERMES, ET DES EMBRYONS.

Les œufs ou les germes des animaux en général présentent au micrographe de nombreux sujets d'étude, et d'abord, la coquille des œufs chez un grand nombre, est bien digne par sa structure, de fixer l'attention. Nous avons représenté les œufs du *tænia serrata* (planche V, fig. 12), si commun dans l'intestin du chien, pour montrer les petits disques dont sa surface est régulièrement formée. Nous devons citer également les œufs de certains systolides, hérissés de pointes ou d'épines, ceux de la plupart des poissons osseux, dont la surface est élégamment guillochée; ceux de la plupart des insectes divisés en aréoles polygonales, etc. Il faut mentionner aussi les œufs de limaçon *helix aspersa*, à cause des petits cristaux de carbonate de chaux rhomboèdrique dont la coquille est tapissée à l'intérieur.

Les œufs ou plutôt les gemmes des éponges, des gorgones, des flustres et de plusieurs zoophytes, sont revêtues de cils vibratiles par le moyen desquels ils nagent librement dans les eaux jusqu'à l'instant où ils se fixent à quelque corps solide, pour commencer la seconde période de leur développement.

A l'intérieur des œufs se trouve le vitellus, composé de

gouttelettes huileuses entremêlées d'une substance diaphane, glutineuse, qu'on a prise pour de l'albumine parce qu'elle est coagulée par la chaleur, mais qui diffère beaucoup du blanc de l'œuf, par ses propriétés vitales et par la manière dont elle est modifiée au contact de l'eau, en se creusant de vacuoles. C'est la substance huileuse qui donne au vitellus sa couleur habituellement jaune chez les oiseaux et les reptiles, mais diversement nuancée de rouge, de violet, de vert, etc., chez les insectes, et chez les autres invertébrés et même chez certains poissons.

Dans les œufs observés dans l'ovaire, on observe une vésicule découverte par Purkinje dont elle porte le nom, et qu'on appelle aussi vésicule prolifère (1). Cette vésicule, à l'époque de la maturité, se rapproche de la surface, et laisse voir une tache nébuleuse qu'on nomme tache germinative de Wagner, du nom de celui qui l'a observée le premier. La vésicule de Purkinje, qui disparaît à l'instant de la fécondation, se laisse voir dès l'origine de la formation des ovules dans l'ovaire; on l'observe même très aisément dans les ovaires des fœtus de mammifères.

Les œufs des mammifères, à l'instant où ils quittent l'ovaire pour se rendre dans l'utérus, en traversant les trompes dont la surface interne est garnie à cet effet de cils vibratiles, sont si petits qu'ils ont échappé aux recherches des premiers observateurs : les plus grandes dimensions de l'œuf observé dans l'ovaire au moyen du compresseur, qui sans doute les augmente un peu, ont été indiquées ainsi : pour l'homme, 0,085 ; pour le bœuf et pour le chat, 0,131 ; pour le cochon et pour la taupe, 0,136 ; pour le mouton, 0,169; pour la chauve-souris, 0,191.

La vésicule de Purkinje a été trouvée dans l'œuf chez l'homme, 0,0517; chez le chat, 0,0409; chez le bœuf, 0,0574; chez le cochon, 0,090; chez la taupe, 0,0423; chez le mouton, 0,1064; chez la chauve-souris, 0,0490.

____

(1) L'ovaire a été considéré comme une cellule renfermant une autre cellule parfaite, la vésicule de Purkinje ; mais en outre, on a voulu considérer aussi le vitellus comme composé de cellules, en donnant ce nom aux globules de substance glutineuse ou sarcodique qui sont susceptibles de se creuser spontanément de vacuoles, et dont la décomposition par le contact de l'eau a été décrite comme la rupture de ces prétendues cellules.

Le développement de l'embryon a pu être suivi, depuis long-tems, dans l'œuf de la poule qu'on peut faire couver et éclore par une chaleur artificielle ; mais le volume trop considérable du jaune ou vitellus n'a pas permis de le soumettre tout entier aux plus forts grossissemens du microscope, pour étudier la structure intime des tissus et des organes naissans : c'est dans les œufs beaucoup plus petits, des grenouilles et des salamandres, des poissons osseux, des articulés, des mollusques et des zoophytes, que cette étude peut se faire plus complètement ; car ces œufs se développent à la température ordinaire. Pour quelques-uns la coque est assez transparente, et le diamètre total est assez petit pour qu'on puisse les soumettre tout entiers à l'observation, sauf à employer des lentilles d'un foyer plus long, donnant un grossissement moindre : on voit ainsi dans les œufs de mollusques, l'embryon revêtu de cils vibratiles à une certaine époque, se mouvoir en tournoyant dans l'albumen de l'œuf. Ainsi se voient aussi dans les œufs des tœnias, des distomes et de plusieurs autres vers intestinaux, comme aussi dans les œufs de crustacés parasites, les premiers développemens de ces divers animaux sous des formes totalement différentes de celles qu'ils revêtiront plus tard.

Mais si l'œuf trop volumineux ne permet pas de suivre directement les degrés du premier développement d'un vitellus proportionnellement très petit, comme dans les œufs des hélices et des limaces par exemple, dont il faut couper la coque molle, par un coup de ciseaux, de manière à faire sortir tout le contenu sans blesser le vitellus qui reste vivant renfermé dans une masse d'albumen, qu'on recouvre d'une lame mince de verre, en évitant de la comprimer. C'est ainsi qu'on voit, au bout de quarante-huit heures, le vitellus de la limace (*arion rufus*) devenant tout entier l'embryon, se lober de diverses manières et émettre, sur son contour, des expansions variables d'une substance diaphane comme celle des amibes. (Voyez pl. V, fig. 10 et 11.)

CHAPITRE X.

DU CRISTALLIN.

Le cristallin de l'œil des animaux vertébrés, regardé comme un simple produit de sécrétion, par beaucoup de naturalistes, est doué d'une structure parfaitement régulière, indice d'une organisation bien réelle ; et en outre, il présente dans ses fibres ou lamelles, des traces de contractilité qui prouvent sa vitalité propre.

Au milieu des faces antérieure et postérieure du cristallin, plus ou moins convexe, ou même tout à-fait sphérique, se voient assez distinctement, avec la loupe, une ou plusieurs lignes passant par le centre, et auxquelles viennent aboutir de part et d'autre les extrémités de toutes les fibres ou lamelles dont se compose cet organe (1). Ces lamelles présentent presque partout une épaisseur uniforme de 0,0016 à 0,0024 ; mais leur largeur varie suivant le point où on les observe dans un cristallin ; ainsi, près du contour latéral, à égale distance des points antérieur et postérieur, où va se terminer une lamelle, se trouve sa plus grande largeur ; et d'ailleurs si l'on observe les lamelles des couches intérieures, on les trouve d'autant plus étroites qu'on les prend plus rapprochées du centre. On peut se faire une idée de la ténuité de ces lamelles ou fibres, en considérant que, dans un cristallin sphérique de morue ayant 11 millimètres d'épaisseur, on compte au moins 2500 lamelles à sa surface, et que le nombre des couches étant au moins de 2000, il en résulte que le cristallin tout entier contient plus de cinq millions de lamelles dont le maximum de largeur est de 0,013, et dont l'épaisseur est de 0,0024 environ.

Ces lamelles ont le bord plus ou moins crénelé ou dentelé

______

(1) Le docteur Werneck de Salzbourg a annoncé, en 1838 (Archives de Meyer Ahrens, p. 259), que le cristallin est formé de cellules dont la réunion en séries constitue les fibres ou lamelles que nous venons de décrire. Suivant cet auteur, le cristallin de l'embryon du poulet, après huit jours d'incubation, est uniquement formé de cellules rondes dont quelques-unes renferment un noyau.

dans les diverses classes de vertébrés : chez les mammifères et les oiseaux , les crénelures sont très peu marquées ; elles le sont davantage chez les reptiles , mais c'est chez les poissons en général et chez certaines espèces en particulier, qu'elles sont le plus prononcées : leur longueur chez la perche , égale presque la largeur de la partie entière de la lamelle , et d'ailleurs elles sont lobées et presque rameuses. Les dents ou crénelures des deux lamelles contiguës s'engrènent exactement les unes entre les autres ; leur largeur est un peu plus considérable que l'épaisseur de la lamelle : c'est à peu près 0,003 ; de sorte que , dans la longueur d'une lamelle de la surface du cristallin de morue , cité plus haut, il y en a plus de 6000.

Les lamelles les plus extérieures sont les plus récentes et par conséquent aussi les plus molles ; elles se confondent avec l'humeur de Morgagni, qui est contiguë à la capsule cristalline ; ce sont elles qui , désagrégées par le frottement, se contractent et forment les globules diaphanes qu'on voit flotter dans le liquide.

On voit souvent d'ailleurs la surface même des lamelles se plisser transversalement comme la fibre musculaire , ainsi que le montrent les portions de cristallin de souris , de bruant et de carpe , représentés dans la planche X (*fig.* 1, 2, 3, 4, 6). La figure 1 montre même les lamelles du cristallin du bruant désagrégées près du milieu de la face antérieure , et prenant presque , en raison de leur mollesse , l'aspect des fibres musculaires.

Le cristallin du cochon se compose de lamelles épaisses de 0,00206, larges de 0,0082 près du contour , avec des dentelures assez régulières , correspondant à des plis transverses larges de 0,0027.

Les lamelles du cristallin de la souris présentent des dentelures en dents de scie assez régulières , auxquelles correspondent exactement les plis transverses produits par la contraction, et qui sont écartés de 0,001.

Les lamelles du cristallin de cochon d'Inde sont bien moins nettement dentées ; mais elles m'ont paru légèrement ondulées sur leur tranche, qui est épaisse de 0,0025.

Les lamelles du cristallin de mouton sont inégalement crénelés, ou simplement à bord ondulé et sinueux ; elles sont épaisses de 0,0020 à 0,0022, larges de 0,011 près du contour extérieur.

Les lamelles du cristallin de la perche (*Perca fluviatilis*) sont épaisses de 0,0016, larges de 0,018, y compris la demi-longueur des lobes saillans; c'est-à-dire, présentent cet écartement entre les milieux de deux lamelles contiguës, près du contour extérieur. Les lobes sont très alongés, diversement contournés ou même bifurqués ou rameux ; leur longueur est de 0,0055.

Les lamelles du cristallin de la carpe sont également épaisses de 0,0016 ; leurs lobes, plus réguliers et plus arrondis, sont moins saillans.

CHAPITRE XI.

DES OS ET DES DENTS.

La structure intime des os et des dents ne peut être convenablement étudiée que si l'on obtient ces substances dures, en lames tellement minces que la lumière les puisse traverser facilement. On se procure ces lames en usant peu à peu, après les avoir collées sur des lames de verre, des plaques sciées aussi minces que possible, dans les diverses directions où l'on juge à propos de les observer : ainsi pour les os longs, parallèlement à la surface, perpendiculairement à cette surface, dans le sens de la longueur, et enfin transversalement. Mais on obtient bien plus simplement des lames d'une ténuité extrême, en enlevant, avec un petit ciseau de graveur sur bois, des copeaux de l'os ou de la dent encore frais ou suffisamment humectés : on étale ensuite sous l'eau les petits copeaux qui, par l'action du ciseau poussé avec la paume de la main, sont obtenus en petits rouleaux très légers; puis on les recouvre d'une lame de verre mince. On peut ensuite, en ajoutant une goutte d'acide chlorhydrique très affaibli, dissoudre les sels calcaires, et laisser seulement la substance organique qui demeure encore plus transparente.

Les os sont formés de lames parallèles à leur surface, traversés par des canaux très étroits partant de l'axe, et entre lesquelles se trouvent d'autres canaux remplis d'une substance organique vivante, modifiée par le contact de l'eau, à la manière des autres élémens organiques vivans, comme le sarcode, les corpuscules sanguins, les fibres nerveuses, etc.

Entre les lames se trouvent aussi des corpuscules particuliers aperçus jadis par Leeuwenhoek et récemment étudiés avec plus de détail par M. Purkinje et par M. Müller, et plus récemment encore par M. Doyère; ce sont des plaques ovales irrégulières d'où partent en rayonnant des fibres ou canaux qui agissent de la même manière sur la lumière. Ces corpuscules, plus blancs, plus opaques que le reste de la substance osseuse, paraissent être facilement dissous par les acides; c'est pourquoi on les a regardés comme des dépôts de sels calcaires avec beaucoup moins de substance organique que dans les lames qui constituent la masse principale de l'os; mais M. Doyère a montré que l'huile y pénètre, et finit par les remplir, comme font aussi les acides; de sorte qu'il reste prouvé que ce sont simplement des lacunes.

La substance osseuse des dents ou l'ivoire, présente une structure tout-à-fait différente; c'est une substance homogène creusée de canaux parallèles entre eux, qui se dirigent perpendiculairement à la surface, en partant de la cavité occupée par le bulbe dentaire, et en s'infléchissant plus ou moins, à proportion que la cavité interne se rétrécit et que le bulbe se retire. Ces canaux, qui ne sont point tapissés par une membrane particulière, mais qui sont de simples lacunes, présentent des inégalités dans leur calibre et des communications latérales avec les canaux voisins; ils se bifurquent aussi quelquefois. Ils sont disposés en séries régulières, suivant des plans passant par l'axe de la dent; et c'est pour cela que la dent, si on la rompt, se divise suivant ces séries de canaux qui donnent à la cassure un aspect fibreux ou satiné.

Les canaux, dans une canine d'ours, sont larges de 0,0025, et séparés par des intervalles de 0,0075, dans le sens de l'axe. Dans la dent de bœuf, les canaux sont aussi larges, mais les intervalles sont plus petits; ils n'ont que 0,0050 à 0,0060. Dans l'ivoire de l'éléphant, des canaux de 0,0018 sont séparés par des intervalles de 0,0042, et communiquent entre eux par des embranchemens à angle droit. Les canines ou défenses de sanglier ont des canaux de 0,0020 séparés dans le sens de l'axe par des intervalles de 0,0046, et communiquant entre eux par des embranchemens obliques.

Dans les incisives du lapin, les canaux, larges de 0,0014, sont séparés par des intervalles de 0,0032 à 0,0036; dans celles de la souris, les canaux sont bien plus étroits, en se rapprochant de la cavité interne ils ont près de la surface un diamètre de 0,0019, et sont séparés par des intervalles de 0,0036. Cela prouve bien que ce n'est pas la même partie du bulbe dentaire qui sécrète toute la dent; mais que cet organe s'use par son sommet et se renouvelle sans cesse par sa base.

L'émail de toutes les dents des mammifères est formé de petits prismes perpendiculaires à la surface de la dent, comme les fils du velours, et intimement soudés en une couche d'une dureté bien plus considérable que celle de l'ivoire. Les petits prismes ou les fibres de l'émail de la dent de veau m'ont paru avoir d'épaisseur 0,0023. Ils sont sécrétés par une membrane particulière tapissant une partie du sac dentaire.

Les dents du crocodile ont des canaux beaucoup plus étroits et moins régulièrement distribués que les dents de mammifères; ces canaux, larges de 0,0016, sont un peu flexueux, se rapprochant plus ou moins entre eux, tantôt de 0,005, tantôt de 0,0025 seulement.

L'émail de ces dents du crocodile a une structure encore plus différente de ce qu'on observe chez les mammifères; en effet, il est formé de couches très minces, parallèles à la surface, et qui, sur une coupe longitudinale se montrent comme des stries granuleuses de 0,0023, dont les granules n'ont pas plus de 0,0012.

Les dents des poissons ont à l'intérieur une structure manifestement fibreuse; et leurs fibres, près de la surface, deviennent plus fines, plus serrées, et se courbent brusquement pour devenir perpendiculaires à la surface, en s'entre-croisant avec d'autres fibres longitudinales très denses, et vraisemblablement avec un produit spécial de sécrétion en couches transverses, pour former l'émail, qui est beaucoup moins dur et surtout moins cassant que chez les mammifères.

Les fibres longitudinales de la dent du brochet, sont épaisses de 0,0077 vers le centre; et laissent entre elles des lacunes cloisonnées de 0,02 à 0,05; elles sont légèrement flexueuses, et paraissent prismatiques si on les voit dans une coupe transverse. La couche externe, plus résistante, et qui tient lieu d'émail, est épaisse de 0,16, et formée, comme nous l'avons dit, de fibres recourbées perpendiculairement à la surface, où elles se montrent comme des points oblongs, disposés en quinconce avec une admirable régularité. Les séries verticales, y compris l'intervalle qui les sépare, occupent chacune une largeur de 0,0013; on doit donc attribuer aux fibres recourbées vers la surface, une épaisseur encore moindre.

CHAPITRE XII.

DES TÉGUMENS, DE L'ÉPIDERME ET DES PRODUCTIONS ÉPIDERMIQUES.

Les corpuscules sarcodiques qui, rendus prismatiques par leur pression mutuelle, viennent présenter à la surface des membranes muqueuses un disque granuleux entouré de cils vibratiles dans certains cas (voyez la description des cils vibratiles, pag. 83), sécrètent sur ce disque même des paillettes de même forme qui se détachent facilement et flottent dans le mucus produit par la masse de la membrane muqueuse. Ces écailles sont sécrétées de même à la surface de la peau ; mais, au lieu de se détacher peu de tems après leur formation, elles s'empilent de dedans en dehors, et se soudant plus ou moins entre elles, forment l'épiderme qui revêt la surface externe du corps et dont le frottement et l'usure détachent ensuite les écailles superficielles ou les plus anciennes, dont la forme n'est plus aussi facile à reconnaître.

Ces écailles, simple produit de sécrétion, sont totalement différentes des cils vibratiles, qui sont un dérivé de l'organisme conservant un vitalité propre ; elles doivent être assimilées à toutes les autres productions épidermiques ou cornées; et c'est par une extension peu rationelle, que des physiologistes récens ont donné le nom d'épithélium à la couche même des corpuscules sarcodiques avec leurs cils vibratiles et les paillettes ou lamelles sécrétées à leur surface. Ces corpuscules sarcodiques si évidemment dépourvus d'enveloppe membraneuse, on les a décrits comme des cellules membraneuses, et les écailles sécrétées par leur surface ont été prises pour des cellules successivement atrophiées et réduites, par la compression, à l'état d'une lamelle ayant encore au centre le noyau central de la cellule primitive.

Les écailles de l'épithelium que l'on trouve abondamment flottantes dans la salive de l'homme, dans le mucus vaginal, etc. sont irrégulièrement ovales ou polygonales, à contour curviligne, larges de 0,04 à 0,05, avec un renflement ou noyau ovale au centre, ayant 0,006 à 0,010. Il est important de bien connaître leur forme, parce que l'on est exposé à les rencontrer souvent dans le cours des observations diverses (*pl* VIII. *fig*. 4).

L'épiderme du dauphin (*Delphinus delphis*) que le séjour de cet animal dans les eaux de la mer, empêche de se consolider, s'enlève en feuillets très minces, transparens, composés de pièces hexagones larges de 0,066 ayant au centre une aréole formée de granules ; on ne peut donc, dans ce cas, supposer, comme on l'a voulu faire pour l'épiderme des mammifères, que chaque pièce polygonale est le résidu d'une cellule atrophiée, puisqu'il n'y a plus ici de noyau central (*pl* XIV, *fig*. 13).

L'épiderme de la grenouille ou plutôt la pellicule dont cet animal se dépouille par des mues fréquentes, paraît bien encore être un simple produit de sécrétion. Il se compose de pièces polygonales irrégulières de 0,03, finement pointillées, ayant au milieu un renflement discoïde, avec une dépression centrale qui est peut-être une perforation réelle : des côtes saillante, formant un réseau à la face inférieure, s'étendent entre toutes les pièces polygonales, et proviennent de l'épaississement plus considérable de la substance sécrétée dans les interstices des corpuscules sarcodiques du derme (*pl*. XIV, *fig*. 4).

CHAPITRE XIII.

DES POILS DES MAMMIFÈRES.

Les poils des mammifères paraissent, dans une foule de cas être formés par l'empilement et la soudure des écailles épidermiques sécrétées sans interruption à la surface du corpuscule sarcodique, ou des corpuscules sarcodiques constituant le bulbe pilifère ; et c'est ainsi qu'on peut expliquer la croissance indéfinie de certains poils, et la formation des lacunes aérifères dans certains autres : en effet, si toute la surface du bulbe sécrétait uniformément la substance cornée, le produit serait un poil homogène et d'égale épaisseur dans toute sa longueur ; mais si un ou plusieurs points de cette surface ne sécrètent pas une substance cornée, ou sécrètent une matière huileuse colorée, le poil présentera ou un canal central ou des canaux interrompus et très étroits, contenant des particules huileuses. Si, par suite des oscillations continuelles qu'éprouve la nutrition dans les corps vivans, la surface sécrétante du bulbe est alternativement plus large et plus étroite, le poil aura sa surface dentelée ou écailleuse, et pourra même, dans certains cas, paraître formé de cônes emboîtés, ou recouvert d'une lame contournée en hélice très alongée à sa superficie. Si, en même tems, certaines parties de la surface du bulbe éprouvent des intermittences dans leur action sécrétante, il en résultera dans l'intérieur du poil des lacunes que tôt ou tard l'air occupera seul. Si enfin, un bulbe pilifère, au lieu d'être permanent, n'a qu'une existence temporaire durant laquelle il parcourt des périodes diverses d'accroissement et de décroissement et d'action, le poil aura, dans les diverses parties de sa longueur, une épaisseur, une structure et une coloration différentes correspondantes aux variations du bulbe, et il tombera quand le bulbe aura terminé ses diverses périodes d'action ; c'est ce qui arrive pour les poils de tous les animaux sujets à la mue, et pour ce qu'on nomme le jars, chez les animaux possédant en même tems des poils à croissance continue qu'on nomme la laine ou le duvet.

Les lacunes ou cellules aérifères ne se trouvent que dans l'intérieur des poils qui en sont pourvus, et ne s'ouvrent jamais à la superficie, on est donc conduit à penser que la couche externe des poils, paraissant toujours plus compacte dans une coupe transverse, pourrait bien être le produit d'une sécrétion spéciale, soit du bord même du bulbe, soit de la face interne du crypte qui le renferme : on expliquerait ainsi comment un poil, usé par le frottement, se désagrège plus facilement par la pression en fibres longitudinales, suivant les séries de petites lacunes plus ou moins visibles qui contiennent une substance huileuse, colorée chez les poils de teinte diverse, incolore chez les poils blancs. On trouverait une confirmation à la dernière hypothèse en considérant la racine des poils follets de l'homme, qui paraît évidemment fibreuse (*pl.* VII, *fig.* 6.) au-dessous de l'endroit où se montre la couche externe avec ses écailles saillantes. On doit reconnaître d'ailleurs que la présence de certaines lames très saillantes et dirigées en haut, à la surface du poil de chauve-souris, par exemple, ne pourrait être expliquée par de simples variations de la surface sécrétante du bulbe pilifère ; il faut donc que ce soit la face interne du crypte qui fournisse ce complément du poil ; au reste, le mode de formation des plumes, qui présentent une véritable analogie avec les poils à lames saillantes, ne peut être expliqué sans faire intervenir aussi l'action sécrétante de la face interne du crypte.

Pour étudier la structure des poils, il est indispensable de les placer entre des lames de verre avec un liquide qui augmente suffisamment leur transparence ; car, observés à sec, ils auraient des ombres beaucoup trop noires. L'eau suffit pour les poils minces et de couleur claire ; mais pour les poils plus volumineux et de couleur foncée, il faut employer le sirop de sucre, ou l'huile, ou quelqu'essence plus réfringente. Pour obtenir des tranches transversales très minces des divers poils, on en fait un faisceau qu'on agglutine avec de la gomme, et qu'on lie solidement sur une tige de bois tendre à laquelle on a pratiqué une rainure, sur un crayon de mine de plomb, par exemple ; puis, avec un scalpel bien affilé et humecté, on enlève successivement des lames transverses très minces de la tige de bois et de tous les poils contenus. Le produit de ces sections, retenu par l'eau à la surface de la lame, étant délayé sur une plaque de verre et trié sous le microscope simple, on arrive ainsi à rencontrer quelques tranches de poils d'une extrême ténuité.

Les poils et les cheveux de l'homme présentent des différences très considérables quant à leur volume et à leur forme : les uns sont presque cylindriques, d'autres sont très aplatis et jusqu'à deux ou trois fois plus larges qu'épais. Les uns ont un canal central rempli d'une substance opaque, les autres ont un nombre plus ou moins considérable de très petites cavités oblongues, disposées en séries longitudinales, et contenant une matière huileuse colorante. Si on les étudie sur la tranche, ces petites cavités se montrent comme de nombreux points noirs accumulés près du contour externe, dont elles sont séparées par une couche homogène plus dense qui semble être l'écorce des cheveux (*pl.* VIII, *fig.* 5.) Les poils follets de l'homme sont épais seulement de 0,0015 à 0,022 ; des cheveux de jeune fille blonde ont 0,06 ; des cheveux châtains de grosseur moyenne ont de 0,08 à 0,09 ; des poils bruns de barbe ou de favoris ont de 0,13 à 0,15. Tous ces poils ont à leur surface des lames écailleuses peu saillantes, à bord sinueux irrégulier, séparées par un intervalle de 0,01 environ, c'est-à-dire paraissant chacune à découvert sur une longueur de 0,01 ; les poils follets montrent surtout ces lames plus distinctement.

Les poils du *Lemur murinus* que j'ai représentés dans la planche IX, fig. 3 et 4, montrent à la fois les séries longitudinales de particules huileuses, et des lacunes aérifères assez régulières.

Les poils de la chauve-souris pipistrelle présentent des détails de structure très variés et très curieux : les uns (*pl.* IX, *fig.* 2, *a b*) semblent enveloppés de collerettes membraneuses, ou formés de cornets emboîtés l'un dans l'autre, et dont le bord, tourné en haut, est élégamment plissé. Ce bord membraneux est sans doute sécrété par la face interne du crypte, car la saillie qu'il fait est trop considérable pour qu'on puisse le supposer formé par le bulbe même qui sécrète l'axe du poil. D'autres poils de cette même chauve-souris présentent des écailles imbriquées sur deux rangs, comme les feuilles distiques des thuya et de certaines mousses ; mais ces écailles, comme les bords membraneux en collerettes des précédens, et comme toutes les autres modifications des écailles saillantes de la surface des poils, ont la même origine.

La partie cylindrique de ces divers poils de chauve-souris, n'a pas plus de 0,006, mais avec les écailles dont il est orné, le poil est large de 0,010 à 0,014 : c'est par erreur qu'on a décrit les écailles comme formant une spirale autour de ces poils.

Le poil de la roussette commune (*Pteropus vulgaris*) n'a que des écailles presque appliquées à sa surface, et longitudinalement striées ; son épaisseur est de 0,04 (*pl.* VII, *fig.* 8).

Les poils de musaraigne ont des aspérités souvent très prononcées, mais cependant moins que les poils de la pipistrelle ;

ils ont en outre, à l'intérieur, des cellules ou lacunes aérifères d'une régularité presque géométrique : ce sont des tronçons de cylindre creux. Les plus gros de ces poils, (*pl.* XI, *fig.* 1.) larges de 0,025, ont une seule rangée de cellules discoïdes larges de 0,018 et épaisse de 0,004. Les poils plus près de la racine, sont plus fortement dentelés, et n'ont que 0,007 à 0,010 d'épaisseur.

Les poils de souris, observés à la base, sont épais seulement de 0,008 à 0,010 et ne contiennent qu'une série de cellules alongées en massue ; un peu plus haut, ces poils deviennent plus épais, et quoique ne contenant encore qu'une rangée de cellules aérifères plus courtes, globuleuses ou discoïdes, ils deviennent peu à peu larges de 0,025 ; plus près du milieu, ces poils présentent trois séries de cellules alternes, et leur épaisseur est de 0,035 à 0,040 ; dans la partie la plus épaisse ils montrent au moins quatre séries de cellules, et deviennent épais de 0,050 ; puis ils vont en diminuant d'épaisseur, et contiennent des cellules de moins en moins nombreuses, en se rapprochant de l'extrémité, où ils se terminent en pointe longue, effilée, sans aucune trace de cellules, ayant encore 0,005 à la distance d'un sixième de millimètre de la pointe, puis finissant par une pointe qui a moins d'un trois-millième de millimètre d'épaisseur (*pl.* VI, *fig.* 1). Dans toute l'étendue de ces poils, on distingue bien les écailles saillantes dont leur surface est hérissée, mais c'est en approchant de la pointe qu'elles sont plus prononcées.

Les poils du cochon d'Inde (*pl.* VI, *fig.* 2), présentent la même structure, avec des dimensions plus considérables, car ils sont quelquefois larges de plus de 0,13 ; leurs cellules aérifères sont beaucoup moins régulières et semblent formées par des cloisons interrompues.

Les poils du dasyure (*D. Maugei*) ont une structure particulière, dont on retrouve l'analogue chez quelques phoques; leur surface est herissée d'écailles alongées ou plutôt d'épines couchées et comme adhérentes dans le sens de la longueur, de telle sorte qu'un poil épais de 0,03 montre d'un côté cinq ou six rangées longitudinales d'écailles en quinconce ; quelques-uns de ces poils ont en outre des cellules aérifères à l'intérieur (*pl.* VII, *fig.* 9 et 10).

Les poils du fourmillier tamandua m'ont offert une parti-

.cularité assez curieuse : la couche écailleuse de la surface présente çà et là des taches oblongues noirâtres , formées par un épaississement des écailles, d'où l'on doit conclure encore que ces écailles ne sont pas sécrétées par le bulbe pilifère. (*Pl.* VII , *fig.* 11.)

Les poils courts et raides de la plupart des ruminans, contiennent des cavités aérifères plus ou moins régulières , mais la laine des moutons est pleine et homogène en apparence ; sa surface est hérissée d'écailles inégales appliquées en recouvrement de bas en haut , et qui seules donnent à la laine la propriété de se feutrer. Mais on remarque des différences notables dans la grosseur des laines de diverses qualités. Les laines communes sont épaisses de 0,03 à 0,04 ; les laines fines , au contraire , ont moins de 0,024 et quelquefois même n'atteignent pas l'épaisseur de 0,020. Quand la laine a été usée par le frottement , les aspérités de sa surface disparaissent , et elle se fend et se désagrège plus facilement en fibres si on l'écrase (*pl.* XIII, *fig.* 3).

CHAPITRE XIV.

DES PLUMES.

On arrive à se faire une idée du mode de formation des plumes , si l'on imagine sur une plus grande échelle un poil pourvu à l'intérieur de cavités aérifères extrêmement multipliées, d'où résulte une moelle spongieuse et revêtue d'écailles à bord membraneux très développé et régulièrement divisé en pinnules latérales ; en effet, chaque barbe de la plume est sécrétée successivement tout entière et complète par la face interne de la capsule génératrice, de la même manière que les lames saillantes des poils de chauve-souris , qu'on peut bien supposer, dans certains organismes, être devenues plus découpées et prolongées latéralement.

Si l'on soumet au microscope une lame mince de la substance blanche spongieuse qui occupe tout le centre de la tige d'une plume d'oie, on reconnaît que cette substance est exclusivement formée d'un amas de cellules aérifères, d'où l'on peut chasser l'air en y faisant pénétrer un liquide, comme on le voit dans la figure 8 de la planche 13 : ici quatre cellules seulement contiennent encore de l'air.

Les figures 2 *a-j* de la planche XIV représentent divers fragmens des plumes du bruant, tendant à prouver ce que nous avons dit plus haut ; ainsi dans les figures *a* et *h*, on voit la tige d'une plume très mince occupée par une série de cavités aérifères ; la figure *b* montre le mode d'insertion des barbes ou pinnules sur la tige, d'où elles partent obliquement ainsi que les écailles de la surface des poils de mammifères. En *d* et en *g* on a la base de deux pinnules qui sont évidemment le prolongement d'une écaille de la superficie sécrétée par la face interne de la gaîne. Dans les autres figures sont représentées les barbes avec leurs nœuds renflés et entourés de pointes plus ou moins saillantes obliquement.

Il est bon de noter que les duvets des divers oiseaux, celui de l'oie par exemple et celui de l'eider, qui entrent dans la confection des lits et des meubles, flottant souvent dans l'atmosphère, se déposent sur les objets soumis à l'observation microscopique, et offrent une grande analogie avec ceux de la planche XIV.

CHAPITRE XV.

DES ÉCAILLES DES POISSONS.

Les écailles, comme les poils et les plumes, sont un produit de sécrétion sans vitalité propre ; comme eux aussi, elles résultent de la réunion de deux produits de sécrétion, savoir : la surface du derme, à laquelle adhère par toute son étendue, l'écaille qui ne s'agrandit que sur son contour, et en second lieu, la face interne du repli de la peau, dans lequel est renfermée la plus grande partie de l'écaille.

Les écailles de la tanche (*pl.* VIII, *fig.* 2) et des autres poissons malacoptérygiens, comme de tous ceux en général que M. Agassiz, d'après la forme de leurs écailles, classe dans sa division des cycloïdes, présentent des stries nombreuses d'accroissement, parallèles au bord, et des lacunes ou rigoles disposées en rayonnant, et qu'on a prises mal à propos pour des canaux véritables; ainsi la lame inférieure étant continue et uniformément sécrétée, sur tout son contour, la lame supérieure s'accroît périodiquement suivant les zones indiquées par la ligne saillante concentrique qui est le commencement de chacune d'elles; or ces zones sont interrompues irrégulièrement par des lacunes de plus en plus nombreuses à mesure que l'écaille s'accroît, et dont la succession forme des canaux rayonnans à bord irrégulier sinueux.

Les écailles de la scorpène (*pl.* VII, *fig.* 6) et de la plupart des autres poissons acanthoptérygiens rangés par M. Agassiz dans la division des cténoïdes, à cause du bord dentelé en peigne de ces écailles, se composent d'un disque concave uniforme d'abord, ayant plus tard des plis gauffrés de plus en plus profonds, sur la partie engagée dans la peau, et une ou plusieurs rangées de dents ou d'épines au bord libre. La lame inférieure qui adhère à la peau dans toute son étendue, et qui s'accroît sur son contour seulement, est homogène et sans stries; la couche supérieure s'accroît par zones concentriques commençant chacune par une arête saillante granulée ou formée d'un rang de petits tubercules, et parallèle au bord. Ce bord, d'abord elliptique, devient régulièrement plissé quand l'écaille a acquis un certain développement, comme si la membrane sécrétante, empêchée de s'étendre suffisamment, se trouvait plissée longitudinalement. Les dents ou épines du bord externe sont sécrétées comme l'écaille elle-même, par la portion de la peau qui supporte ce bord. Elles sont formées de la même substance cornée prolongée en tubercules et en pointes saillantes : par l'écrasement, on les voit révéler clairement leur nature (*fig.* 3, *c*), ce ne sont donc pas de véritables dents comme on l'a prétendu récemment.

En observant les écailles du *cottus scorpius* très jeune, on reconnaît que ces pointes prennent naissance isolément près du bord de l'écaille, à laquelle elles se soudent plus tard ; mais c'est bien encore la même substance cornée pour l'une comme pour les autres.

Les écailles de l'anguille (*pl.* VIII, *fig.* 1) présentent une structure fort remarquable, et qui met bien en évidence le concours des deux surfaces sécrétantes entre lesquelles se développent ces écailles molles et difficiles à apercevoir. Elles sont ovales oblongues, irrégulières, et se composent d'une lame inférieure homogène, marquée seulement de stries concentriques ; puis d'une seconde couche dans laquelle sont encastrés des disques transparens et fragiles de carbonate de chaux, qu'on peut dissoudre par un acide, et qu'on voit d'ailleurs souvent fêlés et fracturés de diverses manières si l'écaille a été froissée.

CHAPITRE XVI.

ÉCAILLES ET POILS DES ANIMAUX ARTICULÉS.

Les poils et les écailles des insectes ont généralement la forme d'un sac membraneux comprimé et rempli d'air, ou du moins leur forme, plus ou moins compliquée, peut être rapportée à celle d'un sac aérifère communiquant plus ou moins distinctement avec l'appareil respiratoire de ces animaux. Ces appendices, en raison de leur admirable structure et de la facilité avec laquelle on se les procure pour les étudier, sont souvent employés comme objets d'épreuve, ou test-objets pour vérifier la bonté et la puissance du microscope ; il convient donc d'en parler ici avec quelque détail : c'est dans l'ordre des insectes coléoptères qu'on observe les plus nombreuses modifications de ces appendices, et qu'on trouve conséquemment aussi la démonstration la plus complète de leur mode de structure.

Pour observer au microscope les écailles ou poussières des insectes, il suffit d'appliquer sur une plaque de verre, et de relever aussitôt les parties qui sont pourvues de ces écailles ; si les traces d'humidité ou de graisse restant à la surface du verre ne suffisent pas pour faire adhérer ces écailles, on a soin d'y condenser préalablement un peu de vapeur, en soufflant dessus, ou même d'y mettre une très legère couche d'eau gommée ou d'un autre liquide. Si la partie des insectes où se trouvent les écailles est trop dure pour pouvoir s'appliquer sur la plaque de verre, on transporte ces écailles en appuyant le doigt sur l'insecte d'abord, puis sur le verre, ou bien on les détache et on les fait tomber directement sur le verre, en grattant avec la pointe d'un scalpel.

Les écailles peuvent être observées par réflexion ou comme corps opaques, quand elles produisent des reflets métalliques dus aux aspérités et aux saillies régulières de leur surface; mais on doit bien se garder alors de faire arriver sur ces écailles une lumière trop vive et surtout la lumière du soleil, car il en résulterait des effets d'interférence comme ceux qui ont induit en erreur de précédens observateurs, sur la coloration de ces écailles.

Mais le plus souvent ce sera par transparence qu'on étudiera ces objets, cependant alors encore, il faut se souvenir que, s'ils sont posés à sec sur la plaque de verre, leurs ombres et leurs contours sont trop noirs et trop forcés. Il faut donc, pour augmenter leur transparence, les entourer d'un liquide convenable qui chasse l'air contenu dans leur intérieur, puis les recouvrir d'une lame de verre mince. Ils sont alors bien plus difficiles à voir dans le champ du microscope, mais aussi, en modifiant convenablement la lumière, on arrive ainsi à mieux connaître leur structure. L'eau suffit ordinairement pour humecter les écailles peu colorées et transparentes par elles-mêmes; pour celles, au contraire, qui sont de couleur foncée et presque opaques, il faut employer le sirop, la gomme ou l'huile.

Le hanneton bleu (*hoplia farinosa*), doit sa couleur si vive et si brillante à une couche de petites écailles en forme de sac membraneux, aplati, ovale ou presque rond, long de 0,10 (*pl.* XI, *fig.* 2), implantées dans le tégument par un tube court en forme de pédoncule, et à leur surface, on aperçoit très difficilement des rangées longitudinales de points saillans ou granules oblongs, qui, dans la gravure, ont été trop fortement indiqués.

Une espèce voisine d'insecte coléoptère, *hoplia squamosa* (*pl.* XI, *fig.* 3), a des écailles d'une structure bien plus curieuse encore; ce sont des petits sacs membraneux, longs de 0,09, plus gonflés que les précédens, quelquefois même presque ovoïdes, rétrécis à leur base, en un tube court recourbé, servant de pédoncule. Leur surface est toute hérissée de poils longs de 0,004 qui, vus de face, paraissent comme autant de petits cercles de o,oo1, ce qui tend à faire penser qu'ils sont creux à leur base au moins.

Parmi les coléoptères de la famille des curculionites, il s'en trouve beaucoup qui sont couverts d'une poussière colorée, ou de petites écailles à reflets brillans. Chez plusieurs aussi, ces écailles montrent assez clairement une forme dérivée de celle d'une bourse ou d'un sac membraneux pédonculé, plus ou moins régulièrement plissé, et qui, variant d'une tache à une autre tache différemment colorée du même individu, fournissent des analogies précieuses pour la comparaison des écailles les plus dissemblables.

Le *cryptorhynchus lapathi,* présente à la partie postérieure de ses élytres, une grande tache blanche dont les écailles longues de o,10, irrégulièrement plissées et élargies en éventail, sont évidemment formées de deux feuillets membraneux, rapprochés l'un de l'autre, suivant tous les plis, et soudés sur tout le contour, en manière de bourse plate, n'ayant d'autre entrée que le pédoncule tubuleux (*pl.* XI, *fig.* 1, *a b*); la portion noire des élytres de ce même insecte est revêtue d'écailles deux fois plus longues et un peu plus étroites, traversées par dix ou douze canaux longitudinaux, aux bords desquels les deux lames de l'écaille se touchent (*fig.* 1, *c*).

Le *cionus scrophulariæ* porte deux taches noires arrondies, dont les écailles, en forme de pétale ou de ligule de fleur, et longues seulement de o,o64, n'ont que des plis peu marqués; les écailles des parties blanches ou grises sont, au contraire, très étroites, longues de o,10, avec trois ou quatre canaux longitudinaux (*pl.* XI, *fig.* 9).

Les *polydrusus* doivent leur couleur verte si suave à des petites écailles pyriformes aplaties, qui sont aussi des sacs membraneux avec des plis ou canaux longitudinaux; leur longueur est de o,o5; ils contiennent quelquefois, dans l'intérieur, avec la couche claire qui leur donne leur brillant, un peu de dépôt granuleux d'une substance opaque. Les écailles de certaines espèces, observées par transparence, se présentent sous le microscope, nuancées de teintes irisées les plus vives, ce qui est un effet d'interférence produit par les deux lames dont se compose l'écaille et par l'air interposé (*pl.* XI, *fig.* 5 et 13).

Les *sitona*, autres curculionites, ont une teinte grise satinée avec de légers reflets irisés, produite par des écailles assez semblables à celles des *polydrusus*, mais conservant, même dans l'eau, des nuances irisées très vives , diversement distribuées en zones transverses , et provenant sans doute d'une différence d'épaisseur sur ces zones. Ces écailles ont en outre des canaux longitudinaux bien distincts (*pl.* XI , *fig.* 12).

La *cleonis sulcata* a des écailles oblongues de 0,10 (*pl.* XII , *fig.* 21), qui sont légèrement sillonnées, et contiennent souvent dans leur cavité interne un dépôt abondant.

Chez divers curculionites , les écailles prennent la forme de poils tubuleux ou corniculés, qui sont creux comme les autres, et s'implantent de même, au moyen d'un pédoncule tubuleux. Plusieurs, tels que les *lixus,* les *rhinobatus ,* etc., ont en outre une poussière très fine, composée de corpuscules filiformes longs de 0,004 , et épais seulement de 0,0006, couvrant tout le corps, et lui donnant une teinte particulière verdâtre ou rougeâtre , qui disparaît aisément par le frottement.

Plusieurs longicornes et xylophages sont aussi revêtus de petites écailles , dont la structure n'est pas aussi facile à reconnaître; ainsi, pour le *callichroma alpina ,* les écailles, longues de 0,125 , sont en forme de feuille lancéolée inéquilatérale , avec des stries fines partant du pédoncule (*pl.* IX , *fig.* 10); pour le *clytus arcuatus ,* les écailles, toutes de même grandeur, lancéolées-linéaires , longues de 0,11 , sont finement striées sur les places noires de l'élytre, et simplement granulées sur les taches jaunes (*pl.* IX , *fig.* 9).

Les écailles de l'*hylesinus varius ,* longues seulement de 0,05 , sont élégamment déchiquetées et frangées sur les bords (*pl.* IX , *fig.* 11).

Celles de la *cetonia morio* (*pl.* XI , *fig.* 10), sont oblongues , raides et cassantes, couvertes d'épines couchées longitudinalement ; on n'y peut voir de traces de cette structure vésiculeuse, si facile à reconnaître ailleurs.

Les larves de dermestes qu'on rencontre fréquemment dans les collections d'animaux desséchés et dans les substances animales sèches qu'elles rongent rapidement , sont revêtues d'écailles brunâtres qui leur donnent un aspect satiné; ces écailles sont les unes très longues et en forme de poils, les autres beaucoup plus petites, ayant seulement 0,20 , ovales-oblongues et acuminées ou lancéolées (*pl.* IX , *fig.* 8); elles présentent quatre à huit sillons longitudinaux formés par le rapprochement des deux lames dont elles se composent, et laissant entre eux de larges canaux remplis d'air, avant qu'on n'y ait fait pénétrer un liquide ; ce qui se fait aisément, et donne la preuve la plus concluante de la structure indiquée. La membrane, le long des sillons, présente de chaque côté des plis obliques, comme si elle était légèrement froncée au milieu de l'espace, entre les deux sillons ; elle présente aussi une série d'enfoncemens oblongs ou de plis irréguliers. Ces écailles sont celles qui font mieux comprendre la vraie structure des écailles de papillon, dont nous allons maintenant nous occuper.

Les différentes parties du corps et des ailes des lépidoptères, en général, sont revêtues d'écailles de différentes formes, toutes striées longitudinalement et pourvues d'un pédoncule tubuleux qui s'implante dans une gaine à la surface du tégument ou de l'aile. Les unes sont ovales-oblongues, plus ou moins tronquées aux extrémités, ou presque quadrilatères ; d'autres sont très alongées et passent par degrés à la forme effilée d'un poil. La plupart sont plus ou moins crénelées ou dentelées à l'extrémité, et ces dentelures, au nombre de trois à six, devenant de plus en plus prononcées, elles finissent par présenter une forme palmée. Certaines écailles en cœur dont nous parlerons ensuite, ont une structure qui se laisse difficilement rapporter à celle des écailles normales.

Il m'a paru que les écailles noires ou brunes, rendues plus transparentes par un liquide, montrent mieux leur structure intime que les écailles blanches qui, dans ce cas, deviennent trop transparentes, et qui, observées à sec, ont des ombres trop prononcées et trop larges.

Une écaille de la tache noire centrale de l'aile supérieure du papillon blanc (*pieris napi*) observée dans une solution de gomme (*pl.* VII, *fig.* 2) montre 24 stries granuleuses ou rangées parallèles de granules irréguliers serrés les uns contre les autres, et qui ne sont autre chose qu'un renflement boursoufflé, correspondant à un canal longitudinal régnant entre les deux membranes de l'écaille, et non une simple rangée de granules, comme on l'a cru. Les intervalles de ces cordons sont plissés transversalement, et contiennent aussi entre les deux lames de l'écaille, un espace occupé par une mince couche d'air, comme on s'en assure, en faisant pénétrer peu à peu par capillarité, dans l'écaille, un liquide qui en chasse l'air. Cette écaille, comme presque toutes celles des papillons diurnes, est longue de 0,17 à 0,20.

Une écaille de satyre *janira,* vue dans l'eau montra 44 ou 46 cordons granuleux de même structure, mais sans les plis transverses des intervalles, qui sont plus étroits (*pl.* VII, *fig.* 1).

Les écailles des polyommates, beaucoup plus petites et surtout plus courtes, ont un pédoncule plus effilé et des stries moins nombreuses, formées par des séries de pointes saillantes, autour desquelles les deux lames de l'écaille sont rapprochées. La figure 5 de la planche VII représente une écaille du polyommate *argiolus,* contenant encore, à sa partie inférieure, une portion de la couche d'air que l'eau a déjà expulsée dans tout le reste. Cette écaille, longue de 0,045, non compris le pédoncule, qui seul a 0,16, et large de 0,040, présente dix rangées de tubercules mucronés, dont on voit bien la pointe saillante au bord supérieur.

Si l'on regarde, avec un faible grossissement, une portion de l'aile supérieure de certains papillons diurnes mâles, et notamment des papillons blancs, on voit, comme dans la figure 4 de la planche VII,) qui représente une portion de l'aile de la *pieris rapœ,* en partie dénudée), on voit, dis-je, les écailles ordinaires implantées régulièrement par leurs pédoncules, dans des petites gaînes ou tubes, à peine saillans, larges de 0,006, espacés de 0,028, et formant des rangées parallèles transverses écartées de 0,13 ; de sorte que ces écailles se recouvrent mutuellement en grande partie.

Entre les rangées d'écailles ordinaires, se voient des écailles d'une forme totalement différente, insérées dans des petites cupules larges de 0,022, espacées de 0,10, et formant des séries transverses intermédiaires entre les gaînes des autres écailles. On a donné le nom de *plumules* à ces écailles particulières, et qui sont exclusivement propres aux individus mâles. Elles présentent toujours à la partie inférieure deux lobes prolongés en arrière, entre lesquels, au milieu d'une profonde échancrure, prend naissance le pédoncule long et grêle, terminé par un globule ou un disque large de 0,012, qui s'engage dans la cupule dont il a été question plus haut.

A partir des deux lobes, qui sont arrondis et se prolongent

presque autant que le pédoncule, le contour de chaque côté se renfle d'abord puis se rapproche de manière à produire la forme d'un cœur qui serait terminé par une languette frangée à l'extrémité, dans l'espèce que nous considérons (*pl.* VII, *fig.* 3); mais, dans beaucoup d'autres espèces, les plumules sont rétrécies en forme de fer de flèche ou même de bandelette alongée. Les stries de la surface, au nombre de 25 à 30, partent de tout le bord postérieur, et, après s'être plus ou moins infléchies suivant le contour général, elles se rapprochent toutes vers la pointe et viennent se confondre dans un espace granulé moins transparent, au milieu de la bandelette frangée; entre les stries, la membrane de chaque face de l'écaille est inégalement soulevée de manière à former un canal noduleux ou ridé, dans lequel l'air est contenu : on a donc bien ici encore une écaille composée d'une double membrane soudée sur son contour, mais le sac qui en résulte est d'une forme si singulière et les appendices frangés, ainsi que le globule du pédoncule diffèrent tellement de ce que montrent les autres écailles, qu'on a peine à concevoir tout d'abord leur analogie.

Les lépismes ou forbicines et les podures ont des écailles de plusieurs sortes, parmi lesquelles il s'en trouve d'alongées en forme de long poil dentelé ou plumeux; quelques-unes de ces écailles (*pl.* XII, *fig.* 17), beaucoup plus minces que les autres, sont presque arrondies ou réniformes, larges de 0,01, finement striées avec une régularité si grande qu'elles réflètent la lumière avec les teintes les plus brillantes du spectre solaire. Les stries, au nombre de 52 environ, sont hérissées de petites pointes également espacées qui, dans l'ensemble des stries, présentent une disposition quinconciale d'où résulte l'apparence de stries secondaires obliques en deux ou trois sens différens, et un peu arquées près du bord postérieur. On reconnaît bien d'ailleurs que ces écailles si délicates et si propres à servir de test-objet, sont formées d'une double membrane comme celles des lépidoptères et des coléoptères.

Les poils de la plupart des insectes, et des larves ou des chenilles, sont creux, et conséquemment ils peuvent être comparés aux écailles vésiculeuses de diverses sortes dont nous venons de parler; d'autant mieux encore que, sur certains curculionites comme aussi sur la larve du dermeste, on voit tous les passages entre les écailles en sac ovoïde aplati, et le long poil en bandelette striée.

On peut même encore rapporter à ce mode de structure les poils plumeux des abeilles et des araignées, celui par exemple de la lycose (*pl.* IX, *fig.* 5); la plupart des poils de la larve d'anthrène (*pl.* IX, *fig.* 6) ont cette même structure : aussi ce sont des tubes terminés à leur base par un pédoncule creux qui s'implante dans une petite gaîne sur le tégument, et ils sont hérissés partout de petites aspérités plus ou moins saillantes, ou de petites épines ou de poils très fins et très serrés. Mais cette larve d'anthrène possède une autre sorte de poils d'une structure tout-à-fait extraordinaire, formant des houppes particulières. Ils sont raides, cassans et composés d'une tige noueuse, articulée, ayant à chacun de ses nœuds un verticille de quatre épines ou saillies obliquement dirigées en haut ; les saillies du dernier nœud sont plus larges et prolongées en lobes recourbés vers l'axe, puis au-delà de ce dernier nœud, la tige prolongée se termine par un appendice assez volumineux proportionnellement, ayant un peu la forme d'un fer de hallebarde à quatre tranchans, mais, en réalité, construit sur le même type que l'ensemble du dernier nœud supposé plus développé, et placé en sens inverse (*pl.* IX, *fig* 7). Il faut remarquer toutefois que l'insecte parfait (*anthrenus musæorum*) est simplement revêtu d'écailles analogues à celles des curculionites (*pl.* XI *fig.* 4).

Les poils subulés et tordus de la *leptura viridis* (*pl.* XI, *fig.* 14 *bis*) ne peuvent point non plus être rapportés au type général des écailles.

Il en faut dire autant des poils de l'antenne moyenne du *cancer mœnas* (*pl.* XI, *fig.* 15), qui sont noduleux et entourés de côtes saillantes plus nombreuses que les appendices des poils noueux de la larve d'anthrène, avec lesquels ils ont une certaine analogie.

Les poils d'un autre crustacé (*portunus puber*) sont hérissés comme ceux des araignées ; mais les *maia* sont revêtues d'une couche de petites écailles épaisses et presque polygonales (*pl.* XI, *fig.* 6) présentant en dessous (*a*) des stries rayonnantes à partir du point d'attache, et en dessus (*b*) des zones divergeant du centre, croisées par des stries régulières qui partent du bord *antérieur*.

CHAPITRE XVII.

PRODUITS DIVERS DES SÉCRÉTIONS, PUS, LAIT, MUCUS, SOIE.

Le microscope, dans divers produits de sécrétion tels que le lait, l'urine, le mucus, la soie, etc., ne doit chercher que la preuve de l'absence de toute structure organique.

Le *pus*, si on le considère comme produit de sécrétion, se distingue par la présence de nombreux corpuscules arrondis floconneux, de même forme et de même grandeur. On les retrouve partout où le pus existe en si petite quantité que ce soit, dans le sang, dans le lait, dans le mucus, etc. Il est donc bien important pour le médecin, de savoir reconnaître sous le microscope les corpuscules ou globules du pus, lesquels sans avoir la régularité des corpuscules sanguins, ont cependant une grosseur assez uniforme de 0,0085 à 0,0100.

Le lait, vu au microscope, montre une infinité de globules de diverses grosseurs (*pl.* XII, *fig.* 4.) transparens, réfractant fortement la lumière et présentant tout-à-fait l'aspect de gouttelettes de graisse demi-liquide, que la chaleur rend plus transparens, que la pression peut souder entre eux. Ces globules, dont les plus gros sont larges de 0,009 et dont les plus petits ont moins de 0,0015 et sont agités plus ou moins du mouvement brownien, se séparent du liquide par le repos, pour former la crème qui, entièrement privée d'eau, devient le beurre, aussi ne trouve-t-on point de globules dans la partie du lait, caillé ou non, dont la crème s'est complètement séparée ; quelquefois, par une température froide, les globules du lait sont assez consistans pour pouvoir s'écraser par la pression, et l'on en voit qui sont gercés et fendus tout autour : on serait tenté de les prendre pour des objets particuliers, si on ne s'était assuré en les chauffant, que ce sont en effet des globules de beurre écrasés. Sur la crème naturellement séparée du lait, on voit naître, au bout de deux à trois jours, une forêt de petites moisissures formant un duvet blanc très délicat. Ces mêmes moisissures se développant aussi dans une très mince couche de lait conservée à l'abri de l'évaporation, entre des lames de verre, M. Turpin fut conduit à penser que les globules du lait se sont eux-mêmes convertis en moisissures ; mais en outre de ce que des moisissures semblables (*pl.* III, *fig.* 8) prennent naissance dans du sang ou dans tout autre liquide organique conservé de la même manière ; d'une part, le beurre formé exclusivement de globules du lait, ne se couvre pas de moisissures s'il a été bien lavé, et d'autre part sur le caillé égoutté ou caséum pur, ne contenant plus de globules du lait, il se produit des moisissures comme sur la crème, et même ces moisissures atteignant bientôt leur complet développement, deviennent le *penicillium glaucum*, couvert de ses sporules glauques ou bleuâtres. Ainsi les globules graisseux du lait ne sont pour rien dans la production des moisissures, et si l'on voulait admettre que dans ce cas il y a eu production spontanée, ce serait bien plutôt aux dépens du caséum interposé entre les globules graisseux de la crème, qu'aux dépens de ces globules eux-mêmes. On a d'ailleurs, comme nous le verrons plus loin, de nombreux exemples de la production abondante, et spontanée peut-être, des mucédinées sur les surfaces malades, ou dans l'épaisseur des tissus de certains animaux vivans, quand ces parties ont le contact de l'air ; mais ce n'est certainement pas par la transformation des globules de graisse ou d'aucune autre substance animale, non plus que dans la maladie des vers à soie nommée la muscardine, qu'il se fait une métamorphose de la graisse en *Botrytis bassiana*.

Entre les globules du lait on voit flotter quelquefois des corpuscules floconneux très peu réfringens, qui doivent provenir des parois mêmes des conduits glandulaires. Ces corpuscules très peu nombreux, qu'on a nommés mal à propos globules muqueux, deviennent, dans certains cas, assez abondans, et prennent l'aspect des corpuscules du pus. C'est ce qui a lieu notamment dans une maladie des vaches, vulgairement nommée la cocotte, dont on s'occupa beaucoup en 1838.

Le mucus sécrété par diverses parties de la membrane muqueuse de l'homme et des mammifères, ne contient pas de corpuscules particuliers ; il montre seulement, quand il est très dense et qu'on l'étire, des stries plus ou moins réfringentes et tout-à-fait irrégulières ; mais on y voit souvent des lamelles ou écailles de l'épithélium, surtout s'il provient du pharynx ou du vagin. Quand d'ailleurs ces membranes ont été affectées d'une inflammation plus ou moins prononcée, le mucus contient des globules de pus bien reconnaissables et plus ou moins abondans. Le mucus si abondant de la surface du corps des limaces et des limaçons, montre des corpuscules mous, oblongs, qui semblent être seulement des parties un peu plus denses du mucus même.

Les divers produits accessoires des organes génitaux mâles chez les mammifères et plusieurs autres produits liquides de sécrétion, sont plus denses que l'eau, qui, au lieu de les dissoudre, les modifie peu à peu en y déterminant la formation de vacuoles comme dans le sarcode; mais d'une manière bien moins prononcée, car ces produits n'ont qu'une consistance et une réfringence très faibles. Le produit mucilagineux des vésicules accessoires du cochon d'Inde et de divers rongeurs, et un autre produit analogue dans la liqueur séminale émise par divers mammifères, présentent surtout assez clairement le phénomène de la formation des vacuoles au contact de l'eau.

Beaucoup de produits liquides de sécrétion, comme les larmes, l'urine, le venin, une partie de la liqueur séminale, etc. n'offrent sous le microscope d'autre particularité que la cristallisation des sels qu'ils contiennent. On a pu même ainsi arriver à reconnaître des différences importantes dans les urines, suivant le régime ou l'état de santé des personnes. Ainsi on y a pu reconnaître le phosphate ammoniaco-magnésique, l'oxalate de chaux ou de potasse, l'acide urique, le chlorure de sodium, etc.

D'autres produits, d'abord liquides ou visqueux, se solidifient promptement à l'air, comme la *soie*; on n'y reconnaît alors aucune structure régulière; seulement on peut noter leur épaisseur moyenne et leur forme habituelle pour les reconnaître dans l'occasion : c'est ainsi que la soie (*pl.* XIII, *fig*. 4) est en filamens irrégulièrement aplatis, et dont l'épaisseur varie entre 0,007 et 0,015, ne pourra pas être confondue avec la laine, dont les plus minces filamens ont au moins 0,020 et sont revêtus de lamelles écailleuses qui en facilitent le feutrage, tandis que la soie avec ses filamens lisses ne peut se feutrer solidement.

SECTION II.

OBSERVATIONS PARTICULIÈRES.

—

CHAPITRE PREMIER.

RECHERCHES PARTICULIÈRES SUR LES INSECTES.

Il n'y a pas un animal parmi les vertébrés qui ne puisse donner lieu à une foule d'observations microscopiques fort curieuses et souvent neuves, sur la structure intime de ses tissus et de ses organes. Mais ce sont surtout les animaux articulés dont la structure générale et l'organisation échappent à la vue simple, qui fourniront au micrographe une source inépuisable de recherches et de découvertes, soit que ces animaux puissent être soumis tout entiers au microscope simple ou composé ; soit qu'on ait besoin seulement d'étudier, à l'aide de cet instrument, les organes externes ou internes et particulièrement ceux qui fournissent les caractères employés pour la classification.

Une simple loupe amplifiant six à douze fois le diamètre des objets, suffit ordinairement pour reconnaître ces caractères chez les crustacés et les insectes de grosseur moyenne ; pour ceux qui sont plus petits, on se contentera du microscope simple avec des grossissemens de dix à soixante diamètres. L'animal à examiner sera tenu sous la lentille, dans le faisceau de lumière illuminante, par une petite pince à ressort, ou simplement par la pointe d'une aiguille enfoncée dans son corps et supportée, ainsi que la petite pince, de manière à permettre que l'objet soit tourné en différens sens, jusqu'à ce qu'on arrive à bien voir les parties préalablement écartées et soigneusement développées.

Si l'animal est très petit, ou si l'on ne tient pas à le conserver entier, le mieux sera de détacher ses parties et de les étaler sur une plaque de verre, en ajoutant même de l'eau ou un autre liquide pour en augmenter la transparence, et pour éviter qu'un souffle ne les enlève.

Pour détacher et isoler, par exemple, les parties de la tête d'un très petit insecte, on placera cette tête dans une goutte d'eau sur une plaque de verre, après avoir brisé par la pression, les tégumens s'ils sont trop durs, comme chez la plupart des insectes; puis la plaque de verre étant mise sur la platine du microscope, on écartera avec des aiguilles emmanchées, les antennes, les mandibules, les mâchoires et leurs palpes, la lèvre et les palpes labiaux, ou la trompe, la languette, etc., en regardant avec des lentilles de force convenable.

Les antennes, qui fournissent des caractères essentiels pour un grand nombre de genres d'insectes, offriront ainsi d'admirables détails de structure et de forme; les palpes et les autres parties de la bouche, les tarses et les ongles, ainsi que les pelottes ou brosses qui servent aux insectes à se fixer sur les corps polis, seront également étudiés avec un vif intérêt; mais, pour plusieurs de ces organes, il faudra recourir à l'emploi du microscope composé, quand le microscope simple aura fait connaître tout ce qu'on peut attendre d'un pouvoir amplifiant aussi limité. En passant ainsi d'un instrument à l'autre, on aura l'avantage de conserver toujours dans sa pensée la notion de la forme générale et des rapports des diverses parties, et l'on aura reconnu avec un grossissement de plus en plus considérable, des détails que, sans cela, on ne pourrait bien comprendre.

Tous les organes extérieurs et caractéristiques des insectes étant ainsi préparés, on peut ensuite les conserver sur des plaques de verre de grandeur uniforme, en les recouvrant d'un mince feuillet de mica, après les avoir engagées dans une substance résineuse ou gommeuse bien diaphane, de telle sorte qu'il ne reste ni de l'eau ni de l'air autour de ces petits objets.

Les ailes, les écailles, les poils, les tégumens pourront être étudiés et conservés de la même manière; mais si l'on veut connaître la structure intime des tégumens, il faudra les couper en tranches minces suivant plusieurs directions; ou enlever séparément la pellicule externe aréolée qui en est comme l'épiderme. Chez les gros coléoptères, on verra que le têt est formé de couches parallèles dont les plus intérieures sont moins colorées, et qui sont toutes traversées par des petits canaux perpendiculaires à la surface, les uns correspondant aux insertions des poils tubuleux, les autres servant à l'exhalation; les antennes et l'extrémité des palpes présentent, dans leur tégument, des canaux de ce genre beaucoup plus nombreux, qui sont destinés à mettre les nerfs en relation avec les impressions des objets extérieurs ou le milieu ambiant.

Circulation du fluide nourricier.

L'organisation intérieure des insectes ne peut être étudiée que par la dissection; cependant il est une fonction, celle de la circulation, qui ne peut être bien vue chez eux, au contraire, que pendant qu'ils sont encore entiers et pleins de vie.

. Pour étudier ce phénomène, il faut choisir des larves aquatiques jeunes et bien transparentes, comme celles des névroptères et particulièrement celles des éphémères, si communes dans les eaux douces. Une de ces larves étant placée sur une plaque de verre avec de l'eau, et emprisonnée par quelques brins de conferve qui supportent en même tems la lame de verre mince dont on la recouvre, on peut voir avec un grossissement médiocre un courant de liquide diaphane, chariant des corpuscules blancs le long de l'axe du corps, d'arrière en avant, puis revenant de chaque côté du corps, vers la partie postérieure, après avoir pénétré dans les divers appendices respiratoires, et se continuant jusqu'à l'extrémité des filets articulés de la queue, pour revenir en avant et recommencer indéfiniment cette circulation. Les entomostracées comme les daphnies et les lyncées, montrent une circulation plus complète, et leur cœur, formé d'une double cavité, est vu distinctement près du bord dorsal, se contracter plus de cent fois par minute. Plusieurs autres petits crustacés isopodes aquatiques ou terrestres, montrent aussi le phénomène de la circulation, que d'ailleurs on voit très facilement dans les feuillets branchiaux des crustacés décapodes. Les jeunes myriapodes et thysanoures ont une circulation analogue à celle des larves de névroptères. Les chenilles et les larves des autres insectes terrestres, et ces insectes, même à l'état parfait, quand leur tégument est assez transparent, comme par exemple chez les coléoptères sans ailes, dont l'abdomen constamment recouvert par les élytres soudés, se montre au-dessous revêtu d'une peau molle transparente, tous, dis-je, ont un appareil circulatoire beaucoup plus simple : c'est un long *vaisseau dorsal,* à parois mal définies ou indéterminées, soutenu par des faisceaux de fibres transverses, et animé d'un mouvement péristaltique régulier, qui fait refluer vers la partie antérieure le liquide nourricier, arrivant sans cesse dans ce vaisseau par les lacunes postérieures et latérales.

Dissection des insectes.

Le surplus de l'organisation intérieure pourra bien aussi, dans certains cas, être aperçu à travers les tégumens des crustacés diaphanes et des larves également transparentes ; cependant, dans ce cas même, pour bien juger du rapport des parties, et dans tous les animaux à tégumens opaques, il faut procéder par dissection, non pas comme on pourrait le faire avec des animaux plus volumineux, mais par des coupes générales faites d'un coup de ciseau, et en écartant ensuite avec des aiguilles emmanchées, les parties flottant dans l'eau dont on recouvre l'objet, ou même en déchirant avec les aiguilles mêmes les tégumens s'ils n'ont pas plus de consistance que chez les larves blanches et molles de certains diptères, hyménoptères et coléoptères. Remarquons toutefois encore, que s'il s'agit d'une larve aussi volumineuse que la chenille du cossus, si admirablement disséquée et décrite par Lyonnet, on doit revenir aux procédés ordinaires de dissection, ou à des procédés plus ou moins analogues, c'est-à-dire fendre avec des ciseaux, les tégumens de la chenille, les écarter et les étendre avec des épingles sur une plaque de liége ou de cire recouverte d'eau; puis isoler chaque muscle, chaque nerf, chaque organe, après avoir augmenté sa consistance par une immersion plus ou moins prolongée dans l'alcool.

M. Straus a réussi à maintenir, pour la dissection, des araignées et d'autres insectes mous à surface hérissée ou velus, en les engageant dans du plâtre fin gâché à l'instant même et qu'on enlève par couches parallèles en même tems que l'animal, dont on étudie ainsi des coupes faites en divers sens.

Pour observer l'organisation interne de ces animaux, il convient d'enlever préférablement toute la face dorsale, après avoir coupé, au ras du corps, les pattes, pour que la face ventrale s'appuie plus exactement sur la plaque de verre du support. Si l'insecte est de trop petite taille pour que les tégumens se puissent couper circulairement, ou s'il est trop déprimé, ou si encore ces tégumens sont trop résistans, si, par exemple, on veut disséquer un pou, il faut, avec des ciseaux ou avec un scalpel à tranchant courbe, fortement appuyé sur le tégument de l'insecte, couper entièrement les deux bords latéraux du corps, puis enlever ensuite, avec la pointe d'une aiguille, la paroi dorsale, qu'on détache par déchirement s'il est possible, ou par quelques coups de ciseau dans les endroits où elle tient encore au reste des tégumens. Les deux bords ainsi retranchés, n'ont rien emporté du système nerveux ou des organes digestifs ou génitaux, qu'on peut déployer et étaler complètement sous l'eau en se servant des aiguilles emmanchées.

Quand on a ainsi enlevé la paroi dorsale d'un insecte, on voit dans la région du thorax une masse de muscles demi-transparens, blancs ou grisâtres, avec une teinte variable de jaune ou de rougeâtre; dans la région de l'abdomen, on voit un amas, peu distinct d'abord, de corps graisseux, de trachées et de sacs aérifères, d'intestins et de canaux biliaires, ou d'appareils sécréteurs, et enfin d'organes génitaux plus ou moins développés, suivant l'âge de l'animal, ou suivant le rôle qu'il est appelé à remplir; car, parmi les fourmis et les abeilles, un grand nombre d'individus sont dépourvus d'organes sexuels, ou n'en ont que de rudimentaires.

Organes génitaux des insectes.

Pour se reconnaître dans cet amas d'organes, on commence par enlever les faisceaux musculaires du thorax, le corps graisseux et les trachées de l'abdomen; qui seront étudiés séparément, ces derniers organes forment un réseau de filamens déliés unissant tous les viscères à la manière de l'épiploon et du mésentère des vertébrés; mais ils sont si délicats et si fragiles, qu'on les détache aisément avec la pointe de l'aiguille. On peut isoler ensuite les organes génitaux, qui sont ordinairement remarquables par leur couleur blanche opaque, et qui, chez le mâle, sont des cordons diversement repliés, souvent terminés par des renflemens particuliers; chez la femelle, ce sont deux ovaires composés de tubes plus ou moins

nombreux, partant de deux oviductes tubuleux, et contenant
une série d'œufs à divers degrés de développement, à partir
de la pointe extrême de chaque tube, où l'ovule est à peine
distinct jusqu'à son embouchure où l'œuf est mûr. L'oviducte
aboutit souvent à un pondoir ou oviscapte de forme et de
structure variés, dans les différens ordres d'insectes; tantôt
c'est un aiguillon ou une tarière, tantôt une scie ou une lime
composée de plusieurs pièces finement dentées, tantôt un tube
charnu et rétractile, ou une gouttière cornée, ou quelque
autre appareil d'une structure fort remarquable. L'appareil
génital mâle qui, dans une partie au moins de son étendue,
contient les spermatozoaires, est également accompagné, le
plus souvent, par un appareil corné formé de pièces articulées
et servant à la copulation.

Organes de sécrétion.

Quelques appareils spéciaux de sécrétion se trouvent souvent entremêlés aux organes génitaux, comme servant, chez
les femelles, à préparer l'enduit gommeux qui fixera les œufs,
ou bien comme destiné à fournir le venin qui sera porté par
l'aiguillon de divers hyménoptères; ou encore pour certains
produits odorans ou explosifs comme celui qui, chez les bra-
chines et les aptines, est lancé au dehors, avec bruit, sous
la forme d'une fumée caustique : ce dernier produit, contenu
dans un tube (*pl.* XII, *fig.* 15), muni d'une valvule spirale à
l'intérieur, reste à l'état liquide tant que l'animal, vivant, l'y
retient par la contractilité de ses organes; mais quand il est
expulsé volontairement par cet animal, il passe subitement à
l'état gazeux, en arrivant au contact de l'air. Il passe également à l'état gazeux, si l'organe sécréteur, encore vivant,
est divisé sous l'eau en fragmens qui perdent bientôt leur
vitalité.

Appareil digestif des insectes.

Quand les organes dont nous venons de parler ont été enlevés, et qu'on a eu soin de renouveler plusieurs fois l'eau
que la graisse délayée rend trouble et laiteuse, on voit l'appareil digestif encore en place, s'étendant depuis la tête, que
nous supposons intacte, jusqu'à l'anus. Les canaux biliaires,
petits cordons jaunâtres aboutissant à l'intestin, et qui, dans

certains insectes, sont excessivement nombreux, qui, dans d'autres sont au nombre de quatre ou six seulement, mais très longs et repliés de mille manières, entourent et masquent encore l'intestin dans une partie de son trajet ; il faut les écarter et les déployer sans les rompre, ce qui ne peut se faire qu'avec une extrême patience, et seulement quand l'appareil digestif a été retiré des cavités thoracique et abdominale, et transporté seul sur la lame de verre couverte d'eau, avec la tête, si l'on veut, et le bord du dernier anneau de l'abdomen. C'est ainsi qu'on peut préparer l'appareil digestif de la plupart des insectes, de ceux surtout qui sont pourvus de mâchoires et de mandibules ; l'on reconnaît alors que ce tube intestinal, plus court et presque droit chez les carnassiers, beaucoup plus long et contourné un grand nombre de fois sur lui-même chez certains insectes herbivores, présente une structure différente dans les diverses parties de sa longueur : il est lisse, musculaire, extensible dans la première partie formant l'œsophage et le jabot ; couvert de papilles extérieures, raides ou flottantes dans une seconde partie qu'on nomme le ventricule chylifique, plus épais et comme parenchymateux dans une autre partie, etc. On voit aussi chez plusieurs herbivores, les canaux biliaires garnis de papilles latérales ou de pinnules.

Si l'on ouvre la portion musculaire ou le jabot de certains insectes, on le voit garni à l'intérieur de lames cornées, dentelées, ou velues, ou pectinées, très régulières, qui paraissent destinées à favoriser la trituration des alimens, comme dans le gésier des oiseaux.

Les insectes suceurs ont souvent un jabot vésiculeux qui sert d'organe aspirateur ; plusieurs d'entre eux, et notamment les hémiptères, ont aussi de chaque côté de l'œsophage, une ou plusieurs grappes de glandes salivaires contenues soit dans le thorax seulement, soit en partie dans la tête comme chez les grosses cigales (*Tettigonia*), et qu'il convient de préparer en même tems que l'appareil digestif.

Système nerveux des insectes.

Si la tête est ouverte transversalement, en même tems que le thorax et l'abdomen, on voit chez les insectes parfaits, après avoir enlevé les trachées au-dessus de l'œsophage, quatre corps globuleux, blancs, liés entr'eux, et qui sont des ganglions nerveux ; les deux extérieurs sont les renflemens optiques desquels partent tous les filets nerveux particuliers correspondant à chacune des petites facettes des yeux composés ; ces deux ganglions se trouvent quelquefois dans la même ligne que les deux du milieu ; quelquefois ils sont placés plus haut et plus rapprochés l'un de l'autre. Les deux ganglions du milieu sont les ganglions sus-œsophagiens, et par leur position ils correspondent en quelque sorte au cerveau des animaux vertébrés ; de ces ganglions partent deux filets nerveux principaux pour les antennes, et d'autres moins importans pour les diverses parties de la tête ; ils envoient de chaque côté de l'œsophage un gros cordon latéral qui va rejoindre par-dessous une seconde paire de ganglions, plus ou moins soudés ensemble, et nommés, par opposition, sous-œsophagiens. Mais, pour voir cette deuxième paire de ganglions et tout le reste du système nerveux, il faut couper l'œsophage immédiatement derrière la première paire de ganglions, et enlever tout l'appareil digestif, en laissant en place la partie inférieure de la tête, du thorax et de l'abdomen, au fond desquels on voit, en les recouvrant d'eau, le système nerveux en connexion avec les parties voisines. Des ganglions sous-œsophagiens ou de la seconde paire, partent deux cordons principaux, qui viennent joindre sur la ligne médiane du thorax, une troisième paire de ganglions, fondue le plus souvent en un seul ganglion d'où partent les nerfs de la première paire de pattes ; une série de ganglions semblables correspondant à chaque anneau, se trouvent ainsi liés par deux cordons longitudinaux, chez les larves comme chez les articulés dont le corps est formé d'anneaux plus distincts ; mais chez l'insecte parfait, plusieurs de ces ganglions, particulièrement ceux du thorax se rapprochent et se confondent, ainsi que les cordons longitudinaux.

Ces nerfs d'insectes offrant très peu de résistance, surtout vers leurs extrémités, on peut enlever le cordon ganglionaire, avec une grande partie des nerfs ; et, transportant avec la pointe de l'aiguille tout cet appareil, sur une plaque de verre couverte d'une mince couche d'eau, on parvient aisément à l'étaler presque tout entier, de manière à bien voir la disposition de ses parties.

OEil composé des insectes.

Si la coupe transverse qu'on a faite des tégumens durs et cornés de la tête passe par l'axe des yeux composés, souvent très volumineux, de l'insecte, on peut déjà voir à la lumière réfléchie, en employant un grossissement suffisant, la structure interne de cet œil composé, et les filets nerveux très minces, entremêlés de trachées beaucoup plus apparentes, qui partent en rayonnant du ganglion optique, et se rendent à un petit cristallin derrière chacune des facettes de la cornée; mais le pigment rouge ou noirâtre opaque qui remplit en partie les interstices, empêche le plus souvent de bien voir ainsi cette structure; on doit alors recourir à des grossissemens plus considérables, en observant par transparence des tranches aussi minces que possible de la totalité de l'œil et des parties voisines, que l'on a soin de tenir baignées par quelques gouttes d'eau ainsi que l'instrument tranchant. Ces tranches, fort difficiles à préparer, s'obtiendront quelquefois plus sûrement, après que la tête de l'insecte aura séjourné dans l'alcool faible.

Les coupes ainsi préparées, montrent bien que la cornée est formée d'un nombre très considérable de couches minces parallèles à la surface plus ou moins convexe de chaque facette. Si, d'ailleurs, on enlève des lames presque parallèles à la surface, de manière à couper très obliquement ces couches, on les voit indiquées par leur bord sinueux.

Si une portion de la cornée prise avec toute son épaisseur et bien nettoyée à sa face interne, est soumise au microscope, chacune des facettes agira comme une petite lentille convexe, et en modifiant convenablement l'éclairage, on pourra voir à travers chacune d'elles une petite image d'un objet placé à distance.

Muscles des insectes.

Les muscles des insectes peuvent être observés à l'état de vie dans les parties transparentes, et notamment dans les pattes des hémiptères aquatiques très jeunes, ou à l'état de larve; ces muscles se contractent fréquemment et paraissent, en quelque sorte, agités d'un mouvement péristaltique qui produit une apparence de circulation sanguine dans le liquide nourricier environnant. Les particules sarcodiques flottantes dans ce liquide, sont chariées de côté et d'autre; c'est là ce que récemment on a annoncé comme une découverte importante, comme un mouvement de circulation inaperçu jusqu'alors.

Les muscles conservant un reste de vitalité, après avoir été partiellement détachés du thorax et des membres des insectes, on peut étudier, pendant quelque tems, leurs contractions, en tenant plongé dans l'eau, sur une lame de verre, l'insecte encore vivant, dont le thorax a été ouvert, et dont les muscles flottent au dehors.

Organes de la respiration chez les insectes.

Quand on a ouvert un insecte, on est frappé de la quantité de petits filamens blancs argentés qui se ramifient sur tous les organes intérieurs. Ces filamens sont les *trachées*, (*pl.* XI, *fig.* 16 et 17), ou vaisseaux aérifères, servant à la respiration de l'insecte ; ils sont formés d'une membrane très fine, transparente, sans structure appréciable, soutenue par un ou plusieurs filamens cornés, roulés en hélice comme un élastique de bretelles ou un ressort à boudin. Entre les tours parallèles de ce filament, la membrane est souvent plissée ou ridée, mais il n'y a rien qui dénote une structure fibreuse. Les trachées sont revêtues extérieurement d'une couche de substance mucilagineuse, diaphane et homogène, comparable à ce que nous avons précédemment décrit sous le nom de sarcode. C'est vraisemblablement dans cette couche que se passent les phénomènes respiratoires, en ce qui tient à l'assimilation des élémens gazeux.

Le filament de la trachée ne peut être considéré comme absolument distinct de la membrane elle-même ; car, sur les plus grosses trachées et sur les sacs aérifères si volumineux de certains insectes volans, on reconnaît que ce sont des plis de la membrane, suivant lesquels se fait un épaississement plus ou moins notable ; et, d'autre part, les trachées vers leur terminaison ne montrent plus de trace de ce filament en hélice, et ne sont plus que de simples tubes à parois lisses. Les plus grosses trachées sont larges de 1 à 4 dixièmes de millimètre, les plus déliées se distinguent à peine comme les traits les plus fins d'une gravure, sous un grossissement de 300 diamètres ; elles ont donc certainement moins d'un trois millième de millimètre. Dans les insectes dont le volume trop considérable doit être racheté par une moindre pesanteur spécifique, pour que le vol soit possible, les trachées présentent de chaque côté du corps, et jusque dans la tête et dans les membres, des renflemens vésiculeux symétriquement disposés, qui sont uniquement remplis d'air ; leur structure est la même que celle des trachées, sauf quelques modifications provenant de leur développement excessif.

Les trachées ramifiées presque à l'infini, dans l'intérieur du corps, passent des canaux aux troncs qui aboutissent à deux séries d'orifices externes, les stigmates, ordinairement placés symétriquement près du bord dorsal de chacun des anneaux de l'abdomen ou dans des positions également symétriques, mais variées, sur les anneaux composant le thorax et sur le dernier anneau de l'abdomen. Quelques larves aquatiques ont seulement deux orifices postérieurs d'où partent toutes les trachées réunies sur deux troncs principaux ; d'autres, comme celles des éphémères, ont sur chaque anneau des lames ou palettes vibratiles, dans lesquels les troncs trachéens se ramifient de nouveau pour recevoir par endosmose l'influence de l'air dissous dans l'eau ; de sorte que ces larves, quoique contenant toujours de l'air dans leurs trachées, n'ont pas besoin de le puiser ou de le renouveler dans l'atmosphère. Les autres larves aquatiques de névroptères sont dans le même cas ; mais leur appareil respiratoire présente quelques différences que le microscope fait connaître.

Les stigmates sont ordinairement entourés d'un cadre très compliqué et pourvus de valvules poilues ou de diaphragmes d'une structure fort curieuse. Ces appareils, qu'on nomme les péritrèmes, ont pour objet, d'interdire à tous les corps étrangers l'entrée des gros troncs trachéens.

Quelques arachnides sont pourvues de trachées, d'autres, les arachnides pulmonaires, ont pour organe respiratoire, deux ou quatre poches internes situées à la base de l'abdomen, et contenant un amas de petites lames parallèles ovales ou presque triangulaires. Ces lames (*pl.* XI, *fig.* 20), se composent chacune d'un double feuillet membraneux, parsemé de points saillans et tapissé d'un enduit de substance charnue vivante, analogue à l'enveloppe externe des trachées, et dans l'épaisseur de laquelle s'effectue essentiellement l'acte respiratoire.

CHAPITRE II.

DE LA PUCE.

De tous les insectes assurément, la puce est celui qui a été le plus souvent observé au microscope, et les détails de son organisation extérieure, bien que mal connus, sont depuis deux siècles en possession d'exciter l'admiration. C'est pour guider celui qui la prendra pour objet de ses premières observations microscopiques, que nous avons voulu donner des figures plus exactes de ses principaux organes extérieurs étudiés avec un fort grossissement sous un bon microscope; nous avons en même tems consacré notre planche XV à donner à un grossissement de 60 fois le diamètre, une idée de la forme générale et des rapports des diverses parties. On voit comment la tête se compose de deux anneaux, ou plutôt de deux arceaux distincts, entre lesquels est insérée l'antenne *a* dans une cavité distincte, et dont le premier porte l'œil qui est complètement lisse *o*. De l'ouverture antérieure du premier arceau, sortent les parties de la bouche, au nombre de huit ou neuf, savoir: 1° Deux lames *m* presque triangulaires ou en forme de feuilles qui, portant les palpes *c*, pourraient être considérées comme les maxilles. 2° Deux palpes *c* insérées près de la base des lames précédentes et composées de quatre articles; on les a pris souvent pour des antennes, mais leur mode d'insertion démontrerait évidemment que ce sont des palpes, quand même les vraies antennes n'auraient pas été trouvées à la jonction des deux arceaux céphaliques. 3° Deux lames quadrangulaires portant quatre côtes longitudinales saillantes et finement dentées en scie. 4° Une lame impaire *l*, tranchante, avec des dentelures plus écartées en dessus seulement; cette lame est traversée, dans toute sa longueur, par un canal sur la paroi duquel serpente une trachée très fine, et d'où partent des canaux plus petits aboutissant à l'extrémité de chacune des dentelures du bord supérieur. On peut la regarder comme l'organe principal de la succion, et comme l'analogue de la languette des hyménoptè-res ; son extrémité grossie 300 fois, est représentée dans la planche XIV, fig. 10. Sa largeur n'excède pas 0,016 ; sa longueur est de 0,30. 5° Une gaine articulée, recevant dans une gouttière, et soutenant par dessous, dans leur action, les lames en scie et la languette. Cette gaine *b* paraît formée de la réunion des deux palpes labiaux, qui seraient composés cha-cun de trois ou quatre articles.

Les deux lames dentées en scie quadrangulaire qui accom-pagnent la languette, et qui ont surtout pour objet de per-cer la peau et d'y exciter par leur mouvement une irritation, d'où résulte l'afflux des sucs que pompe l'insecte, à l'aide d'un vaste jabot ovoïde très extensible ; ces lames sont longues de 0,30, larges de 0,028 à 0,030 et beaucoup plus résistan-tes ; l'extrémité de l'une d'elles est représentée dans la plan-che XIV, fig. 9, grossie 300 fois. Ces lames dentelées peu-vent bien être considérées comme un des meilleurs test-objets, pour juger de l'excellence d'un microscope.

L'œil *o*, qui se trouve au bord postérieur du premier ar-ceau de la tête, et l'antenne *a*, qui est insérée entre les deux arceaux, sont représentés dans la planche XIV, fig. 8, gros-sis 300 fois ; on voit que l'œil est lisse, ovoïde ; long de 0,04, et que l'antenne se compose d'abord d'un article basilaire courbé en S, puis d'un article court transverse, portant une rangée de poils parallèles disposés en dents de peigne, un troi-sième article également court, transverse, sans poils, et en-fin une massue formée par la soudure de huit segmens, s'en-grenant mutuellement.

Le thorax se compose de trois segmens bien distincts, bien détachés, et présentant de chaque côté deux pièces écail-leuses dont l'inférieure, qu'on doit nommer l'épimère, porte la patte correspondante, dont le premier segment, très épais, pourrait, au premier aspect, être pris pour la cuisse, mais n'est, en réalité, que la pièce nommée la hanche dans les au-tres insectes ; le second segment, très petit, faisant l'effet d'un genou, est l'analogue de ce que l'on nomme ailleurs le tro-chanter ; les segmens suivans sont la cuisse, la jambe et le tarse, formé de cinq articles et terminé par deux ongles en crochet finement dentelés, avec un lobe ou talon à la base.

Les trachées, qu'on voit par transparence dans les membres, présentent un renflement vésiculeux dans tous les quatrièmes segmens, c'est-à-dire, dans les jambes, et dans le premier article des tarses postérieurs seulement. Les stigmates correspondans se trouvent sur le prothorax et entre le mésothorax et le métathorax ; et ces derniers (*s*) sont deux tubes courts très rapprochés bien visibles en dessous du corps, derrière les épimères du mésothorax.

L'abdomen de la puce femelle présente neuf anneaux distincts, dont les sept premiers, portant chacun une paire de stigmates, sont revêtus par des arceaux cornés à peu près semblables, à bord membraneux ; les stigmates, sur le premier, sont très rapprochés du dos, sur les six autres ils sont placés plus bas, au milieu de la hauteur de l'arceau dorsal, ou aux deux tiers de la hauteur totale de l'abdomen. Le huitième arceau dorsal, beaucoup plus court et sans bord membraneux, est au contraire renforcé par une bande cornée garnie de poils fins en dessous, pour protéger l'orifice du dernier stigmate qui se trouve près de l'angle inférieur, dans une petite échancrure où les bords et les poils du pygidium le préservent entièrement du contact de l'humidité. Les deux segmens de ce huitième arceau paraissent être simplement rapprochés et non soudés comme les précédens sur l'arête dorsale.

Le neuvième et dernier segment dorsal qu'on nomme le *pygidium*, est une plaque presque réniforme ou irrégulièrement arrondie légèrement, pliée en toit suivant l'arête dorsale. Ce pygidium, que l'on peut aussi, en raison de sa structure élégante, choisir comme test-objet pour juger comparativement deux microscopes, est encadré par un bord étroit plus coloré, prolongé en arrière ; il porte 25 à 28 soies raides longues de 0,08 à 0,10, implantées au centre d'autant d'aréoles irrégulièrement distribuées à la surface ; chacune des aréoles, large de 0,012 est ornée d'un cercle de dix granules ronds comme de petites perles autour de la base du poil ; quand d'ailleurs ce poil ou cette soie a quitté son point d'attache, on pourrait croire que l'aréole est percée d'un trou, et le pygidium fait l'effet d'un crible. Tout le reste de la surface du disque, entre les aréoles, est hérissé de petits tubercules pointus, très rapprochés, ayant chacun 0,0025 d'épaisseur.

Le pygidium, représenté dans la planche XII, fig. 18, au

grossissement de 156 diamètres , avec les parties voisines , est large de 0,166 et haut de 0,133 sans le prolongement du bord qui porte les deux filets articulés *q* ; sous le pygidium se trouve l'ouverture anale renfermée entre les deux pièces latéralement repliées du dernier segment abdominal , ces deux pièces, près de leur bord surtout , sont hérissées de longs poils raides qui se croisent au-dessus de la fente laissée entre elles.

L'abdomen de la puce mâle est également pourvu du pygidium avec ses deux stylets articulés , mais les pièces latérales des derniers segmens abdominaux sont élargies et prolongées en arrière , contenant entre elles les organes copulateurs très compliqués de cet insecte.

La structure de la puce diffère tellement de celle des autres insectes hexapodes , qu'on ne peut la bien comprendre que par la comparaison des diverses espèces de puce : celles du chien , de la souris , de la chauve-souris offrent en effet des différences notables et dont l'étude est bien digne d'intérêt ; nous avons représenté dans la planche XIV, fig. 11 , la tête d'une puce de chauve-souris, grossie 200 fois , pour montrer surtout plus nettement la composition de l'antenne beaucoup plus alongée que celle de la puce de l'homme , mais présentant également un article basilaire un peu courbe en *s* et renflé en massue ; puis deux articles larges et courts ; et enfin une massue de huit articles soudés et comme engrenés mutuellement ; ainsi, comme dans beaucoup d'autres insectes , il y a onze articles en tout à l'antenne de la puce.

La tête est formée aussi de deux segmens à la jonction desquels est l'insertion de l'antenne.

Le segment antérieur se prolonge en une lame alongée oblique , sur le bord postérieur de laquelle est un œil lisse si petit, que cette puce a été décrite comme tout-à-fait dépourvue d'œil ; vers l'extremité antérieure du même segment antérieur se trouvent deux paillettes cornées dirigées obliquement en bas , et derrière lesquelles se voit le palpe de quatre articles , et la lame foliacée *m* qui porte ce palpe et qui semble être l'analogue d'une mâchoire ou maxille.

CHAPITRE III.

DES ACARUS.

Les acarus de la gale ayant été l'objet de recherches microscopiques fort importantes, nous avons voulu fournir aux micrographes quelques termes de comparaison pour les études de ce genre qu'ils voudraient refaire, et pour la connaissance plus exacte des divers acarus ou des mites qui vivent sur le fromage, et sur diverses substances alimentaires.

Nous avons choisi l'acarus de la gale du cheval (*acarus exulcerans*), comme plus gros et plus facile à obtenir; il vit en grand nombre sous les pellicules écailleuses blanchâtres qui se détachent de la peau des chevaux galeux, où on le trouve à divers états de développement, avec huit pattes, ou avec trois paires de pattes seulement, ou avec la quatrième paire plus ou moins alongée.

Notre planche XVI représente, au grossissement de 260 diamètres, un de ces acarus dont la quatrième paire de pattes commence à s'alonger; la figure 1 de la planche XVII en représente un autre amplifié seulement 150 fois, et dont la quatrième paire de pattes a déjà presque toute la longueur qu'elle doit atteindre.

Les pattes, dont les quatre premières plus épaisses et terminées en crochet robuste au-dessus du tarse, sont formées comme celles de la puce et des autres insectes, de cinq segmens qui sont: 1° la hanche, de forme triangulaire, tronquée obliquement, attachée par sa base aux pièces cornées du tégument qui représentent l'épisternum et l'épimère; 2° le trochanter, articulé par une section oblique, à la hanche, avec laquelle il complette un double segment de forme cylindrique aux quatre pattes antérieures; mais pour les pattes postérieures, le trochanter, plus grêle et plus alongé, a par lui-même une forme cylindrique, tronquée obliquement à sa base; 3° la cuisse, en forme de cylindre court obliquement tronqué aux pattes antérieures, plus grêle et plus alongée au pattes postérieures;

4° la jambe qui, aux pattes antérieures, est en cône recourbé et forme un crochet robuste plus ou moins épineux. Les jambes de la troisième paire sont grêles, presque cylindriques, terminées en crochet court, ou en bec de plume. Celles de la quatrième paire sont également grêles, un peu amincies, mais non en crochet : 5° le tarse qui, pour les trois premières paires de pattes, est très long, très grêle, flexible, inséré obliquement sous la concavité du prolongement, en forme de crochet, de la jambe. Pour la dernière paire de pattes, le tarse est remplacé, au moins avant l'entier développement, par deux longues soies raides (*planche* XVII, *fig.* 9). Le tarse (*pl.* VXII, *fig.* 6, 7, 8,) paraît composé de quatre articles prismatiques, plus étroits vers la base ; le dernier de ces quatre articles, qui doit être considéré seulement comme l'analogue des ongles et de la pelote des diptères, est terminé par une membrane molle susceptible de se plisser ou de s'étaler suivant la forme des corps sur lesquels elle s'appuie ; les deux bords de cette membrane sont épaissis ou renforcés de chaque côté par un arc plus résistant, qu'on pourrait prendre pour des ongles, mais, en outre il y a, au milieu même de la membrane, un ongle isolé plus court.

Les tarses de la troisième paire de pattes, semblables aux autres d'ailleurs, sont accompagnés par un appendice bifide *m* (pl. XVI), qui prend naissance au même endroit.

La tête ou plutôt la bouche, car le prolongement antérieur ne contient pas autre chose que les organes de la manducation, se compose, en dessus, d'une paire de mandibules effilées et terminées par deux dents (*pl.* XVI et *Pl.* XVII, *fig.* 3 et 4); elles représentent évidemment les mandibules en pince qu'on voit chez les autres acarus (*fig.* 10 et 11), en supposant que les deux doigts de la pince, alongés plus encore que dans la figure 10, ont fini par se souder.

En dessous, la tête présente une large plaque faisant l'office d'un menton et d'une lèvre inférieure, et qui est formée par la soudure de deux pièces membraneuses représentant les mâchoires ou maxilles comme on les voit dans l'acarus du fromage (*planche* XVII, *fig.* 12) avec les palpes maxillaires soudées au bord, et que l'on voit clairement formées de trois articles.

Au milieu de la face ventrale, se voit l'origine des organes génitaux (*pl.* XVII, *fig.* 5), qui peut se comparer avec ce qu'on voit chez les ixodes et les autres acariens. Près du bord postérieur de la face ventrale, se voient aussi deux pièces (*pl.* XVII, *fig.* 2) formées de plusieurs cercles cornés, concentriques et dont le plus intérieur est formé d'un rang de globules. La position et l'aspect de ces pièces rappellent assez bien les ventouses de certains helminthes (Octostomes, Polystomes, etc.). Enfin, à l'extrémité du corps se trouvent deux prolongemens ou lobes charnus, symétriquement placés, et terminés par un faisceau de soies raides. Entre ces lobes, dans l'axe même du corps, se voit une petite échancrure où l'on pourrait supposer un orifice.

La peau, assez coriace, est élégament sillonnée par des petites lignes sinueuses parallèles; elle présente en outre quelques grands plis transverses, indices de segmentation. Sur différens points de sa surface se trouvent des poils symétriquement placés, au centre de petites aréoles régulières qu'on pourrait quelquefois prendre pour des stigmates ou des ventouses, quand le poil s'est détaché. Sur les pattes, la peau est finement granulée et non striée comme sur le corps, mais elle porte de même quelques grands poils.

Les divers genres d'acariens et les nombreuses espèces dont ces genres se composent, donneront lieu à une foule d'observations, sur les parties de leur bouche et de leur appareil génital, sur leurs ongles dont la structure est extrêmement variée, et sur les poils de leur surface, qui sont plus ou moins complexes.

Comme objets de comparaison, pour mieux faire comprendre la structure des mêmes parties chez l'acarus de la gale du cheval, nous avons représenté seulement les parties de la bouche et les pattes ou les tarses de l'acarus du fromage, et de l'acarus des figues sèches. Les mandibules de ce dernier (*acarus passularum*), *pl.* XVII, *fig.* 10, sont étroites, formées par deux doigts amincis, dentés en dedans; le menton, d'une structure assez compliquée, montre encore les traces des palpes et des maxilles. Chez l'acarus du fromaxille (*fig.* 11 et 12), dont les poils sont plumeux d'un côté, les mandibules sont très épaisses et terminées par deux doigts courts fortement dentelés; le menton laisse voir bien plus clairement sa composition, et l'on peut même, par la pression, séparer les deux pièces latérales (maxilles) dont il est formé, et qui portent le palpe maxillaire soudé latéralement.

Les pattes antérieures de ce même acarus semblent dépourvues de tarse, la jambe amincie brusquement, se termine par un crochet mobile, articulé sur le côté.

L'*acarus domesticus* a ses tarses terminés par une membrane trilobée, flexible, au-dessus de laquelle se trouve un long crochet simple.

La plupart des acariens se conservent assez bien, avec la gomme ou la térébenthine, sur des plaques de verre recouvertes d'une lame mince de mica; mais il faut préalablement avoir fait sortir par la pression, tous les viscères et toutes les parties grasses ou aqueuses, pour ne conserver que les parties tégumentaires ou cornées qu'on a eu soin de bien laver, en faisant couler dessus, à plusieurs reprises, une goutte d'eau, et en les laissant sécher par évaporation spontanée sur la térébenthine, même avant de les y enfermer.

CHAPITRE IV.

OBSERVATIONS MICROSCOPIQUES SUR LES MOLLUSQUES.

Nous avons déjà parlé des observations curieuses qui peuvent être faites sur les cils vibratiles et sur les spermatozoaires des mollusques; nous avons également signalé les premiers phénomènes vitaux que nous montre l'embryon d'une limace quand la substance homogène, diaphane, de cet embryon produit sur son contour des expansions semblables à celles des amibes. (*pl.* V, *fig.* 10). L'étude des embryons de mollusques fournira beaucoup d'autres sujets d'admiration, soit que ces embryons, revêtus de cils vibratiles, se meuvent dans leur albumen suivant des épicycloïdes continues, soit qu'ils se meuvent librement dans les eaux de la mer, au moyen des lobes ciliés qu'ils perdront en grandissant, soit qu'en raison de leur transparence extrême, ils laissent voir la circulation de leur sang et la formation successive de leurs organes.

La coquille des mollusques pourra donner lieu à des observations importantes quant à sa structure intime ; car , dans certains cas , elle se montrera formée seulement de petits cristaux rhomboèdriques de carbonate de chaux , comme dans les écailles d'huîtres ; dans d'autres circonstances , elle est formée de fibres parallèles , disposées perpendiculairement à la surface , comme dans la partie extérieure de la coquille des moules , des pinnes , des turbos , etc. Cette partie est bien aussi du carbonate de chaux ; mais sa dureté plus grande et sa structure , l'ont fait considérer comme analogue à l'arragonite. La portion nacrée des coquilles présente un autre sujet d'observation ; elle est formée de lames parallèles qui ont moins de o,oo6 d'épaisseur , et qui , sur une surface polie , se présentent plus ou moins obliquement par la tranche , comme autant de lignes sinueuses , parallèles , d'une ténuité extrême. On sait que c'est l'état seul de la surface de la nacre qui lui donne ses reflets irisés , puisque l'empreinte de cette surface reproduite par la cire à cacheter , par la gélatine , par la gomme lacque , ou même par un métal très fusible ou très mou , est également irisée , mais on a eu tort de dire que ce sont les sillons parallèles existant entre les tranches des lames, qui produisent l'effet d'interférence ou l'irisation ; car la surface interne d'une coquille bien entière , où les lames doivent être bien entières et bien parallèles , est souvent plus vivement nacrée que celle dont un poli artificiel a usé obliquement les lames.

La bouche des limaces et de quelques hélices est armée d'une lame tranchante fixée au palais , et qui leur sert à couper leur nourriture végétale. Quelques autres hélices , parmi les plus petites surtout , comme *l'helix hispida* , l'ancyle , les patelles et beaucoup d'autres gastéropodes marins , ont le palais et la paroi supérieure du pharynx jusqu'à une assez grande profondeur , garnis de petites dents à une ou plusieurs pointes , disposées avec une admirable régularité en rangées transverses et longitudinales. La portion du pharynx ainsi garnie de petites dents , peut , après avoir été détachée et isolée , être conservée comme un curieux objet microscopique.

L'aiguillon calcaire , sécrété par certaines espèces d'hélices , au tems de l'accouplement , présente une structure assez remarquable que l'on peut étudier suffisamment sous le microscope simple ; mais d'autres gastéropodes ont , dans l'appa-

reil génital, des produits accessoires qui réclameront l'emploi du microscope composé , tels sont, par exemple, les
spicules calcaires et en forme de palmette ou de plume , qui se
trouvent dans le testicule de la *limax hortensis (pl.* III, *fig.* 20) :
leur longueur dépasse un dixième de millimètre.

Il faut citer enfin , parmi les sujets de recherches microscopiques offerts par les mollusques , leurs divers helminthes parasites , et surtout les cercaires qui se développent exclusivement dans le foie des gastéropodes fluviatiles (lymnées, pla-
norbes, etc.), et qu'on voit aussi quelquefois s'agiter librement dans l'eau où vivent ces mollusques. Les cercaires, décrites par O. F. Müller comme des infusoires, sont des helminthes parasites dont la production ne peut guère s'expliquer
que par la génération spontanée ; ces animaux se composent
d'un corps plus ou moins déprimé , ovale et susceptible de s'a-
longer , de se contracter beaucoup , portant vers le milieu de
la face inférieure, une ventouse contractile analogue à celle des
distomes , et , en avant , une apparence d'orifice avec un spi-
cule arrivant au bord antérieur. Au bord postérieur s'attache
une queue musculeuse très contractile, animée de mouvemens
très vifs , comme un ver qui s'agite. Ce mouvement répété
finit par séparer du corps , la queue, qui ne conserve plus dès-
lors qu'une vitalité plus obscure, et qui laisse à son point
d'attache , une ouverture par laquelle s'échappe successivement le contenu du corps. Les cercaires , dont on connaît
plusieurs espèces bien distinctes par leur forme, par leur
grandeur , et surtout par les aspérités régulières très délicates
dont leur surface est quelquefois ornée , se développent dans
le foie des mollusques, d'une façon fort surprenante; ils sont
enfermés dans des kistes ou sacs jaunâtres contractiles par eux-
mêmes, et qu'on pourrait prendre, ainsi que l'ont fait certains
naturalistes , pour des animaux particuliers, parasites des mollusques , et dont les cercaires seraient à leur tour des parasites.

CHAPITRE X.

OBSERVATIONS MICROSCOPIQUES SUR LES VERS.

Réunissant dans ce chapitre tout ce que nous voulons dire des vers articulés ou annélides, et des vers intestinaux ou helminthes, nous aurons à parler d'abord des lombrics, qui donneront lieu à une foule d'observations, par rapport à leur propre structure, à leurs tissus élémentaires (voyez *sarcode*), à leurs spermatozoaires (*pl.* III, *fig.* 16, 19), à leur circulation, et surtout par rapport à leurs nombreux parasites. En effet, dans les testicules même, et dans les ovaires, vivent deux espèces de nématoïdes et un helminthe, que sa forme et son mode de locomotion avaient fait nommer le *sablier*, par M. Surirai, et que j'ai cru être l'analogue du *proteus tenax* de Müller. (Voyez *Annales des Sciences naturelles*, 2ᵉ série, zool. tom. 4 et 6); il est long de 0,3 à 0,4, blanc, cylindroïde, successivement étranglé sur divers points de sa longueur, formé d'une membrane dans laquelle sont contenus, comme dans un sac, un liquide et de nombreux granules que ses contractions font refluer alternativement d'une extrémité à l'autre, en passant à travers l'étranglement variable qui sépare les deux parties gonflées, comme le sable passe d'un côté à l'autre dans le sablier.

Entre l'intestin du lombric et la couche musculaire externe, vivent, dans le liquide incolore qui remplit cet espace, de nombreux infusoires appartenant aux genres leucophre et plagiotoma; ceux-ci sont remarquables par le mouvement des cils vibratiles de leur bord antérieur et par les apparences optiques qui en résultent; ceux-là présentent souvent le phénomène que j'ai décrit ailleurs, de l'exsudation de la substance charnue, demi-liquide ou du sarcode, et de la formation spontanée des vacuoles dans cette substance par le contact de l'eau. Il suffit, pour obtenir ces infusoires, de faire au lombric des incisions qui n'atteignent pas l'intestin, et de recueillir sur une plaque de verre le liquide qui s'écoule des blessures.

Enfin, dans l'intestin même du lombric, en délayant le terreau dont il s'est nourri, on trouvera fréquemment des anguillules ; et quelquefois aussi des systolides comme celui que j'eus occasion de décrire sous le nom d'albertia.

Un petit ver blanchâtre, intermédiaire entre les lombrics et les naïs, l'*enchytræus,* qu'on trouve fréquemment dans la terre humide des pots à fleurs des jardins, montre assez bien toute son organisation sous le microscope, et laisse bien voir, notamment la circulation du sang.

Les naïs, en raison de leur transparence, seront encore plus propres à ce genre d'observation ; elles offriront d'ailleurs plusieurs détails d'organisation extrêmement curieux dans leurs diverses espèces. L'une (*naïs digitata*), ayant à la partie postérieure des prolongemens digités couverts de cils vibratiles ; une autre (*naïs proboscidea*), pourvue, en avant, d'un long prolongement en manière de trompe, plusieurs montrant à l'intérieur des cordons flexueux garnis de cils vibratiles, et servant sans doute à la respiration ; toutes pouvant se propager par division spontanée, et, dans ce cas, montrant une nouvelle tête et une nouvelle bouche qui se forment peu à peu vers le milieu du corps. Toutes, par conséquent aussi, devant se multiplier par division artificielle. C'est dans la vase, dans le sable et dans les eaux de la mer, entre les herbes, que s'observent surtout, en quantité innombrable, les vers articulés des formes les plus variées. La plupart encore sont à peine connus, et l'observateur qui, à l'aide du microscope, s'attache à la recherche des plus petits annélides, est sûr de trouver chaque jour des objets nouveaux, et par leur forme et par leur structure intérieure.

Parmi les vers apodes, les hirudinées fourniront à l'observation leurs œufs multiples, si faciles à trouver et dont l'embryon transparent se distingue par les cils vibratiles de sa surface. Ces mêmes vers offrent souvent aussi l'occasion d'observer le phénomène de la circulation du sang.

Les nématoïdes ou vers intestinaux cavitaires, devront être soigneusement recherchés par le micrographe, car ils lui offriront souvent des détails de structure bien dignes d'exciter l'admiration ; ainsi le strongle armé, si fréquent dans les gros intestins du cheval, a la bouche entourée d'une sorte de capsule cartilagineuse, ovoïde, bordée intérieurement de plusieurs cercles superposés portant chacun une rangée de cils très délicats, disposés avec une parfaite régularité en convergeant vers le centre. La peau de ce même ver est finement striée en travers, avec une telle régularité que, séchée sur une plaque de verre, elle produit les effets de réseaux comme les stries fines tracées au diamant avec la vis micrométrique la plus parfaite ; sous le microscope, ces stries, dont l'écartement est de 0,003, produisent avec une grande netteté, deux séries latérales de spectres colorés, si l'on interpose un diaphragme très étroit. A chacune de ces stries, dans le strongle vivant, correspond une frange de fibres contractiles dirigées vers l'intérieur.

La plupart des autres vers nématoïdes offriront au micrographe, soit leurs tégumens, soit l'armature de leur bouche, ou les organes génitaux mâles. Le pénis est formé d'un ou plusieurs stylets cornés d'une structure fort délicate ; la gaine membraneuse est hérissée de petites pointes (chez les trichocéphales) ; divers appendices, ailes, vessies, tubercules ou ventouses accompagnent aussi ces organes génitaux.

Plusieurs nématoïdes sont eux-mêmes des objets microscopiques ; on les avait confondus autrefois avec les vibrions, on en a fait depuis le genre anguillule et quelques autres genres ; les uns vivent exclusivement dans le vinaigre, d'autres dans la colle de farine aigrie ; une espèce distincte cause au blé la maladie nommée nielle, et les grains niellés, devenus rachitiques, sont racornis, brunâtres, et contiennent au lieu de fécule, un amas fibreux de ces petits vers complètement secs, mais que l'humidité fait revivre. D'autres anguillules se trouvent dans les touffes de mousse, qui croissent sur les toits, sur les murs, et sont exposées à des alternatives de sécheresse et d'humidité qui les font passer successivement d'un sommeil léthargique à une nouvelle vie. La terre humide et couverte de mousse ou d'oscillaires, contient aussi une foule d'anguillules qui certainement constituent plusieurs espèces ; l'intestin des lombrics, des limaçons et des limaces, des chenilles et des larves de coléoptères, en contient fréquemment qui peut-être viennent du sol, ou se sont glissés sur les feuilles dévorées par ces animaux. Les eaux douces stagnantes, les eaux de la mer, entre les algues, sont habitées par de nombreuses anguillules confondues autrefois sous le nom de vibrion fluviatile, mais qui, en réalité, doivent former plusieurs genres bien distincts. Leur bouche, leur bulbe œsophagien, leurs organes génitaux, les cils, les points noirs oculiformes et les autres détails de leur organisation, fournissent des caractères variés et nombreux pour leur classification.

Il arrive souvent que, dans l'eau de mer conservée depuis long-tems avec des productions marines, et qui plusieurs fois a passé par des périodes de putréfaction, il arrive dis-je que dans cette eau on voit fourmiller une quantité considérable d'anguillules. La terre conservée humide avec des lombrics dans un vase de verre m'a paru quelquefois aussi toute remplie d'anguillules, plusieurs semaines après la mort des lombrics. Mais c'est dans le vinaigre que la production et la multiplication des anguillules ou vibrions est plus étonnante ; on les voit à l'œil nu formant un nuage près de la surface de ce liquide, dans lequel ils se répandent uniformement si on le remue un peu. Parmi les plus gros de ces petits vers, qu'on appelait autrefois les *anguilles du vinaigre*, et qui ont 0,85, presque un millimètre de longueur, avec une épaisseur de 0,027 on voit des femelles plus nombreuses et des mâles bien reconnaissables à leur pénis soutenu par une lame cornée, recourbée en *s* (*pl.* XXVI, *fig.* 14). Les anguillules ou vibrions de la colle sont plus volumineux, et l'on voit dans l'ovaire des femelles, les embryons déjà développés et vivans.

Les planariées, dont la surface est toute couverte de cils vibratiles ; les distomes, tous parasites, et dont l'organisation est si complexe, seront encore l'objet de nombreuses et très intéressantes recherches microscopiques ; les embryons des distomes, observés dans l'œuf ou quelque tems après l'éclosion, sont couverts de cils vibratiles. Les polystomes et pentastomes, que leur structure semble rapprocher bien davantage des animaux articulés, offriront, surtout à l'étude, leurs ventouses et leurs crochets, et souvent aussi les épines ou lamelles disposées comme des poils ou des écailles, en rangées régulières, à la surface.

Les œufs des échinorhynques sont pourvus d'une double et souvent même d'une triple enveloppe d'une texture fort remarquable, que son extrême transparence dérobe d'abord à la vue, mais qu'on finit par bien reconnaître en modérant l'éclairage. Les œufs des tænia présentent de nombreuses variétés de structure, soit dans la forme et le nombre de leurs enveloppes, soit dans leur mode d'association. Ainsi ceux du *tænia cucumerina*, si commun dans l'intestin du chien, sont groupés par 20 ou 30 (*pl.* V *fig.* 13), dans une masse gélatineuse ovoïde; ceux du *tænia serrata*, au contraire (*pl.* V *fig.* 12) sont isolés, et leur surface est élégamment ornée de petites aréoles régulières; mais tous les œufs de tænia, quand ils sont mûrs, montrent à l'intérieur, un embryon mobile contractile, pourvu de trois paires de crochets qu'il fait mouvoir par ses contractions alternatives. Tout porte à croire que les tænias, pendant quelque tems après leur éclosion, conservent une mobilité plus grande et une forme totalement différente de celle qu'ils prendront plus tard; plusieurs des petits helminthes, signalés comme des types nouveaux par les naturalistes, sont vraisemblablement des jeunes tænias.

CHAPITRE VI.

OBSERVATIONS MICROSCOPIQUES SUR LES ZOOPHYTES.

Les observations à faire sur les cils vibratiles des zoophytes ont été mentionnées déjà à l'occasion des observations générales sur cet élément de structure. Nous avons également parlé des œufs ou germes de zoophytes qui, revêtus de cils vibratiles, se meuvent librement dans les eaux à la manière des infusoires; tels sont les œufs des flustres, des gorgones et des éponges. D'autres œufs de zoophytes méritent de fixer l'attention, à cause de la structure régulière de leur coque, et parce que des coques analogues se sont conservées à l'état fossile, dans diverses roches, et notamment dans les silex de la craie, où on les peut observer quand le silex a été taillé en lames très minces demi-transparentes.

Les œufs de l'alcyonelle se trouvent abondamment à la surface et sur les bords des eaux stagnantes, où vivent ces polypes, surtout à l'arrière-saison. Ils sont bruns, ovales aplatis, longs d'un millimètre environ, et ressemblant à des petites graines de végétaux : elles ont un bord renflé plus foncé, et la partie centrale de chaque face est régulièrement et élégamment aréolée.

La cristatelle, autre polype de nos eaux douces, a des œufs hérissés de pointes cornées terminées en hameçon double ou triple.

L'hydre ou polype à bras, a des œufs brunâtres, globuleux, hérissés de pointes fasciculées et mucronées, dont la longueur est environ le quart du diamètre total, lequel est de 0,054 à 0,060.

L'hydre elle-même, qui a été l'objet des recherches et des découvertes célèbres de Trembley, sur sa multiplication par gemmation et par division artificielle, et sur son mode d'alimentation etc., peut être étudiée avec une simple loupe, et souvent aussi à la vue simple ; car son corps, en massue, a quelquefois 6 à 10 millim. de long sur un demi-millim. ou un mètre de largeur ; ses bras longs d'abord de 3 à 10 millimètres, s'alongent jusqu'à 150 à 200 millimètres, en devenant très minces quoique visibles encore, si le vase d'eau qui contient les hydres avec des herbes aquatiques, est à l'abri de tout ébranlement. Soumise au microscope composé, l'hydre ne montre qu'un tissu homogène, entremêlé de granules et creusé de grandes lacunes, ou traversé par des replis suivant lesquels la substance charnue paraît un peu plus dense. Aux intersections des replis de la surface se trouvent des pointes ou papilles, soutenues par un petit noyau capsulaire en forme de pépin, large de 0,008, et d'où sort un long filament d'une ténuité extrême.

Les hydres, les alcyonelles et les cristatelles se trouvent dans certaines eaux stagnantes mais pures ou peu courantes, peuplées d'herbes aquatiques et reposant sur un fond vaseux ; c'est ordinairement à la face inférieure des feuilles de nymphea ou de potamogeton, ou sur les tiges et entre les feuilles des myriophylles et des cératophylles, qu'on les voit se développer, quand on a mis ces herbes dans des vases de verre, avec une suffisante quantité d'eau. Les zoophytes, beaucoup plus nombreux dans les eaux de la mer, fourniront aux observateurs établis dans le voisinage des côtes, une source inépuisable de découvertes, comme celles qui ont été faites récemment par M. Sars sur les phases singulières du développement des méduses, comme celles non moins admirables de M. Milne Edwards sur le développement des ascidies composées, etc. Nous citerons seulement comme bien dignes de fixer l'attention, les phénomènes de circulation dans l'intérieur des tiges de sertulaire, et dans les tentacules des alcyons, et de la plupart des anthozoaires; la structure du têt et des pointes mobiles des échinodermes et les cils vibratiles dont ces organes sont revêtus; la structure des cellules des escharres et des autres bryozoaires, etc.

CHAPITRE VII.

OBSERVATIONS MICROSCOPIQUES SUR LES ROTIFÈRES, LES TARDIGRADES, LES BRACHIONS ET LES AUTRES SYSTOLIDES.

Les rotifères, si célèbres par leur faculté de résurrection après avoir été desséchés au soleil le plus ardent, et par leurs appendices ciliés que les anciens observateurs ont pris pour des roues en mouvement, seront sans doute un des objets que l'observateur désirera d'abord soumettre à son microscope; mais, pour leur description et leur histoire, nous renverrons le lecteur à notre *Histoire naturelle des infusoires* faisant partie des suites à Buffon; nous dirons seulement ici quelques mots sur la manière de les trouver : beaucoup de rotifères se rencontrent dans les eaux douces stagnantes, parmi les herbes submergées, et dans ces mêmes eaux conservées depuis longtems dans des vases de verre. Si, avec une loupe d'un court foyer (de 8 à 12 millimètres), on explore en regardant contre le jour, les parois du vase de verre, on voit ramper à la manière des sangsues, de petits vers blancs ou rosés, très contractiles, passant d'une forme presque globuleuse à une forme de fuseau ou de cylindre renflé au milieu, ce sont les rotifères, dont la longueur peut aller jusqu'à 1 millimètre, et qui, par conséquent, sont déjà visibles à l'œil nu; parfois ils se fixent par leur extremité postérieure, et retirant leur partie antérieure, ils s'élargissent en avant, et s'épanouissent en deux lobes ciliés dont le mouvement vibratile produit l'apparence de roues dentées, et excite un double tourbillon dans le liquide; souvent enfin, quittant leur point d'appui, ils nagent dans le liquide au moyen de ce même mouvement des cils vibratiles; quand on a bien reconnu avec la loupe l'emplacement des rotifères à la paroi interne du vase, on peut les aller chercher, en raclant cette paroi avec une plume taillée en cuiller, et transportant sur le porte-objet la goutte d'eau et l'amas de débris obtenus de cette manière; mais à moins que les rotifères ne soient en très grand nombre dans le vase, on sera exposé à les chercher long-tems en vain, et souvent le hasard seul les fera rencontrer dans ces débris végétaux parmi lesquels on cherche en même tems d'autres objets. Une infusion de foin ou de quelques végétaux secs peut aussi contenir des rotifères, soit que leurs œufs aient été adhérens à la surface de ces végétaux, soit qu'ils aient été apportés avec la poussière qui voltige dans l'atmosphère. La terre humide des jardins et surtout celle qui est couverte de mousse, contient beaucoup de ces petits animaux, qu'on voit se mouvoir dans l'eau qui a baigné cette terre.

On est presque certain de voir beaucoup de rotifères, dans l'eau qui aurait lavé plusieurs touffes de mousses humides, prises dans les bois, au pied des arbres, ou dans une infusion de ces mousses; on en voit toujours dans les cellules même des sphagnum, mais les toits exposés alternativement à l'humidité des pluies et à l'ardeur desséchante du soleil, sont un séjour plus ordinaire et bien plus surprenant, pour des rotifères qui subissent là des alternatives d'humidité et de sécheresse, d'activité et de léthargie. Ces animaux contractés et desséchés en globules durs, demi-transparens comme de la gomme, et susceptibles de revivre un grand nombre de fois s'ils sont alternativement humectés et séchés, se trouvent réunis dans le sable des noues et des gouttières, et surtout dans les touffes arrondies qué certaines mousses, les bryum, forment fréquemment sur les toits, et sur les murs. Il suffit de délayer, dans un peu d'eau, la terre mêlée de sable que ces mousses ont retenue, pour y voir, au bout de quelques heures, des rotifères vivans, avec des anguillules et des tardigrades; ces mousses et la terre contenue peuvent être conservées au sec pendant des années, sans que les animaux dont elles sont le séjour aient perdu la faculté de revivre; il est donc facile d'avoir toujours en réserve une quantité de ces substances, pour se procurer à volonté des rotifères. Il paraît bien d'ailleurs que ces animaux vivent également sur les toits, sans mousse ni sable, entre les ardoises, où l'eau de pluie, retenue par capillarité, entraine et dépose une couche de la poussière portée par le vent ; car, ayant recueilli et laissé au soleil, l'eau pluviale tombant d'un toit d'ardoise exposé au midi, pendant l'été de 1841, à Rennes, je vis au bout de quinze jours cette eau rendue verte par une infinité de diselmis, fourmiller de rotifères ; aussi, suis-je disposé à indiquer ce moyen comme un des meilleurs pour obtenir facilement ces animaux.

Les tardigrades que nous avons cités comme partageant avec les rotifères et les anguillules, la faculté de ressusciter après avoir été desséchés, se trouvent fréquemment dans les mousses des toits et des murs, et dans le sable des gouttières ; leur forme est celle d'un petit ver épais, blanc ou rougeâtre, long de 0,5 à 0,8 et marchant lourdement au moyen de huit pattes très courtes pourvues de petits ongles crochus. Les tardigrades ont été récemment étudiés par M. Doyère, qui a trouvé le moyen de mieux voir leur structure interne, en les tenant sous l'eau jusqu'à ce qu'ils soient asphyxiés et gonflés par un excès de liquide ; l'emploi du compresseur est surtout utile pour augmenter leur transparence et rendre leurs organes plus distincts en les écartant davantage.

Les tardigrades qui vivent sur les toits forment non seulement plusieurs espèces, mais encore des genres bien distincts, ce sont encore d'autres espèces différentes de celles-là qu'on trouve dans les eaux douces, et qu'avec la loupe on voit grimper aux parois des vases contenant ces eaux depuis un tems plus ou moins long.

Les brachions sont caractérisés par leur cuirasse diaphane ; ovale ou quadrangulaire, ouverte et dentée aux extrémités, d'où sortent, en avant, une paire de lobes ciliés comme ceux des rotifères, et en arrière, une queue articulée et bifurquée. On les trouve parmi les conferves et les autres herbes aquatiques, dans les eaux douces, où ils sont très variés et quelquefois très nombreux ; on se les procure comme les autres systolides, qui constituent des genres et des ordres distincts, en remplissant des vases de verre avec l'eau et les herbes submergées des fossés ou des marais, ou même des rivières peu rapides, puis en transportant avec les herbes mêmes, quelques gouttes de cette eau sur le porte-objet ; ou bien encore, quand on a reconnu avec la loupe la présence de ces animaux contre la paroi, en râclant cette paroi avec une plume en cuiller, pour les enlever ainsi et les transporter. Il faut d'ailleurs avoir soin de laisser avec eux, sur la plaque de verre, quelques débris ou des brins de conferves, sans quoi la lame mince dont on les recouvre ne manquerait pas de les écraser.

Un des systolides les plus volumineux et les plus remarquables, à cause des observations dont il a été le sujet, l'*hydatina senta* de M. Ehrenberg ou *vorticella senta* de Müller, se trouve abondamment dans les mares et les ornières dont l'eau est plus ou moins colorée en vert par l'*euglena viridis*, surtout au printems. Si l'on remplit des vases de verre avec cette eau verte, on ne tarde pas à y voir nager les hydatines, qui sont visibles à l'œil nu, car leur longueur est de trois quarts de millimètre, et qui souvent s'y multiplient considérablement. La transparence de ces hydatines les rend surtout bien précieuses pour l'étude de l'organisation des systolides.

CHAPITRE VIII.

Comme pour les systolides, nous devons, pour les infusoires, nous en référer à l'Histoire naturelle que nous avons publiée dans les Suites à Buffon. Le nombre de ces animaux est trop grand, les modifications de leur structure sont trop variées, pour qu'il soit possible de les mentionner seulement dans un chapitre de ce Manuel. Nous nous bornerons donc à quelques renseignemens généraux, sur leur étude et sur la manière de les obtenir. Et d'abord, nous dirons que c'est une erreur que de croire qu'il faut chercher les infusoires dans les eaux pourries et infectes, c'est à peine si l'on y trouverait quelques monades et vibrions, bien au contraire, la majeure partie des infusoires vivent, ainsi que les systolides, dans les eaux stagnantes, mais pures, entre les herbes submergées et parmi les débris vaseux dont ces herbes sont recouvertes. Il faudra donc, pour se procurer le plus grand nombre des infusoires, recueillir dans des vases de verre, l'eau et les herbes aquatiques, notamment les conferves, les lentilles d'eau, les cératophylles, les callitriches, etc., des localités les plus différentes et dans toutes les saisons de l'année ; car, dans ces diverses circonstances, les infusoires ne sont pas les mêmes. Les eaux stagnantes sur un sol calcaire, contiendront avec les chara, des infusoires qu'on chercherait vainement dans les eaux d'un canton exclusivement argileux, lesquels d'ailleurs, auront aussi leurs animaux particuliers, comme aussi les eaux ferrugineuses, celle des tourbières, celle des fossés entourant les habitations, etc.

De même encore, on cherchera vainement, à certaines époques, les infusoires qui ne se rencontrent que dans une autre saison. Les peridiniens paraissent vivre exclusivement au printems. Le volvox se trouve plus ordinairement à cette même époque et jusqu'au commencement de l'été, etc. Il faudra d'ailleurs conserver, en les étiquetant avec soin, les bocaux qui contiennent les différentes eaux, et les explorer de tems en tems avec la loupe, car certaines espèces d'infusoires s'y montreront successivement et s'y multiplieront quelquefois beaucoup. Quand les eaux ont été mises avec les herbes aquatiques dans un vase, on voit bientôt certains infusoires ramper ou se fixer aux parois : telles sont les vorticelles simples ou composées, les stentor, les arcelles et les amibes ; on peut les transporter sous le microscope, au moyen de la plume en cuiller dont on se sert pour racler les parois. Un peu plus tard, cette même opération peut procurer des espèces plus nombreuses d'infusoires et de systolides, quand une couche de débris et de bacillariées et de petits algues ou d'oscillaires, s'est fixée à la paroi, et que la plume enlève à la fois cette couche de débris qui emprisonnent un grand nombre de petits animaux.

La couche de débris et de petites algues qui recouvrent les tiges et les feuilles submergées, et les pierres et les branches mortes tombées au fond des marais, est extrêmement riche en productions microscopiques ; il faut aussi en enlever un peu avec la plume en cuiller pour le transporter sur la plaque de verre ; ou bien racler un de ces objets couverts de débris avec un canif ou un scalpel au-dessus du porte-objet.

Pour les infusoires qu'on n'a pu obtenir ainsi en raclant la paroi du flacon ou la surface des végétaux submergés , il faut les pêcher au hasard , soit en prenant une goutte d'eau en un point quelconque du vase , soit en transportant sur la plaque de verre un petit paquet de conferves qu'on y presse pour faire tomber l'eau interposée , et qu'on enlève ensuite , afin de chercher dans la mince couche d'eau abandonnée , ce qui peut s'y trouver.

Les eaux colorées en vert ou en rouge , doivent toujours leur teinte plus ou moins prononcée à une infinité d'infusoires de cette couleur , qu'on n'aura pas de peine à se procurer , car chaque gouttelette d'eau en contient un très grand nombre ; ils se meuvent ordinairement d'abord avec une vivacité trop grande pour qu'on puisse bien distinguer le filament , ou les filamens flagelliformes qui leur servent d'organes loco-moteurs , et qu'on peut signaler comme les objets les plus difficiles à voir nettement au microscope , et conséquemment comme les meilleurs test-objets.

L'eau qui baigne les oscillaires formant une couche gluti-neuse à la surface de la terre humide , au bord des mares et des fossés , ou simplement l'eau qu'on aura conservée sur les plaques d'oscillaires , enlevées de la surface du sol humide et ombragé , ou au pied des murs humides , sera rempli d'infu-soires avec des anguillules. Le dépôt brunâtre luisant qu'on voit quelquefois au fond de l'eau dans les ornières ou les fos-sés , devra être recueilli pour l'observation ; ordinairement c'est un amas de bacillariées , mais quelquefois aussi ce dépôt est composé d'infusoires , comme celui que j'eus l'occasion d'observer dans une ornière , près du parc de Monceaux , à Paris , en 1837 , et qui se composait exclusivement de di-leptes.

C'est parce que les premières observations sur les infusoires ont eu pour objet ceux qui se produisent dans des infusions, qu'on leur a donné ce nom. Il conviendra donc d'étudier les animaux des infusions , quoique , ainsi que nous l'avons dit , ils ne soient que la moindre partie de ceux que nous of-frent les eaux stagnantes , et quoique , d'autre part , il n'y ait pas un des animaux observés dans les infusions, qui ne se trouve aussi dans l'eau des marais et des fossés , qui est déjà une vé-ritable infusion , et qui le devient de plus en plus , quand on la conserve dans un vase avec des herbes aquatiques.

Les animaux observés dans les infusions artificielles, sont souvent en quantité considérable ; mais ils appartiennent seulement à quarante ou cinquante espèces comprises dans les genres vibrion, bacterium, spirillum, amibe, monade, amphimonas, cercomonas, trepomonas, hexamite, enchelys, trichode, kolpode, trachelius, loxode, plœsconie, paramécie, glaucome, kerone, oxytrique et vorticelle.

On a varié de mille manières, la nature et les circonstances des infusions, sans obtenir d'autres modifications dans le résultat, qu'une rapidité plus ou moins grande dans l'apparition et dans le développement de ces petits êtres, et la co-existence d'un nombre plus ou moins considérable d'entre eux. On avait fait des infusions d'une foule de végétaux et de leurs diverses parties, et l'on avait noté, comme résultats différens, ce qui n'était réellement qu'un léger retard ou une plus grande activité de développement, pouvant provenir de la température, de la proportion du liquide et de diverses causes accessoires.

On peut bien poser, comme règle générale, que les infusions, pour donner un résultat convenable, doivent être préservées de la fermentation putride ; et pour cela, on doit éviter que la proportion de la substance mise en infusion, ne soit trop considérable, surtout en été, quand la température activerait la putréfaction. Il vaudra mieux, dans tous les cas, mettre l'eau en excès. On devra également favoriser l'accès de l'air et de la lumière sur l'infusion, sinon, il s'y développerait des moisissures et non des infusoires ; mais aussi, il faut éviter la chaleur des rayons solaires en été.

On avait jadis vanté beaucoup l'infusion de poivre ; et en effet, cette infusion, quand l'eau est en quantité suffisante, est fort riche en animalcules ; mais toute autre graine broyée de même, le chenevis, par exemple, peut donner un résultat semblable. L'infusion de foin donnera presque toujours de fort bons résultats, parce qu'elle ne se pourrit pas facilement ; elle pourra bien, d'ailleurs, comme celles des autres substances végétales sur lesquelles des œufs ont été déposés, présenter quelques rotifères et même d'autres animaux de classes différentes. Il faut bien aussi faire attention que certains diptères, dont les larves sont aquatiques, pourraient être venus déposer leurs œufs à la surface même de l'infusion.

qui serait ensuite peuplée de petites larves, dont la production serait totalement différente de celle des vrais infusoires.

Une infusion végétale, qu'on a souvent l'occasion d'observer, c'est l'eau des vases de fleurs ; quand la putréfaction ne s'y est pas développée, il n'est pas rare alors d'y voir des paramécies en telle quantité que ces infusoires blancs, longs de un quart de millimètre, et conséquemment visibles à l'œil nu, forment des nuages à la surface et se répandent visiblement dans tout le liquide, si on vient à agiter le vase. L'eau des bassins ou des tonneaux d'arrosage dans les jardins deviendra souvent une infusion toute semblable, s'il y est tombé par hasard une certaine quantité de feuilles et de fleurs.

Les Paramécies dont nous venons de parler, sont, avec les vorticelles, ceux des infusoires qui se prêtent le mieux aux expériences de coloration artificielle pour la démonstration de leur système digestif et de leurs cils vibratiles. A cet effet, on n'a qu'à délayer, avec une petite goutte d'eau, un peu de carmin en tablette, et à réunir cette goutte de liquide rouge avec la goutte d'eau contenant les paramécies ou les vorticelles. Le carmin, composé de particules de 0,002 environ, se répand dans tout le liquide ; puis, entraîné par les tourbillons excités dans l'eau par les cils de ces animaux, il met parfaitement en évidence la présence et le mouvement des cils vibratiles ; ensuite, successivement poussé par le tourbillon avec le liquide, au fond de la cavité buccale de l'infusoire, il s'y accumule jusqu'à l'instant où le fond de la cavité se trouve isolé par le rapprochement et la soudure des parois ; le carmin ainsi renfermé dans une cavité stomacale globuleuse, se trouve peu à peu transporté, en vertu de l'impulsion primitive, suivant le contour externe du corps, jusqu'à la partie antérieure.

LIVRE TROISIÈME.

APPLICATION DU MICROSCOPE A L'ÉTUDE DE L'ORGANISATION DES VÉGÉTAUX.

SECTION PREMIÈRE.

OBSERVATIONS GÉNÉRALES SUR LES VÉGÉTAUX.

CHAPITRE PREMIER.

ÉLÉMENS DE STRUCTURE DES VÉGÉTAUX.

Les divers organes des végétaux et leurs tissus présentent généralement une consistance plus grande et plus uniforme que ceux des animaux ; on pourra donc, dans tous les cas, les diviser en tranches très minces, que l'on soumettra au microscope entre des lames de verre, avec un liquide convenable. C'est même là le principal et presque l'unique moyen de dissection végétale ou de phytotomie, quand les organes ne sont pas assez délicats et assez transparens par eux-mêmes, pour qu'on puisse les observer directement, après les avoir isolés, ou bien encore quand les tissus ne sont pas tellement mous et faciles à désagréger, soit naturellement, soit après la macération ou l'ébullition, avec l'eau et les acides, pour qu'on en puisse facilement séparer tous les élémens de structure, en se servant des aiguilles emmanchées. De quelque manière qu'on ait isolé et préparé ces élémens de structure, on parvient ensuite, par diverses réactions chimiques, à produire certains phénomènes de coloration qui fournissent des caractères et des indices précieux sur leur organisation et sur leur nature.

En étudiant ainsi les diverses parties de toutes les plantes, on reconnaît qu'elles sont essentiellement formées d'un amas de cellules ou d'utricules à parois distinctes, membraneuses ou ligneuses et plus ou moins épaissies, soit uniformément, soit par places, et d'une forme tantôt globuleuse ou polyèdrique, tantôt alongée cylindrique ou prismatique, et dans ce cas pouvant communiquer bout à bout, de manière à former des tubes ou vaisseaux continus, tantôt diversement lobées ou déprimées avec un contour sinueux, etc. On remarque d'ailleurs que, parmi ces utricules, il en est qui, dans leur paroi plus mince, membraneuse, contiennent certaines substances organisées et vivantes, ou sécrétées et simplement organiques ou même inorganiques. Ces différentes sortes de tissu utriculaire ou cellulaire qui, comme on le doit comprendre, n'ont absolument rien de commun avec le tissu cellulaire des animaux, prennent naissance toutes également, dans une substance primordiale demi-liquide, d'aspect mucilagineux et qu'on a nommée le *cambium :* c'est, dans l'organisation végétale, l'analogue de ce que nous avons appelé sarcode chez les animaux ; c'est une substance douée d'une vitalité propre et d'une faculté d'organisation, en vertu de laquelle, elle se creuse de cavités qui deviennent successivement autant de cellules ou utricules, en s'agrandissant et en refoulant leur paroi qui devient plus consistante et membraneuse. Ces cavités contiennent de l'eau et une certaine portion de la substance primordiale, qui tantôt se contracte peu à peu et devient ce qu'on a nommé le *nucléus* des cellules, tantôt s'étale sur les parois, en lignes irrégulières suivant lesquelles ont lieu des phénomènes de circulation ou des mouvemens de translation dans l'intérieur ; cette même substance contenue donne naissance aux granules verts qui, plus tard, sous l'influence de la lumière, sont venus tapisser la paroi interne. La paroi membraneuse de la cellule, tant qu'elle conserve sa vitalité, agit par rapport aux sucs qui l'imbibent et qui la baignent de part et d'autre, comme un filtre organique ou un organe assimilateur et sécréteur ; on conçoit donc que sur l'une ou l'autre de ces deux faces, il puisse se rassembler du cambium, dans l'épaisseur duquel se formeront de nouvelles cellules ; de là les deux modes de formation intra-cellulaire et extra-cellulaire pour de nouvelles cellules, c'est ce qui a fait croire à d'habiles naturalistes, que la paroi même de la cellule vivante a la propriété de produire par gemmation de nouvelles cellules sur chacun de ses points. Une fausse interprétation du premier mode en particulier, a donné lieu à la théorie de la *globuline,* suivant laquelle les cellules seraient le résultat du développement intra-cellulaire de la globuline, c'est-à-dire des granules verts ou incolores produits par la surface interne de la cellule mère; ces granules doivent à leur tour se remplir de granules semblables, destinés à devenir de nouvelles cellules, à l'intérieur desquelles se produiront successivement de nouvelles générations incluses : cette série de développemens amène nécessairement la dilatation excessive et la destruction des cellules mères.

On a prétendu aussi que chaque cellule naît d'un point nommé *cytoblaste*, dont le nucléus serait le reste ; suivant la forme que prennent finalement les cellules (1), par suite de leur développement simultané, elles ont reçu différens noms, ainsi que le tissu qui résulte de leur assemblage ; on a conservé le nom de *tissu cellulaire* à l'assemblage des cellules membraneuses dont les dimensions en largeur et en hauteur sont à peu près égales. On a nommé *tissu fibreux* ou *ligneux* l'assemblage des cellules très alongées, et épaissies à l'intérieur, qui sont nommées dans ce cas, fibres ligueuses ; on nomme *tissu vasculaire* l'assemblage des cellules communiquant bout à bout plus ou moins complètement ; et dont les parois sont ponctuées ou striées, ou paraissent garnies d'anneaux ou de fibres tournées en hélices, par suite d'un épaississement limité et inégalement réparti. Chacun de ces tissus présente d'ailleurs de nombreuses modifications, et se subdivise même en plusieurs autres tissus dont nous parlerons successivement.

(1) M. Robert Brown avait signalé dans les cellules la présence d'un noyau ou *nucléus* qu'il suppose avoir préexisté. M. Schleiden (Müller's Archiv. 1838, p. 137) regarde ce noyau qu'il nomme *cytoblaste*, comme s'étant formé librement dans une cellule, et devant être le principe de la formation des cellules qui se développeront successivement à sa surface dans l'intérieur de la cellule mère. Il dit avoir observé la formation des jeunes cellules paraissant d'abord à la surface du cytoblaste, comme une vésicule très petite, transparente, qui d'abord à peine convexe, se gonfle de plus en plus.

CHAPITRE II.

DES CELLULES ET DU TISSU CELLULAIRE.

Le tissu cellulaire proprement dit, c'est-à-dire l'assemblage des cellules dont les dimensions sont égales dans tous les sens, est le seul aussi dont les cellules contiennent, dans certains cas, des produits indépendans ou isolés comme la chlorophylle ou chromule, la fécule, les cristaux, etc., dont nous parlerons plus tard. Suivant la forme des cellules, il se divise en un grand nombre de variétés auxquelles on a voulu donner des noms particuliers. Ainsi, on nomme spécialement *parenchyme*, celui dont les cellules sont sphériques ou polyédriques, comme dans la moelle des plantes et dans les fruits mous ou charnus; souvent même on veut ne conserver ce nom que pour celui dont les cellules primitivement sphériques sont devenues, par leur pression mutuelle, des dodécaèdres presque réguliers, ayant leurs faces planes en contact; de telle sorte qu'on pourrait croire qu'il n'y a qu'une membrane simple entre les deux cavités, si l'on ne voyait souvent de petites cavités triangulaires ou tétraédriques, entre les angles ou sommets qui se rencontrent en un point, comme dans la moelle de sureau, par exemple. Il faut bien remarquer d'ailleurs que ces cellules en dodécaèdre paraissent dans une coupe comme autant de petits hexagones réguliers, ce qui leur a fait attribuer faussement une force hexagonale.

Quand les cellules se correspondent en rangées verticales et en couches horizontales, leur pression mutuelle leur donne une forme prismatique à bases parallèles, ou même presque cubique, si elles se correspondent aussi en rangées horizontales. Les variétés de parenchyme qui en résultent, sont désignées d'après la forme des cellules.

Le nom de *mérenchyme* a été réservé pour l'assemblage de cellules sphériques ou sphéroïdales, dans les fruits mous et dans les tubercules féculens.

On distingue aussi diverses variétés de mérenchymes, suivant que les cellules sont de grosseur uniforme et en couches ou en rangées régulières. Quand les cellules sont alongées, assez régulièrement prismatiques comme dans l'écorce, entre les faisceaux ligneux (*pl.* XX, *fig.* 1, 2, 3,) ou a voulu nommer leur assemblage *prismenchyme,* dont une variété dite *muriforme* se trouve dans les rayons médullaires du bois des végétaux exogènes. (*Pl.* XIX et XXIV).

Les cellules lobées ou en étoiles, qui constituent le tissu lacuneux des joncs et des scirpes, ainsi que celui de certaines feuilles charnues comme celles des nymphæa, ont fait donner, par quelques botanistes, à ce tissu, le nom d'actinenchyme, comme aussi les cellules à contours sinueux de l'épiderme des feuilles et des pétales (*planche* XXIII, *fig.* 7) ont fait imaginer le nom de colpenchyme, et les cellules alongées et tubulaires plus ou moins rameuses et entremêlées, qui constituent la masse charnue des champignons et des fucus, ont fait créer pour ce tissu le nom de dœdalenchyme. Mais nous ne rapportons ces divers noms, que pour indiquer, en passant, les principales modifications présentées par le parenchyme ou tissu cellulaire dans les végétaux.

Les cellules ne deviennent tout-à-fait vides qu'après avoir épuisé leur force de vitalité, et traversé toutes les phases de leur développement. C'est ainsi qu'on les voit, dans la moelle du sureau, et dans la moelle de la plupart des autres végétaux, après la première période de leur végétation. Nous devons citer comme un exemple curieux de l'emploi de la moelle dans cet état, ce qu'on nomme *papier de riz ;* en effet, ce prétendu papier, apporté de l'Inde pour servir à la confection des fleurs artificielles, n'est autre chose que la moelle d'une plante de la famille des légumineuses, l'*æschinomene paludosa.* Cette moelle est refendue, au moyen d'un instrument tranchant mené parallèlement à l'axe, de manière à enlever de la surface un mince feuillet, qui se détache successivement à mesure que l'instrument s'avance, comme s'il eût été enroulé sur un cylindre.

La paroi des cellules de la moelle est mince, diaphane, mais souvent elle présente des ponctuations plus ou moins rapprochées qu'on pourrait prendre pour des trous, d'après l'effet qu'elles produisent sur la lumière réfractée ; mais l'analogie et la comparaison avec des cellules à parois plus épaisses, montre bien qu'il n'y a là qu'un amincissement et non une perforation. En effet, dans des cellules des graines et de leurs tégumens, la paroi s'épaissit quelquefois à tel point, que la cavité interne est notablement réduite, et quelquefois même finit par disparaître ; mais alors encore il reste des points ou des lignes dans lesquels l'épaississement n'a pas eu lieu au même degré, de sorte qu'il y a là apparence de perforation. C'est en observant alors sur une tranche qui présente l'épaisseur même des parois, ou bien en déterminant par le contact de l'iode une forte coloration de cette paroi vue de face, qu'on reconnaît bien que c'est un amincissement, ou un défaut d'épaississement.

Pendant la vie de la cellule, sa paroi est souvent tapissée d'un enduit mucilagineux inégalement réparti, qui paraît être en rapport avec la circulation intérieure des sucs de la plante, comme on le voit dans les poils des fleurs : ce même enduit, en se consolidant, forme aussi des épaississemens particuliers.

Certaines cellules présentent des épaississemens régulièrement disposés suivant des lignes spirales ou parallèles, ou divergentes, à partir de deux points ou de deux lignes opposées, et quand la substance intermédiaire est peu consistante, et susceptible de se résorber, il en résulte des cellules à jour comme on en voit dans la couche interne du tissu cellulaire des anthères (*pl.* XXIV, *fig.* 4, 11, 13). Quelques botanistes admettent que la fibre en spirale plus ou moins visible sur la paroi de la cellule, est l'élément essentiel de sa structure.

CHAPITRE III.

DU CONTENU DES CELLULES. — SUBSTANCES PARTICIPANT A LA VIE. — CHLOROPHYLLE.

La cellule, pendant sa période de développement, est remplie d'un liquide incolore plus ou moins chargé de substances organiques ou inorganiques dissoutes, et quelquefois même d'un liquide coloré.

A une certaine époque, comme nous l'avons dit déjà, la

substance mucilagineuse vivante s'y montre condensée, soit en un nucléus, soit en cordons irréguliers diversement étendus dans l'intérieur, ou appliqués aux parois, ou encore en formant un enduit inégal sur ces parois, ainsi qu'on le voit bien, surtout dans les poils transparens des fleurs de campanule et d'éphémérine. Si la cellule est exposée à l'influence de la lumière, elle sera, dans certains cas, mais non toujours, tapissée à l'intérieur par des expansions vertes ou par une couche de petits granules verts plus ou moins rapprochés, mais non superposés, ni entassés, qui sont la matière verte des végétaux, nommée l'endrochrôme, ou la chromule, ou la chlorophylle, et douée d'une vitalité propre et d'une organisation non appréciable à la vue, mais bien réelle, et différente dans les divers types de végétaux. L'analyse chimique a fait reconnaître dans la matière verte un grand nombre de produits, dont les uns sont le résultat des réactions qui ont eu lieu pendant l'opération, et dont les autres, comme la cire, le principe résineux, peuvent bien exister primitivement dans la chlorophylle, mais non toujours de la même manière, ni chez tous les végétaux. Ainsi, l'on voit dans la chlorophylle de certaines plantes d'assez gros globules et des petits grains ovoïdes incolores, réfractant fortement la lumière, et engagés dans une substance pulpeuse homogène. Ailleurs, la chlorophylle est grumeleuse ou granuleuse, sans homogénéité, ni dans les particules disséminées, ni dans le ciment interposé; mais, dans tous les cas, soit que la chlorophylle forme des grains ou globules comme chez la plupart des végétaux phanérogames; soit qu'elle s'étale et paraisse ramper contre la paroi, comme dans les zygnêmes (*pl.* XXVIII, *fig.* 1, 8, 9, 10), on peut bien, en le délayant dans l'eau, s'assurer qu'elle n'est pas enveloppée d'une membrane propre, et, par conséquent, que chaque globule de ce qu'on a voulu nommer la globuline, n'est pas une utricule naissante, destinée à se développer avec des parois propres, en une nouvelle utricule devant servir de mère à de nouvelles générations d'utricules. On voit bien d'ailleurs, dans les chara, par exemple, le passage de la substance verte à la substance mucilagineuse incolore.

CHAPITRE V.

DU CONTENU DES CELLULES. — FÉCULE OU AMIDON.

Dans les cellules du parenchyme en pleine végétation, mais à l'abri de l'action directe de la lumière, comme dans la moelle et dans les rayons médullaires, dans le parenchyme cortical interne, dans les pétioles de certaines feuilles, dans les rhizomes de la réglisse, dans les tubercules souterrains, dans les racines tubéreuses, dans les bulbes, et enfin dans les cotylédons et dans le périsperme des graines, on trouve ordinairement des grains blancs solides plus ou moins volumineux, ronds ou ovoïdes, qui sont la fécule ou l'amidon, substance si importante par ses usages économiques, comme aussi par son rôle physiologique. Cette substance, en effet, naturellement insoluble dans l'eau froide, se trouve tout-à-coup rendue soluble et changée en une substance gommeuse de même composition chimique, la dextrine, ou même changée en sucre, si elle vient en contact d'un principe particulier, la diastase, développé par la germination dans les graines, ou par les progrès de la végétation, dans les tubercules, les bulbes, etc. Elle subit les mêmes transformations par l'action de la chaleur seule et par le contact des acides liquides ou par l'ébullition avec ces acides affaiblis.

La fécule, dans les cellules d'un même végétal, présente de nombreuses variétés de forme et de grandeur, suivant l'âge des cellules, et suivant l'âge et le degré du développement de chacun des grains en particulier ; ainsi, dans le périsperme d'un même grain de blé et souvent aussi dans une même cellule, on peut trouver (*pl.* XVIII, *fig.* 9) des grains ronds, ovales, globuleux, aplatis, avec ou sans zones concentriques et fentes rayonnantes, de toutes les grandeurs, depuis 0,004, jusqu'à 0,033 ; mais en général, il existe parmi les graines de fécule d'un végétal des caractères dominans, de forme et de grandeur qui permettent de reconnaître, après des expériences et des comparaisons antérieures, l'origine de telle ou telle fécule, ou son mélange dans telle farine, dans

telle préparation qui souvent est vendue comme devant contenir autre chose ; ainsi la fécule de pomme-de-terre aura des
grains ovoïdes déprimés, marqués de zones concentriques par
rapport à un point nommé le hile, plus ou moins rapproché
du bord, et conséquemment excentriques par rapport à la figure même du grain de fécule. Les grains de la fécule des fèves, des haricots, (*pl.* XVIII, *fig.* 7 et 8), seront ovoïdes
ou circulaires, un peu moins déprimés, avec une fente longitudinale, ou des déchirures partant en rayonnant du centre ;
leur surface n'aura pas de zones aussi distinctes, mais on
verra près du bord l'indication de couches nombreuses bien
concentriques. La fécule des rhizomes de canna et des autres
scitaminées, a des grains plus aplatis, oblongs, dont le hile
est situé vers une des extrémités, et dont les zones sont tout-
à-fait excentriques.

Les grains de la fécule des cycadées, dont on fait le sagou,
sont polyèdriques à l'état normal, ou au moins, présentent
deux ou plusieurs facettes planes, par suite de la pression
mutuelle exercée par ces grains dans l'utricule. Les grains de
la fécule du maïs ont aussi une forme polyèdrique, surtout si
on les observe près de la couche extérieure dure et cassante
du périsperme. D'autres grains sont irrégulièrement lobés
ou contournés, etc. ; les plus petits généralement paraissent
globuleux.

Les dimensions des grains de fécule étant, comme nous l'avons
déjà dit, extrémement variables, ont été indiquées tout différemment par les auteurs. M. Payen, qui a publié récemment
un fort beau travail sur l'amidon (Annales des Sciences naturelles, 2ᵉ série, botanique, tome 10) a cru devoir indiquer seulement le maximum de grandeur pour les grains de fécule,
mais ce sont véritablement des exceptions qu'il a données
ainsi, et non des mesures faciles à vérifier. Ainsi, pour les
grains de la fécule de pomme-de-terre, il indique une longueur
de 0,185 mill., tandis que la grosseur moyenne ou la plus ordinaire varie entre 0,04 et 0,06, et que le plus grand nombre
des grains a souvent encore des dimensions beaucoup moindres. Le même auteur assigne aux grains de la fécule du blé
un diamètre maximum de 0,05, à ceux des fèves, un diamètre
de 0,07, et à ceux des haricots, un diamètre de 0,063 ; mais
c'est à peine si la grosseur moyenne des grains de l'amidon de

blé pourrait être évaluée à 0,012 ; car s'il y a quelques-uns de ces grains longs de 0,033, il y en a un bien plus grand nombre dont le diamètre est entre 0,01 et 0,02, et beaucoup de très petits grains ronds n'ont que 0,004 ou 0,005. Les plus gros grains de la fécule des fèves et des haricots m'ont paru avoir seulement 0,04 de longueur, et avec eux on en trouvait un bien plus grand nombre ayant seulement 0,025.

Les grains de fécule ont ordinairement, entre le centre et le bord, un petit point enfoncé qui paraît noir par un effet de réfraction, et qui provient de la contraction de la partie la plus récente et conséquemment la moins consistante du grain. Ce point, nommé le hile, par comparaison avec le point d'attache des graines dans l'ovaire, correspond donc à la partie par laquelle le grain de fécule tenait à la paroi de l'utricule, comme on le voit sur la fécule de pomme-de-terre. Quand cette partie adhérente à l'utricule est plus étendue, comme pour la fécule des fèves et des haricots, la dessiccation produit, au lieu d'un point enfoncé, une longue fente irrégulièrement déchirée, ou plusieurs fentes partant du centre de la figure comme les branches d'une étoile.

La fécule réfractant fortement la lumière, ses grains, si on les observe à sec sur le porte-objet, se montreront entourés d'un cercle noir très ombré, et leur centre paraîtra lumineux ; il est donc préférable, pour corriger cet effet de réfringence, d'observer la fécule dans l'eau ou même dans l'huile : dans ce dernier liquide, le contour des grains paraît à peine, mais leur transparence, plus uniforme, est bien favorable à l'étude de ces grains dans la lumière polarisée. Dans tous les cas, c'est en variant convenablement la lumière, qu'on arrive le plus souvent à distinguer les zones concentriques et le hile des grains de fécule.

Si les grains de fécule sont chauffés à sec, sur une plaque et mieux encore dans un tube de verre, jusqu'à ce qu'ils aient pris une teinte jaune roussâtre, leur étude en devient beaucoup plus facile, quand ensuite ils sont observés dans l'eau froide ; en effet, alors le hile et les zones concentriques deviennent beaucoup plus visibles. Quelques grains, plus fortement chauffés, deviennent susceptibles de se briser facilement, ou de s'exfolier et de se décomposer en couches distinctes, ou encore ils éprouvent de la part de l'eau froide des modifications variées qui, toutes, ont pour résultat de mieux faire connaître la structure intime du grain de fécule. Ainsi, comme on le voit dans les figures 3, et 5, de la planche XVIII, un grain de fécule de pomme-de-terre, étant plus ou moins comprimé, on voit sur chaque face un hile distinct qui semble être le point de départ des couches successives dont s'est formé ce grain.

L'un des hiles, par l'action de l'eau, après la forte dessiccation, s'ouvre et se dilate beaucoup plus que l'autre, fig. 5 a 5 c. C'est probablement celui qui correspond au point d'attache ou au centre de la couche plus récemment produite. Ce hile est dilaté quelquefois en entonnoir profond, dans lequel on voit plusieurs cercles concentriques qui sont les ouvertures d'autant de couches concentriques formées en dernier lieu, ou bien qui correspondent aux hiles ou points d'attache des couches qui ont précédé la dernière (*pl.* XVIII *fig.* 5. *f. g h.*). Ce mode d'altération des grains de fécule, porté à l'excès, produit des plaques élargies (*fig.* 5. *k.*) présentant des zones nombreuses parallèles au contour extérieur, et qui sont visiblement le bord interne d'autant de couches successives, dont le hile primitif s'est élargi de plus en plus par l'action de l'eau froide, après une demi-torréfaction.

On est donc conduit par ces observations, à concevoir le grain de fécule comme formé par l'empilement, plus ou moins oblique, de couches ou lames ovales ou circulaires, successivement épanchées autour d'un point de la paroi interne de l'utricule; la première lame ou couche étant le petit disque circulaire souvent marqué de plis rayonnans comme dans les figures, 5, c, 7 b, 9. c, mais non dilaté; les lames qui sont ensuite juxtaposées sous cette première lame, deviennent successivement plus grandes et se débordent plus ou moins sur le contour, suivant l'abondance de la sécrétion, dont le produit s'étale ainsi sur la paroi; on conçoit que les sécrétions, après avoir augmenté progressivement jusqu'à un certain point, venant à diminuer, de même les lames successives diminueront aussi, et le grain de fécule sera plus régulièrement ovoïde; mais souvent, la sécrétion s'arrêtant brusquement, la dernière lame est la plus grande, sans pourtant être plane, car elle s'est moulée sur la paroi concave de l'utricule. Dans tous les cas, cette dernière lame, grande ou petite, est surtout au

centre, ou dans la partie qui correspond à l'organe sécréteur,
beaucoup moins solide, moins consistante, car elle n'y a point
encore été consolidée par le refoulement des portions successivement sécrétées, et par la pression mutuelle des couches juxtaposées. C'est donc cette dernière couche qui montre le hile
dilaté qu'on voit dans les figures 5 *a*, *b*, *c*, et ce sont les deux
dernières dans la fig. 5. *g*, *h*, ou les cinq à six dernières,
dans la figure 5 *f*, qui ont subi une perforation semblable,
par suite de l'action de l'eau froide, qui dilate plus fortement
le pourtour de chaque lame, ayant éprouvé par la torréfaction une sorte de retrait dans les parties encore molles.

Il peut bien arriver que deux lames primordiales très rapprochées, comme dans les figures 3, *b*, et 5, *i*, où deux com-
mencemens de grains de fécule, se trouvent continués par une
seule lame, dont le contour d'abord sinueux devient peu à
peu ovale ou circulaire pour les lames successivement formées,
d'où résulte un seul grain de fécule présentant deux hiles,
c'est de la même manière qu'il pourrait se former des grains
dits à trois hiles, mais pour tous ces grains, on le conçoit,
la lame inférieure ou la plus récente devrait toujours présenter un seul hile ou point d'attache réel, qui, après la torréfaction et l'immersion dans l'eau froide, serait considérablement dilaté. Quand les couches inférieures ou les plus récentes, n'ont pas encore eu le tems de se consolider, le grain
de fécule présente sur sa base, soit une fente longitudinale
comme dans les figures 5 *i* et 5 *e*, soit une lame irrégulière
5 *d*, après la torréfaction et l'immersion dans l'eau froide,
certaines fécules, comme celles des fèves et des haricots (*fig.*
7 et 8), montrent naturellement de pareilles déchirures en
forme de fente irrégulière ou en étoile, par le seul effet de la
dessiccation.

Les grains de ces mêmes fécules sont formés de lames juxtaposées directement, et non obliquement comme pour la fécule de pomme de terre, et ces lames ayant des dimensions
presque égales, il s'ensuit que les zones sont exactement parallèles suivant le contour, et non excentriques; et que,
d'ailleurs, elles sont très rapprochées et difficiles à bien voir.

Le mode de formation centrifuge ou par expansion, des
couches successives du grain de fécule, explique bien pourquoi les grains compactes et bien secs se rompent suivant des

lignes partant du centre comme des rayons (*fig.* 4, *b*), et comment ces grains fortement comprimés, sont fêlés en étoile ou étoilés.

Si les grains de fécule, au lieu d'être mis en contact avec l'eau froide qui ne les dissout pas, sont chauffés avec l'eau, ils se gonflent considérablement (*fig.* 3 *c*, 3 *d*), jusqu'à acquérir un diamètre quadruple ou quintuple, et en même tems ils deviennent mucilagineux et moins réfringens ; cet effet est singulièrement activé par une légère addition de potasse ou de soude ; l'acide sulfurique ou quelque autre acide, déterminent aussi le gonflement des grains de fécule, à l'aide de la chaleur ; mais en même tems aussi la substance de ces grains se dissout et passe à l'état de dextrine, comme elle le fait par le simple contact de l'eau chaude, après avoir préalablement été chauffée à sec jusqu'à 200° environ. Dans ces cas de dissolution, il reste dans le liquide des lamelles dilatées de plus en plus, qui résistant à l'action du liquide, ont été prises pour des débris d'une membrane environnante ou enveloppe du grain de fécule, lequel aurait été, pensait-on, une utricule remplie de substance gommeuse soluble ; mais, comme nous l'avons dit déjà, les grains brisés, fig. 4 et 6, ne laissent rien dissoudre à l'eau froide, à moins que d'avoir subi d'abord l'action d'une chaleur assez forte.

Action de l'iode. — Un des caractères les plus remarquables de la fécule, c'est la faculté qu'elle a de se colorer en bleu ou en violet par sa combinaison avec l'iode qui, en même tems, jaunit la membrane des cellules végétales et la fibre ligneuse, etc., de sorte que, si l'on met une goutte de dissolution d'iode sur une tranche mince de parenchyme ou sur des cellules isolées contenant de la fécule, celle-ci est colorée en bleu, même à travers la membrane de la cellule, qui acquiert bientôt une teinte jaune.

La couleur bleue donnée par l'iode à la fécule, est d'autant plus pure que les grains sont plus compacts ; elle tourne au violet et même au rougeâtre à mesure que l'état d'agrégation est diminué, et disparait tout-à-fait quand la fécule est changée en dextrine. On remarque d'ailleurs qu'une dissolution de fécule bleuie par l'iode est décolorée par une certaine élévation de température, et qu'elle reprend sa couleur quand le liquide se refroidit.

Fécule dans la lumière polarisée. — C'est un phéomène bien curieux que celui de la fécule observée au microscope, dans la lumière polarisée, c'est-à-dire entre deux appareils polarisans (tourmalines , ou prismes de Nicol), dont l'un est placé sur le trajet de la lumière incidente, ou sous le porte-objet, et l'autre dans le trajet des rayons réfractés par le microscope, ou sur l'oculaire. Par exemple, si les plans de polarisation des deux appareils, ou si les axes des deux tourmalines sont à angle droit, le champ du microscope reste obscur, mais, dans ce champ, tous les grains de fécule paraissent clairs ou lumineux et sont traversés par une croix noire formée de quatre branches, qui partent du hile supérieur et vont en s'élargissant jusqu'au contour, suivant des directions plus ou moins obliques ou un peu courbes, qui se rattachent à la direction des plans de polarisation, autant que le permet le mode de juxtaposition des couches successives du grain de fécule. (*pl.* XVIII , *fig.* 1 , *a, b, d,*).

Si l'on fait tourner le porte-objet, toutes les croix noires des grains de fécule conservent la même direction, quoique les grains tournent sur eux-mêmes ; mais si , les grains restant immobiles, on fait tourner l'appareil polarisant supérieur, alors la croix noire de chacun des grains paraît tourner dans le même sens, en se déformant, jusqu'à ce qu'elles soient devenues des secteurs ombrés et plus ou moins distinctement colorés des nuances du spectre, occupant les espaces précédemment clairs, tandis que des bandes claires ou lumineuses sont venues occuper la place des branches de la croix noire primitive (*fig.* 1. *c, e,*), c'est ce qui a lieu quand les plans de polarisation des deux appareils polarisans ou quand les axes des deux tourmalines sont à angle droit ; alors aussi le champ du microscope primitivement obscur est devenu clair, et les grains qui se détachaient en clair sur un fond noir, se détachent au contraire alors, par un contour fortement ombré, sur un fond clair ; comme on le voit en comparant les figures 1, *b* et *c*, qui représentent, ainsi que les figures 1, *d* et *e*, un grain de fécule vu des deux manières.

Quand les grains de fécule sont très volumineux, et quand les tourmalines n'ont pas une teinte verte trop prononcée, on voit que, dans ces grains de fécule comme dans les plaques de verre trempé ou comprimé, ce ne sont pas simplement des ombres noires, mais bien des nuances irisées que fait naître la lumière polarisée ; on le voit bien mieux encore avec des appareils polarisans incolores, comme les prismes de Nicol, ou les piles de glaces inclinées, ou les miroirs noirs.

L'étude de l'amidon est si importante et en même tems si complexe, que nous ne pouvons mieux faire, pour compléter ce qui précède, que de renvoyer le lecteur au beau travail publié récemment sur ce sujet par M. Payen (Annales des sciences naturelles, t. 10, p. 5, en indiquant aussi comme bien remarquable, le travail antérieur de M. Julius Fritzsche, publié en allemand dans les Annales de Poggendorf pour 1835, et les recherches faites depuis 1825, par M. Raspail, par M. Guerin, par M. Guibourt, etc.

CHAPITRE VI.

DES AUTRES SUBSTANCES CONTENUES DANS LES CELLULES.

L'huile est un des produits qui se rencontrent le plus souvent dans les cellules végétales du parenchyme, et particulièrement dans les cotylédons des graines, dans certaines racines tubéreuses, dans le péricarpe pulpeux des olives et de quelques autres fruits, etc., Dans ce parenchyme, coupé en tranches minces et soumis au microscope entre des lames de verre avec de l'eau, on voit par transparence les globules d'huile en contact avec les parois de l'utricule, ou flottans dans le liquide contenu, lorsqu'ils ont été détachés par la pression. Ils pourraient bien alors être pris pour des grains de fécule, mais ils en diffèrent par leur transparence plus complète, par leur forme exactement sphérique, et par leur réfringence plus considérable. On a prétendu que ces globules sont contenus dans autant de petites vésicules membraneuses, comme la graisse liquide des poissons et des insectes ; mais il est bien aisé de s'assurer, en déchirant les cellules du parenchyme, que ces globules sont de simples gouttelettes huileuses, susceptibles de se réunir et de se fondre ensemble comme celles de toute graisse liquide. Ils ont dû être sécrétés par quelque point de la paroi de la cellule, agissant comme un fibre organique sur les liquides qui la baignent, et, comme le produit de cette sécrétion restait liquide pendant sa formation, il ne pouvait former des couches juxtaposées ainsi que la fécule, et prenait la forme d'une gouttelette globuleuse.

Résines, caoutchouc, produits azotés, etc. — En outre du nucléus, de la chlorophylle, de la fécule et de l'huile, on voit, dans les cellules, de nombreux produits organiques sous la forme de granules, et qui tous ne sont pas parfaitement connus, on les distingue de la chlorophylle par l'absence de couleur verte, de l'huile par leur consistance plus grande, de la fécule parce que l'iode ne les colore pas en bleu ou en violet. Ce même réactif, sans action sur quelques-uns de ces produits, colore fortement les autres en jaune.

Parmi ces produits organiques, on peut citer les granules résineux et colorés contenus dans les utricles des rayons médullaires des bois de teinture ; les granules blancs qui accompagnent l'huile dans les utricles des cotylédons d'amandes et de diverses graines oléagineuses, lesquels granules paraissent être formés d'une substance azotée, et jouent un rôle important dans l'émulsion, qui se prépare en broyant ces graines oléagineuses avec de l'eau.

La substance qui, séparée de la sève privée d'eau, devient le caoutchouc, se trouve en très petits granules flottans dans les sucs laiteux des plantes ; mais on la trouve aussi en petits granules dans l'intérieur de certaines utricules, et ces granules peuvent se grouper en amas irréguliers.

On doit enfin classer également ici les produits incolores ou jaunâtres, dans lesquels se transforme la chlorophylle des végétaux étiolés, ou soustraits à l'action de la lumière ; celui par exemple des feuilles de chicorée, blanchies par l'enfouissement en terre.

Cristaux. — *Raphides.* — *Biforines.* — Dans certaines cellules du parenchyme végétal, on trouve, au lieu de substances organiques, divers produits cristallisés, ou des sels en faisceaux d'aiguilles fines qu'on a nommées des raphides, ou des cristaux, dont la forme et la composition peuvent souvent être déterminées exactement, et qui sont ordinairement des oxalates ou des tartrates. Ces derniers cristaux, que souvent on voit isolés dans chaque cellule, comme dans l'écorce des figuiers, par exemple, ont leurs trois dimensions à peu près égales, et présentent des bandes concentriques irisées ; fort remarquables si on les observe dans la lumière polarisée. Des cristaux d'oxalate de chaux en prismes quadrangulaires terminés par des pyramides à quatre faces, ont été vus dans les cellules des *Cactus*, des *Agavé*, des *Maranta*, etc. Peut-être est-ce le même sel qu'on trouve en petits octaèdres très nets, dans les utricules des *Piper*, des *Peperoma*, des *Begonia*, des *Rheum*, etc.

Les cristaux en aiguilles sont beaucoup plus communs et surtout plus abondans ; on les avait d'abord regardés comme des organes distincts, et on leur avait donné le nom de *Raphides*, du mot grec signifiant aiguilles, pour exprimer leur forme et leur ténuité. Généralement on ne peut que soupçonner la forme géométrique et les facettes régulières qu'ils doivent avoir, car ils sont tellement minces, qu'on éprouve une grande difficulté à les voir nettement et sans effets de diffraction sous le microscope ; aussi doit-on les considérer comme un excellent test-objet, pour juger du degré de netteté de cet instrument.

On rencontre des faisceaux de raphides extrêmement minces, dans quelques cellules éparses des *Lemna*, qu'elles font paraître opaques. On en rencontre de plus grandes dans les cellules des feuilles de Muscari et de Jacinthe, dans les feuilles d'Aroïdées, dans toutes les parties herbacées de *Impatiens* et dans une foule d'autres plantes. Les cellules remplies de raphides sont ordinairement plus volumineuses que les autres, et alongées dans le sens du faisceau ; mais dans les *Caladium*, elles ont présenté à M. Turpin des particularités fort curieuses, qui ont déterminé ce micrographe à leur donner le nom de *Biforines*. Elles seraient, d'après sa description, formées d'une enveloppe externe cylindrique, terminée par deux portions de cône, dont le sommet tronqué est une ouverture avec un bord renflé ; à l'intérieur serait une seconde enveloppe membraneuse, extensible, contenant le faisceau de raphides avec un liquide gommeux assez dense. L'eau pénétrant par endosmose dans le sac intérieur, le dilate jusqu'à ce qu'il se rompe vis-à-vis des ouvertures terminales, en lançant successivement les raphides contenues. Ces caractères et ces phénomènes n'ont pas été constatés par les autres observateurs, et les utricules à raphides des caladium nous ont paru seulement plus volumineuses, irrégulièrement cylindriques et susceptibles de se rompre aux extrémités, après s'être gonflées par un effet d'endosmose.

CHAPITRE VI.

DU PROSENCHYME ET DU PLEURENCHYME. — TISSU FIBREUX. — FIBRE LIGNEUSE.

Dans toutes les tiges des végétaux, on trouve un tissu cellulaire formé de cellules étroites, alongées, à parois ordinairement épaisses, constituant des faisceaux minces destinés à leur donner de la solidité et de la flexibilité ; ce tissu particulier a reçu le nom de *prosenchyme*, quand les cellules alongées se terminent par des faces obliques ; et, quand les cellules sont fusiformes, très amincies aux extrémités, par lesquelles elles sont contiguës ou soudées sur une grande longueur, on nomme le tissu *pleurenchyme ;* dans ce cas aussi, on a proposé de nommer ces cellules fusiformes des *clostres*. Dans tous les cas, ces faisceaux de cellules étroites se rattachent au parenchyme proprement dit, par des nuances insensibles, et prennent le nom de *fibres ligneuses*, quand elles ont acquis un certain degré de solidité par suite de l'épaississement de leurs parois. Il faut bien remarquer d'ailleurs, qu'il se forme aussi des fibres ligneuses par l'incrustation ou le remplissage des méats intercellulaires ; ces fibres, en se séparant, emportent donc une portion des parois des quatre cellules contiguës ; on les trouve particulièrement à la surface des tiges herbacées et dans les écorces.

Les faisceaux de cellules alongées, ou de prosenchyme, se trouvent même dans l'axe des végétaux cellulaires, tels que le *sphagnum* (*pl.* XXVII, *fig.* 2 et 3) et les autres mousses ; mais c'est surtout dans les végétaux vasculaires qu'on les trouve, soit dans les tiges, soit dans l'écorce, dans les pétioles et les nervures des feuilles, dans les pédoncules et dans les diverses parties des fleurs ; ces faisceaux sont quelquefois isolés au milieu du parenchyme, ou immédiatement sous l'épiderme ; plus souvent ils accompagnent ou entourent des vaisseaux plus ou moins nombreux, avec ou sans faisceaux de

pleurenchyme, et constituent ainsi les faisceaux fibro-vasculaires, qui sont disséminés ou diversement groupés dans la tige
des monocotylédones et de certaines dicotylédones, et se prolongent en se subdivisant jusque dans les feuilles. Dans les dicotylédones frutescentes, au contraire, le tissu ligneux se
compose des mêmes élémens distribués en couches concentriques, formées séparément chaque année, en même tems
qu'une couche correspondante de l'écorce interne ou du
liber. Ce qu'on nomme *liber*, se compose aussi de fibres ligneuses de diverses sortes, et de vaisseaux différens de ceux
du bois, destinés à la circulation du latex ou suc vital.
Ces mêmes vaisseaux du latex se retrouvent aussi, d'ailleurs,
dans les faisceaux fibro-vasculaires des monocotylédones.

Les cellules du parenchyme ont ordinairement leurs parois
uniformément transparentes, quoique incrustées intérieurement par une substance un peu différente de la membrane primitive de la cellule ; mais souvent aussi, ces cellules alongées
du prosenchyme, ont leur paroi ponctuée, ou en apparence
percée de petits trous de communication avec les cellules voisines : ces trous ou pores deviennent quelquefois des fentes ou
des raies, et les cellules ne diffèrent alors de certains vaisseaux ponctués ou rayés, que par leur moindre longueur ou
par la permanence des cloisons de leurs extrémités (*pl.* **XX**,
fig. 1, 2, 3) ; on voit souvent, sur une coupe longitudinale
passant par le milieu de ces cellules, les perforations des cloisons de deux cellules contiguës, qui se correspondent, et paraissent établir une communication entre elles.

Les cellules fusiformes du pleurenchyme, excepté dans le
bois des conifères, n'ont point de pores et de perforations,
mais on voit souvent, dans certains bois d'amentacées, par exemple, leur paroi marquée de quelques stries fines très obliques ;
elles semblent donc faire alors le passage aux vaisseaux spiraux.

Les cellules alongées du tissu ligneux des conifères, qu'on
a voulu nommer des vaisseaux, ont en même tems des fibres spirales nombreuses très obliques et des pores latéraux
d'une structure fort remarquable, qu'on a nommés des disques,
parce que, en effet, ils paraissent entourés d'un ou deux
cercles concentriques, qui sont un effet de réfraction produit
par un amincissement correspondant de la paroi dans cet endroit. Les parois latérales en contact de deux cellules conti-

guës ; laissent entre elles une petite cavité lenticulaire , au centre de laquelle correspond un petit orifice dans chaque cellule. L'incrustation ou l'épaississement qui se produit ensuite à la paroi interne , est beaucoup moindre autour de ces petits orifices , et cela produit l'apparence d'un ou de plusieurs autres cercles indiqués par un degré différent de réfringence (*planches* XXI et XXII).

Les diverses cellules alongées du prosenchyme et du pleurenchyme , montrent mieux l'épaississement de leur paroi , si on les observe dans une coupe transverse (*planches* XIX, XXI, XXII, XXVII) ; on voit bien alors que la substance incrustante s'est déposée en couches successives à l'intérieur , en rétrécissant de plus en plus la cavité de la cellule , et si l'observation a lieu dans la lumière polarisée , au moyen des plaques de tourmaline , placées l'une au-dessous du porte-objet , et l'autre au-dessus de l'oculaire , on reconnaît bien , aux effets de coloration et d'illumination qui se produisent dans cette substance incrustante , qu'elle n'est pas parfaitement homogène , et que sa structure moléculaire a de l'analogie avec celle des grains de fécule.

Souvent ces coupes transverses du tissu ligneux montrent aussi des pores ou canaux de communication latéraux entre les cellules contiguës du prosenchyme.

CHAPITRE VII.

DES VAISSEAUX DES PLANTES.

Dans tous les végétaux vasculaires, c'est-à-dire , dans les phanérogames et dans les fougères , on trouve , quand les tissus ont acquis un certain degré de développement, des tubes ou canaux très fins nommés vaisseaux , qui s'étendent , sans interruption , dans une grande longueur , et souvent même depuis la racine jusqu'aux extrémités des feuilles et des fleurs, portant à ces organes les liquides puisés dans le sein de la terre. Plus tard et quand le mouvement ascensionnel de la sève s'est ralenti , ou quand certaines parties du végétal ont atteint le terme de leur développement , ces tubes ou vaisseaux

ne contiennent plus que de l'air, comme on s'en assure aisément, en coupant sous l'eau des tranches minces d'une tige
encore vivante, mais déjà lignifiée, ou dans laquelle la sève
est moins abondante à l'arrière-saison. On voit, en effet,
alors sous le microscope, une petite bulle d'air dans chacun
des tronçons de vaisseau d'une lame mince enlevée de la
tige en question. Si la même opération était faite à l'époque
du mouvement de la sève, ou quand la jeune tige est en pleine
végétation, on ne verrait point d'air dans les vaisseaux, ni
dans les cellules, et s'il s'en trouvait alors dans le tissu végétal, on reconnaîtrait qu'il est logé dans les méats intercellulaires, seulement.

Si l'on veut suivre les vaisseaux jusqu'à l'extrémité des
jeunes pousses herbacées, en allant de bas en haut, on les
voit d'abord présenter çà et là des cloisons transverses ou
obliques, incomplètes, indiquant leur mode de formation
par la soudure d'une file de cellules contiguës; plus loin, on
les voit formés plus distinctement d'une série de cellules séparées par des étranglemens plus ou moins marqués, auxquels
correspondent des cloisons imparfaites; dans cet état, qui
n'est que transitoire, on les nomme des *vaisseaux en chapelet*
ou *moniliformes*.

Enfin, à l'extrémité même d'une jeune pousse, comme
aussi dans un embryon végétal et dans un bourgeon, il n'y
a point encore de vaisseaux, mais seulement des cellules d'a-
bord toutes semblables en apparence, puis devenant peu à
peu différentes entre elles, les unes devant rester parenchyme,
les autres s'alongeant en prosenchyme, ou tendant à se souder pour former des vaisseaux.

De ces cellules, ainsi destinées à former des vaisseaux par
leur alignement en séries et par la disparition des cloisons intermédiaires; les unes restent minces, transparentes; leur paroi ne présente point d'épaississemens réguliers et permanens,
elles forment les *vaisseaux propres*, ou plus exactement les
vaisseaux du latex, auxquels on a attribué une contractilité
qu'ils ne possèdent point. Les autres, au contraire, s'épaississent par le dépôt, sur leur paroi interne, d'une substance incrustante formant une ou plusieurs lignes spirales tournant
régulièrement de gauche à droite sur la face antérieure, ou
bien formant des spirales irrégulières, anastomosées ou sou-

dées ou interrompues, ou même une série d'anneaux distincts, provenant, en apparence au moins, de la rupture de la spirale, par suite de l'alongement du tube : chacun des tours de cette spirale se contractant alors en un anneau isolé. La substance incrustante, enfin, peut s'être étendue dans tout l'intérieur de la cellule, en laissant seulement des lacunes en forme de pores ou de fentes, plus ou moins prolongées transversalement, et dans ce cas, paraissant être une modification des fibres spirales. Il peut aussi se rencontrer, comme dans les cellules tubuleuses du bois des conifères, (*pl.* XXI, *fig.* 1, 2, 3, 4) des fibres spirales nombreuses et très obliques, laissant entre elles quelques fentes qui correspondent à des perforations.

Puisque toute cellule est primitivement à paroi simple, égale et homogène, on ne peut admettre que les perforations ou les fentes observées plus tard sur des cellules ou sur des vaisseaux, aient existé dès l'origine ; bien au contraire, la cellule a dû être parfaitement close pendant les premières périodes de son développement, et pendant que se formaient les divers épaississemens qu'on y voit plus tard ; il n'est donc pas étonnant que des botanistes aient nié la réalité des perforations admises par d'autres, s'ils avaient fait leurs observations à une époque moins avancée du développement des cellules, ou même sur des cellules dont la vitalité avait été diminuée ou interrompue avant que les perforations fussent produites. Mais ces perforations auront toujours lieu dans les cellules dont la vitalité s'est continuée assez long-tems ; la membrane primitive se trouvant alors plus exposée à l'action des substances liquides ou mucilagineuses de l'intérieur, partout où elle n'est pas protégée par la couche incrustante.

CHAPITRE VIII.

DES TRACHÉES.

Les vaisseaux dont la spirale interne est régulière, se nomment des *trachées,* (*pl.* XXII, *fig.* 8 ; *pl.* XXIII, *fig.* 7 et *pl.* XXVI, *fig.* 4), parce qu'on a supposé à tort qu'elles sont destinées à porter l'air dans toutes les parties du végétal , et qu'elles servent ainsi à la respiration , comme les trachées des insectes ; mais il n'en est point ainsi : les trachées des plantes ne communiquent ni avec les stomates , ni avec les méats intercellulaires qui contiennent de l'air ; elles sont closes à leurs extrémités ou formées d'une succession de longues cellules fusiformes , qui s'ajustent les unes au bout des autres en se touchant dans une certaine longueur par leur extrémité amincie ; et ne communiquent plus tard entre elles , qu'après la destruction de la cloison oblique qui les sépare.

La fibre spirale intérieure est simple ou double , ou multiple. Les trachées de bananier sont formées par l'enroulement d'une bandelette formée de huit à dix fibres. Quand on rompt une jeune pousse de rosier ou de ronce ou de tout autre arbre, ou une tige ou une hampe de plante herbacée, et qu'on écarte lentement les deux parties, on voit des fils blanchâtres très fins, semblables à des fils d'araignée qui s'étendent entre les deux parties du végétal; si on les rapproche, on voit ces fils se contourner de manière à indiquer visiblement leur tendance à se mettre en spirale ; on reconnaît aisément d'ailleurs , avec le secours d'une forte loupe, que ces fils sont les *trachées* , dont les fibres spirales se déroulent ainsi , soit que la membrane primitive ait été déjà détruite, soit que , en raison de sa délicatesse , elle se déchire régulièrement suivant les tours de spire.

Quelques grands végétaux herbacés , d'une croissance très rapide comme le Bananier , ont ces fibres spirales des trachées tellement abondantes, qu'on a voulu les employer comme fibre textile pour fabriquer des tissus très délicats ; mais le plus souvent les trachées sont peu nombreuses et d'un calibre peu considérable; et si l'on peut en citer dont le diamètre est de 0,08 milli ; dans la plupart des plantes , au contraire , leur calibre est trois ou quatre fois moindre, et, même dans les corolles et dans les très petites plantes , on voit des trachées (*pl.* XXIII, *fig.* 7), dont le diamètre est de 0,005 et souvent encore moindre.

Les trachées que l'on suit jusque dans les feuilles et dans les diverses parties de la fleur , se trouvent exclusivement autour de la moelle , dans la tige des plantes dicotylédones , où elles concourent à former ce qu'on nomme l'étui médulaire , aussi manquent-elles ordinairement dans les racines où la moelle manque elle-même. Dans les tiges des monocotylédones, elles sont situées dans le centre des faisceaux ligneux qui sont épars au milieu du tissu cellulaire de ces tiges; chez ces mêmes plantes monocotylédones, on les voit souvent aussi dans les racines, comme dans les *Lemna* par exemple.

Les trachées, dans les feuilles et les fleurs, ne se montrent point isolées; elles sont ordinairement entourées de cellules alongées, ou de prosenchyme formant un petit faisceau ligneux qui constitue le support ou l'axe de chaque nervure.

La fibre spirale des trachées agit sur la lumière polarisée comme les divers épaississemens des cellules : c'est bien à tort et d'après une illusion d'optique, qu'on a pu prétendre qu'elles sont creuses comme le serpentin d'un alambic.

CHAPITRE IX.

DES VAISSEAUX SEVEUX; — VAISSEAUX PONCTUÉS, RAYÉS, SCALARIFORMES, RÉTICULÉS; — FAUSSES-TRACHÉES, etc.

Les vaisseaux formés de cellules, dans l'intérieur desquelles la substance incrustante a formé des épaississemens plus ou moins réguliers, mais non en spirales déroulables, ont reçu différens noms suivant les modifications variées de leurs épaississemens; les coupes longitudinales du bois de vigne que nous avons données dans notre planche XX, présentent quelques-unes des formes de ces vaisseaux; mais il en existe un nombre bien plus considérable encore, sur lesquels on peut observer tous les passages entre la vraie trachée (*pl.* XXII, *fig.* 8), et le *vaisseau annulaire* (*fig.* 8. *d*) et la *fausse trachée* (de la racine de réglisse (*pl.* XXVI, *fig.* 7) ou le *vaisseau rayé* (même planche *fig.* 6, et *pl.* XX, *fig.* 2 *d'*) ou le *vaisseau scalariforme* (*pl.* XX, *fig.* 1, *c*) ou le vaisseau ponctué (*pl.* XX, *fig.* 1. *d*), ou le vaisseau poreux (*fig.* 2 *d'* et *d'*), etc.

Dans les coupes du bois de vigne (*pl.* XX), on ne peut douter que les parois des cellules et des vaisseaux ne soient bien réellement perforées; puisque, à part la preuve fournie par les cloisons irrégulièrement déchirées en *d'*, *d''* (*fig.* 2) nous voyons en *f* (*fig.* 3), de grandes lacunes qui ne peuvent être supposées fermées par une membrane mince invisible.

Les vaisseaux sont ordinairement cylindriques ou presque cylindriques, comme on le voit dans les coupes transverses du bois de vigne (*fig.* 1 et 2, *pl.* XIX), mais souvent aussi ils sont rendus prismatiques comme ceux de la fig. 2 *d'* (*pl.* XX), par la pression qu'exercent sur eux d'autres vaisseaux qui les entourent ; on conçoit alors que chaque face du prisme est formée par la cloison commune à deux vaisseaux contigus. On peut voir qu'alors, aussi sur chacune des faces du prisme, se trouve soit une série de fentes ou rayures parallèles, soit une ou plusieurs rangées régulières de pores ou de trous ; c'est même ordinairement ce genre de voisinage et de mitoyenneté qui détermine le mode de distribution des épaississemens et des perforations sur la paroi des cellules.

Nous avons vu (*pl.* XXII, *fig.* 8, *d*) qu'une trachée peut se changer en un vaisseau annelé, dans une certaine portion de sa longueur ; elle se changera de même quelquefois en un vaisseau réticulé, ou rayé, ou scalariforme ; ainsi la disposition même des épaississemens dans les cellules qui ont concouru à former un vaisseau, ne constitue pas un caractère essentiel ; cependant on remarque qu'un vaisseau, quoique formé par une série de cellules n'ayant eu primitivement entre elles qu'un simple rapport de position, présente dans tout son trajet le même calibre et à peu près la même structure. Il faut penser que cela tient au volume du liquide qui a dû le traverser, et à la force d'impulsion de ce liquide.

Le vaisseau scalariforme *c* (*fig.* 1) et le vaisseau ponctué *d* (*fig.* 1) montrent bien leur mode d'origine ; ils résultent de la soudure de deux cellules fusiformes qui se touchent par leur extrémité amincie.

Le diamètre des vaisseaux séveux est extrêmement variable non seulement entre les divers végétaux, mais aussi dans une même plante ; ainsi un vaisseau très large peut être entouré ou accompagné par des vaisseaux très petits ; on remarque toutefois qu'ils sont beaucoup plus larges à la partie interne des couches annuelles des dicotylédones, et qu'en général, les végétaux grimpans ou sarmenteux : la vigne, la clématite, le cobœa, et surtout les lianes des régions tropicales, ont des vaisseaux d'un calibre plus considérable, parce qu'ils sont destinés à transporter rapidement jusqu'à une grande hauteur, une grande masse de liquide, pour suppléer à la perte résultant de l'exhalation. Leur calibre devient alors bien visible à l'œil nu ; il est quelquefois d'un quart ou même d'un tiers de millimètre ; mais, le plus souvent, dans les plantes indigènes, il ne dépasse pas un dixième de millimètre, et pour la plupart il varie entre 0,03 et 0,08 milli. L'étude de ces vaisseaux a donné lieu à un remarquable travail de M. Gaudichaud dans les Mémoires de l'Institut.

Nous devons citer ici les tubes ligneux ou cellules alongées du bois des conifères, que plusieurs botanistes nomment des vaisseaux et qui, en effet, méritent autant ce nom que tous les vaisseaux dont nous venons de parler, car leur mode de formation est le même ; ce sont toujours des cellules fusiformes très alongées, qui se trouvent placées bout à bout en se touchant par toute la partie amincie qui les termine, mais, comme ils sont en même tems la partie principale et la plus essentielle du tissu ligneux des conifères, nous avons dit, en parlant des fibres ligneuses du prosenchyme, ce que nous savons de leur structure et de leurs pores latéraux.

CHAPITRE X.

DES VAISSEAUX PROPRES — DES VAISSEAUX DU LATEX OU LATEXIFÈRES.

Depuis long-tems on a voulu nommer vaisseaux propres les tubes ou réservoirs contenant, dans les divers végétaux, les sucs laiteux ou résineux ou gommeux qui leur sont propres : on confondait ainsi les réservoirs d'un produit sécrété ne participant plus à la vie, et les vaisseaux destinés à la circulation d'un suc nourricier déjà élaboré, mais devant encore servir à la nutrition des divers organes ; c'est-à-dire les vaisseaux du *latex*, que son importance a fait nommer aussi le suc vital. Or, les reservoirs du suc propre, comme les vaisseaux du latex, sont les uns et les autres formés par la réunion de cellules élémentaires, à parois minces, transparentes ; la seule différence c'est que, dans ceux-ci, les sucs contenus se meuvent et subissent une véritable circulation, tandis que dans ceux-là le contenu reste immobile, et soustrait, momentanément au moins, à l'action de la vie.

Les vaisseaux du latex et la circulation dont ils sont le siége ont été particulièrement étudiés et décrits (1) par M. Schultz de Berlin, qui, pour avoir voulu exagérer les résultats de son travail, en a diminué l'importance et la valeur réelle. Ainsi, comme nous l'avons dit déjà en parlant de la rotation des sucs ou de la circulation intra-cellulaire, cet auteur a voulu assimiler complètement les courans anastomosés dans l'intérieur des cellules des poils de campanules et de *tradescantia*, aux courans qu'on voit par transparence dans l'épaisseur des feuilles de pavot, de chélidoine, de laitron, des stipules de figuier, etc ; supposant ainsi que ces courans de l'intérieur des cellules auraient lieu dans des petits vaisseaux qui traverseraient, on ne sait comment, les parois si distinctes de ces cellules. Or M. Schulz, en assimilant ensuite les vaisseaux de latex dans les feuilles et dans l'écorce, avec ces vaisseaux imaginaires de l'intérieur des cellules, a donné le droit à beaucoup d'observateurs consciencieux, de douter de la réalité de ce qu'il donne comme le réseau isolé des vaisseaux latexifères. Nul doute assurément qu'il n'ait isolé un tel réseau par la macération du liber ou des parties vertes, etc., mais nulle preuve non plus que ce soient là réellement les vaisseaux dans lesquels circulait le latex pendant la vie de la plante. D'autant plus encore que, tout en représentant des vaisseaux isolés avec des parois très épaisses, l'auteur est forcé de dire que, dans la plante vivante ou simplement fraîche, l'extrême transparence de ces vaisseaux, et une contractilité prodigieuse et dont on n'a aucune preuve directe, les dérobent à la vue, aussitôt qu'ils ne sont plus gonflés par le latex. Les propriétés singulières de vitalité et de motilité, que cet auteur est d'ailleurs forcé d'attribuer au latex pour expliquer sa circulation, qui se continue même dans des pièces détachées de la plante, comme les stipules de figuier, les sépales caducs

(1) Mémoires de l'Académie des sciences Savans étrangers. — Nova acta naturæ curiosorum, t. 19. supp. 1841.

des alsinées , etc., rendent bien difficile d'ajouter entièrement foi à ses assertions.

Nous avons vu quelque chose d'analogue au prétendu réseau des latexifères de M. Schultz , mais nous pensons que c'est un réseau de fibres ligneuses du liber; de même que M. de Mirbel (1) , en suivant M. Schultz , a voulu regarder tout le réseau du liber des dicotylédones comme exclusivement formé de vaisseaux latexifères. Nous avons bien vu sous le microscope la circulation du latex dans les parties vivantes des végétaux à suc jaune ou laiteux , mais sans qu'il nous fût possible , en aucun cas, de distinguer les parois propres des canaux quelconques dans lesquels se mouvait ce liquide. Aussi , d'après ces observations , faites sur les plantes vivantes , et qui sont vraisemblablement aussi complètes que toute autre observation sur ce phénomène , aurions-nous été tentés de croire que la circulation du latex a lieu simplement dans les méats intercellulaires , si M. Schultz n'avait vu directement les vaisseaux mêmes du latex dans des coupes longitudinales de la tige d'une Euphorbe charnue (*Euphorbia purpurea*).

Quoiqu'il en soit de la nature de ces vaisseaux , et quoique M. Decaisne , en représentant isolé un tout petit fragment de latexifère , le seul qu'il ait vu ainsi dans son anatomie de la garance , donne une apparente confirmation aux idées de M. Schultz , nous pensons que le sujet est resté presque entier pour les recherches futures des phytotomistes et des micrographes.

La circulation du latex pouvant être vue directement dans les feuilles et dans toutes les parties vertes des végétaux , c'est là aussi qu'on doit chercher les latexifères; il est bien vraisemblable qu'ils font partie des faisceaux ligneux des monocotylédones , puisqu'on les a vus le long de ces faisceaux dans la tige des alismacées ; on peut également admettre qu'ils sont en grand nombre dans l'écorce des dicotylédones ; mais rien ne prouve que ce soient réellement , comme M. Schultz et M. de Mirbel l'ont dit, les tubes nombreux à parois épaisses qui constituent la majeure partie du liber. D'après la manière de voir de ces auteurs , on devrait les trouver dans la couche

____

(1) Annales des sciences naturelles, 2e sér. Bot

e de la coupe transversale du bois de vigne représentée dans la planche XIX, fig. 1.

CHAPITRE XI.

DE LA CIRCULATION DES SUCS DANS LES VÉGÉTAUX. — ASCENSION DE LA SÈVE.

On distingue dans les végétaux vivans trois sortes de circulations bien différentes, quant à leur mode de manifestation et quant à leurs résultats, mais pourtant dérivant toutes trois du même principe : c'est-à-dire produites par l'action vitale de l'enduit vivant, des cellules ou des vaisseaux, sur le liquide contenu, lequel n'est lui-même, en certains cas, que de l'eau tenant en dissolution une très petite quantité de sels et de substances organiques.

La circulation la plus importante est celle de la sève, qui s'élève, surtout au printems, par les vaisseaux ou même aussi par les méats intercellulaires du bois des dicotylédones ou des faisceaux ligneux des monocotylédones, pendant toute la période de végétation, et qui redescend par l'écorce, ou bien qui vient, à l'état de cambium, s'organiser entre le bois et l'écorce des dicotylédones, tandis que chez les monocotylédones, elle s'infiltre dans le tissu cellulaire dont elle augmente la masse en même tems qu'elle y produit de nouveaux faisceaux ligneux. Ce mouvement de la sève ascendante ou descendante, quoique très puissant, ne se prête pas à l'observation directe ; sa lenteur le dérobe à notre vue armée du microscope ; ses résultats seuls se manifestent avec une grande évidence et se prêtent à une foule d'expérimentations qui ne sont pas de notre ressort ; à moins toutefois qu'on ne veuille soumettre au microscope des jeunes tiges, des feuilles ou des fleurs auxquelles on a fait absorber des substances colorées, par l'effet des forces vitales, én plongeant dans un liquide coloré l'extrémité inférieure de ces plantes, coupées à l'instant de leur végétation la plus vigoureuse. La substance colorante, supposée dissoute, s'élève dans les vaisseaux spiraux, et souvent aussi dans les faisceaux ligneux qui les entourent, ou dans les méats intercellulaires, d'où il résulte que les nervures les plus délicates d'une fleur de jacinthe, par exemple, sont colorées artificiellement, et peuvent être étudiées plus facilement à l'aide du microscope.

La sève elle-même pourra donner lieu à des observations microscopiques importantes, si l'on veut déterminer la nature des substances dissoutes. En effet, les sels, le sucre et la mannite, pourront être reconnus par leur forme cristalline et par leur action sur la lumière polarisée, si une goutte de sève s'est évaporée lentement entre deux lames de verre. On s'assurera ainsi de la différence qui existe entre la sève ascendante beaucoup plus aqueuse, puisée dans le sol par les racines et la sève descendante, qui a subi une élaboration plus ou moins complète dans les feuilles, par l'action de l'atmosphère, de la chaleur et de la lumière.

Il faut mentionner aussi, en passant, une observation de M. Amici (1), qui a vu la sève ascendante de la vigne, dont l'écoulement est si abondant par l'extrémité des branches coupées au printems, déposer sur l'écorce un amas roussâtre de filamens cloisonnés simples ou rameux. Ces filamens, qui se forment également dans la sève exposée à l'air et au soleil, sont simplement des thallus ou mycélium de mucédinées, et non, comme le croyait cet auteur, une matière organique servant à l'accroissement de la vigne.

CHAPITRE XII.

DE LA CYCLOSE OU CIRCULATION DU LATEX.

La seconde sorte de circulation des sucs végétaux est celle du *latex* ou suc propre, c'est-à-dire de la sève qui, après avoir subi une élaboration complète, est devenue un liquide doué de qualités spéciales dans chaque plante, et souvent même laiteux, comme dans les chicoracées, les figuiers, les papaveracés les euphorbes, les apocynées, les asclépiadées, etc., ou jaune

(1) Annales des sciences naturelles, septembre 1830.

orangé, comme dans la chélidoine et dans les végétaux exotiques qui fournissent la gomme gutte.

Les sucs laiteux ou jaunes doivent leur aspect à une infinité de granules gras ou résineux, ou analogues au caoutchouc, ou d'une nature mixte et contenant souvent des principes azotés. Ces granules, qui ont à peine un ou deux millièmes de millimètre d'épaisseur, sont agités du mouvement brownien ; ce sont eux, en outre, qui font voir le mouvement circulatoire du suc qui les contient ; car, si ce liquide était parfaitement limpide et sans aucun corpuscule flottant, on ne pourrait reconnaître son mouvement dans les vaisseaux qu'il remplit entièrement.

La circulation du latex a lieu dans l'écorce et dans toutes les parties vertes des dicotylédones, dans des vaisseaux anastomosés à parois transparentes continues, et qui suivent ou accompagnent le plus souvent les vaisseaux spiraux des feuilles et les faisceaux ligneux du liber. Dans les monocotylédones, les vaisseaux du latex sont construits et disposés de même avec les vaisseaux spiraux, mais ils se trouvent aussi bien dans l'intérieur même des tiges et des pétioles, que dans les parties vertes, près de la surface.

C'est dans les feuilles minces et demi-transparentes du pavot, du laitron, de la chélidoine, etc., dont on peut placer le bord avec de l'eau entre deux lames de verre, sans les blesser, sans les détacher de la plante et même sans changer leurs conditions de vitalité, qu'il convient d'étudier sous le microscope ce phénomène de circulation. On a soin de faire arriver par-dessous la feuille mise en expérience un faisceau de lumière très vive, et l'on cherche surtout à suivre les vaisseaux du latex le long des nervures les plus transparentes ; mais on doit éviter l'emploi recommandé à tort, de la lumière directe du soleil, qui d'une part occasione une scintillation très fatigante, capable d'induire en erreur, et qui, d'autre part, produit une élévation de température à laquelle quelques observateurs avaient cru pouvoir attribuer exclusivement le phénomène de la cyclose.

Si, après s'être convaincu de la réalité de cette circulation dans les feuilles intactes, on veut voir les vaisseaux plus distinctement, on pourra bien enlever l'épiderme de l'un ou des deux côtés de la feuille en expérience, qui sera devenue ainsi beaucoup plus transparente.

Un des objets qui montrent le mieux ce joli phénomène, c'est un ovaire encore jeune de chélidoine, dont on aurait enlevé une des valves, en laissant l'autre encore adhérente aux placentas et au pédoncule qui tient encore à la plante, et la plaçant avec de l'eau entre des lames de verre sous le microscope. Sa transparence, alors, est bien suffisante pour qu'on voie clairement les courans du latex, chargés de granules orangés, se diriger dans un sens et dans l'autre, le long des nervures de cet ovaire.

M. Schultz de Berlin qui fit, en 1820, la découverte de la cyclose, a recommandé comme particulièrement convenable pour l'observation de cette circulation, la stipule en forme de spathe blanchâtre qui enveloppe les jeunes feuilles du *Ficus elastica* et les stipules de plusieurs autres figuiers, mais non de notre figuier d'Europe (*Ficus carica*); de la surface de ces stipules déjà demi-transparentes, on enlève l'épiderme avec la lame d'un scalpel, et l'on voit alors distinctement et les vaisseaux anastomosés du latex accompagnant les autres vaisseaux et chariant le suc laiteux blanc et les cellules des diverses couches de cette stipule, diversement groupées entre elles. Mais quoique la cyclose se montre bien réellement avec tous ses caractères dans ces stipules de figuier, ainsi que dans celles des érables et beaucoup d'autres ; cependant les mutilations indispensables qu'il faut faire subir à ces stipules, pourraient donner lieu de croire que les courans observés dans leurs vaisseaux sont un simple résultat de ces blessures ou des variations de température, et non un phénomène vital.

On a étudié la cyclose dans un grand nombre de végétaux, même dans ceux dont le latex est transparent et chargé seulement de quelques rares globules qui dénotent la direction du mouvement, et permettent de le suivre ; M. Shultz avait spécialement indiqué en 1830, *l'Alisma plantago*, comme se prêtant bien aussi à ce genre d'observations. Le même auteur a supposé que les globules du latex, comme ceux du sang des animaux, ont une vitalité propre qui se manifeste par des mouvemens particuliers ; mais il est probable qu'il n'y a là qu'un effet du mouvement brownien.

CHAPITRE XIII.

DE LA CIRCULATION INTRA-CELLULAIRE OU ROTATION DES SUCS VÉGÉTAUX.

La troisième sorte de circulation végétale a été nommée avec raison la rotation, car c'est un mouvement rotatoire que montrent les liquides contenus dans chaque cellule, le long des parois de laquelle ils montent d'un côté et redescendent du côté opposé en suivant toujours la même direction. A ce mode de circulation se rapporte le phénomène si facile à observer dans les chara, si célèbres à cause des nombreux travaux dont il a été l'objet et dont nous parlerons spécialement plus loin.

Mais un si grand nombre de plantes cryptogames ou phanérogames et même de dicotylédones parmi ces dernières, ont présenté également le phénomène de la rotation, qu'on est conduit à penser que ce phénomène a lieu dans toute cellule végétale, avec plus ou moins d'activité, à une certaine époque de son développement. Ce serait seulement le défaut de transparence des tissus et surtout des membranes externes, et la superposition des organes ou l'enchevêtrement des cellules et l'accumulation de la chlorophylle dans l'intérieur, qui, dans la plupart des cas, empêcheraient de bien voir ce mouvement intérieur, que des blessures ou des altérations produites par la dissection font ordinairement cesser tout-à-coup, aussi est-ce particulièrement sur les plantes aquatiques dont les tissus sont plus lâches et plus transparens, que la rotation a été mieux observée, ainsi que sur les poils transparens de la fleur de plusieurs végétaux terrestres.

Après les *charas*, dont la longueur de chaque entre-nœud, est occupée par une seule cellule cylindrique, soit unique, soit entourée d'une rangée de cellules cylindriques plus étroites ; il faut citer les *caulinia*, les *vallisneria*, les *naias*, les *stratiotes*, comme ayant été étudiées les premières par les micrographes, sous le rapport des phénomènes de la rotation.

Plus récemment, on a reconnu ce même mouvement intra-cellulaire dans presque toutes les parties de l'*hydrocharis mor-sus-ranæ*, plante très commune à la surface des eaux douces, stagnantes ou tranquilles, sur lesquelles elle étale ses feuilles arrondies-réniformes, larges de 3 à 4 centimètres, disposées en rosettes, et ses fleurs blanches; larges de 14 à 16 millimètres, formées de trois pétales arrondis. Les écailles ou stipules ovales qui enveloppent les jeunes pousses sont assez transparentes pour qu'on puisse voir directement la rotation dans toutes leurs cellules superficielles, et même dans celles des couches intermédiaires ; les pétioles, les jeunes tiges, les racines laisseront également voir ce mouvement, si la lumière peut facilement les traverser ; on peut d'ailleurs, pour les rendre assez transparentes, diminuer leur épaisseur en enlevant des lames parallèles du côté opposé à celui qu'on observe, et qui reste en communication avec les parties vivantes de la plante. Il est bien entendu, d'ailleurs que, pour toutes ces observations, les diverses portions du végétal doivent être tenues dans l'eau entre des lames de verre. Mais de toutes les parties de l'hydrocharis, aucune peut-être ne montre la rotation plus distinctement que les poils radicellaires nombreux dont sont hérissées les jeunes racines de cette plante. Ces poils, épais de 0,05 et longs de plus d'un millimètre, sont formés d'une seule cellule cylindrique, implantée perpendiculairement sur la surface de la racine, et remplie d'un liquide diaphane ; la membrane de cette cellule, semblable à celle des autres cellules de la racine, quoique encore plus mince, est épaisse de 0,002, transparente comme du cristal et sans aucune strie ou fibre apparente ; sa paroi interne est tapissée par un enduit mucilagineux, inégalement réparti, formant çà et là des traînées irrégulières ou des cordons noduleux, suivant lesquels sont manifestement dirigés les courans du liquide, de sorte qu'on ne peut s'empêcher d'admettre qu'il existe une relation intime entre les épaississemens de l'enduit mucilagineux qui est lentement mais incessamment déplacé ou entraîné par le courant, et ce courant lui-même, qui suit toutes les inégalités, tous les renflemens et les détours de cet enduit. Or, même en accordant une vitalité propre au liquide, on ne peut supposer que ce liquide formant une masse continue, engendre par lui-même et dans sa masse homogène et essentiellement mobile, des courans qui réagiraient sur la paroi. On peut bien, au contraire, concevoir que la paroi ou l'enduit de cette paroi, qui est plus évidemment douée de propriétés vitales, agisse sur le liquide en contact, pour le mettre en mouvement, soit par des attractions et répulsions, soit par l'agitation des cils vibratiles ou des appendices mobiles dont sa surface serait pourvue.

Le microscope n'a pu donner encore la solution directe de cette question, et quelque probable que soit l'existence de cils vibratiles dérobés à notre vue par leur transparence extrême ou par leur ténuité, ou plutôt encore parce que leur réfringence ne diffère pas de celle du liquide qu'ils font mouvoir; l'opinion qui admettrait de tels cils vibratiles est, pour le moment, tout autant hypothétique que celle qui, sans autre preuve, veut admettre des attractions et répulsions quelconques, ou une polarité spéciale, ou un effet électrique, de contact, etc.

Nous avons représenté dans la planche XXVI, fig. 2, les deux extrémités d'un poil radicellaire d'hydrocharis, avec l'indication des courans et des inégalités de l'enduit mucilagineux; dans la figure 3 sont des cellules de la racine même, également transparentes et limpides, mais deux ou trois fois seulement aussi longues que larges. Dans ces cellules, l'enduit mucilagineux et les courans se voient comme dans les poils, mais les courans sont quelquefois bifurqués en plusieurs points, ou anastomosés, de sorte qu'au lieu de les voir prendre une direction rectiligne suivant les cloisons, on les voit traverser obliquement la cellule, ainsi que dans la figure 3. Il faut d'ailleurs se bien garder d'attribuer à une cellule les courans des cellules sous-jacentes qu'on voit passer au-dessous des cloisons, ce qui pourrait faire croire faussement que des courans se croisent sur une même paroi. Quand une cloison verticale séparant deux cellules de la couche supérieure est au-dessus d'une cellule de la couche inférieure, le courant qui a lieu dans cette dernière peut paraître traverser cette cloison; mais on reconnaît aisément cette erreur, en faisant varier la distance de l'objectif.

Les grumeaux de substance mucilagineuse plus ou moins molle et diffluente qu'entraîne le courant, s'agglutinent quelquefois en amas assez volumineux qui continuent à flotter librement dans le liquide, jusqu'à ce que, devenus trop gros, ils se trouvent à la fois soumis à l'influence des courans qui ont lieu sur les parois opposées de la cellule ; alors, cessant de suivre régulièrement le courant, ils marchent plus lentement en tournant sur eux-mêmes, ou bien ils s'arrêtent isolés au milieu de la cellule, comme on le voit dans la figure 2 *n*, en tournant toutefois encore sur eux-mêmes, et en prenant une forme globuleuse qui varie un peu en raison de leur consistance molle et demi-fluide. De tels amas venant à s'arrêter contre la paroi, s'y agglutinent et y demeurent fixés ; ils sont alors ce qu'on a nommé le *nucléus* de ces cellules, en lui attribuant une importance qu'il n'a pas. C'est tout simplement, comme nous venons de le dire, un amas variable et amorphe de la substance mucilagineuse vivante de l'intérieur, et l'on conçoit que cet amas, ce *nucleus*, une fois fixé à la paroi, doit influer sur la direction du courant, et par suite aussi, sur la disposition des épaississemens ou cordons noduleux suivant lesquels se dirige le courant.

Nous admettons que l'intérieur de la cellule est libre et occupé seulement par un liquide continu sans cloisons, sans membranes, comme le prouve en effet la formation des masses de substance mucilagineuse soit libres, soit fixées, de cette masse *n* de la figure 2, occupant presque tout le calibre du tube, au milieu duquel elle continue à tourner par l'action simultanée des deux courans.

Cependant quelques observateurs, et notamment M. H. Slack, qui a publié de forts bonnes observations et d'excellentes figures au sujet de la rotation des sucs végétaux (1), ont prétendu que, dans toutes les cellules il existe une double membrane, formant un sac interne rempli d'un liquide particulier et adhérant à la membrane externe dans les points où l'on n'observe aucun mouvement circulatoire. Ce serait alors dans l'espace resté libre entre les deux membranes seulement, qu'aurait lieu la rotation, et quand des masses plus volumineuses, des *nucléus*, se montrent au milieu de la cellule, ce serait un indice de la rupture de la membrane interne. A l'appui de

(1) Transactions of the Society of arts, manufactures, etc., vol. 49. Mémoire traduit et reproduit par extrait dans les Annales des Sciences naturelles, 2e série, tome 1, Botanique, p. 193.

cette opinion, on cite l'effet qui se produit, quand les cellules à circulation interne, conservées entre des lames de verre avec de l'eau, ont cessé de vivre; en effet, alors, par un effet d'endosmose, l'enduit mucilagineux se détache de la paroi, et vient se réunir vers le milieu de la cellule, sous la forme d'une membrane irrégulièrement plissée ou d'un sac vide; mais, comme nous le verrons plus tard, en parlant des conjuguées, et comme le montrent les figures 2, 3, 4 et 5 de la planche XXVIII, quand une membrane interne se montre dans la cellule végétale, elle est produite par l'enduit mucilagineux vivant de cette cellule, qui se détache et se contracte en refoulant peu à peu devant elle les parties qui ont conservé un reste de vitalité.

La supposition de vaisseaux réels à la paroi interne de la cellule, dans lesquels aurait lieu la circulation, n'a pas plus de fondement.

Les *potamogetons* et la *zanichellia* montrent aussi le mouvement de rotation des sucs cellulaires, avec quelques particularités différentes. M. Pouchet a signalé, dans les cellules de cette dernière plante, deux sortes de globules auxquels il attribue une structure et une composition très complexes (1); mais ses observations n'ont pas été confirmées entièrement; Meyen (2) les a même contredites sur plusieurs points importans.

Ainsi il est probable que les globules du suc des *Zanichellia* dont le diamètre est de 0,002 à 0,003 ne sont pas pourvus d'une enveloppe membraneuse; mais que ce sont simplement des amas de substance mucilagineuse, comme ceux que nous venons de décrire dans les *hydrocharis*, avec des grains de fécule ou des très petits globules huileux engagés dans leur masse demi-fluide, où ils peuvent souvent encore s'agiter du mouvement brownien. On ne peut d'ailleurs admettre, comme cet auteur, qu'il y ait là des animalcules véritables.

La sagittaire et plusieurs autres plantes monocotylédones aquatiques peuvent aussi donner lieu à des observations de rotation des sucs cellulaires.

(1) Annales des Sciences naturelles, 2e série, Botanique, t. 3, p. 39.
(2) Annales des Sciences naturelles, 2e série, Bot., t. 4, p. 257.

Parmi les monocotylédones terrestres, il faut citer en première ligne l'Ephémérine (*Tradescantia Virginia*) qui, comme toutes les autres plantes de la famille des Commelinées, montre admirablement ce phénomène de rotation dans les poils de son calice et dans ceux surtout qui hérissent les filets des étamines. Ces derniers poils, d'une teinte violette bien prononcée, sont moniliformes, c'est-à-dire, formés d'une file de cellules ovales ou globuleuses, séparées par des étranglemens comme les grains d'un collier. Dans chaque cellule dont la membrane est finement striée, se voit un courant principal montant d'un côté et descendant au côté opposé, mais souvent bifurqué ou divisé en plusieurs courans, qui paraissent s'anastomoser, et qui, dans ce cas, se rejoignent toujours au point où se trouve un nucléus, ou un amas plus prononcé de la substance mucilagineuse vivante.

On pourrait, dans ce cas sans doute, être conduit à admettre comme dans les poils des campanules, l'existence d'un réseau vasculaire rampant contre la paroi de la cellule, et dans lequel auraient lieu les courans; mais en observant les modifications diverses de cette circulation, on est bientôt convaincu du contraire. M. Slack (mémoire cité) admet dans ces cellules un sac interne rempli d'un suc violet, et séparé de la membrane externe par un espace dans lequel circule un liquide incolore chargé de particules transparentes; mais, comme pour *l'hydrocharis*, nous sommes convaincu que ce sac n'existe pas.

Le mouvement de rotation a été vu aussi dans les cellules des aloès, et des recherches nouvelles le feraient trouver aussi chez beaucoup d'autres monocotylédones.

Parmi les dicotylédones, c'est sur les Campanules qu'on sera plus sûr de l'observer, dans les poils diaphanes qui garnissent leurs corolles; et là aussi, l'apparence des courans multiples et rétrécis pourra faire croire faussement à l'existence d'un réseau vasculaire dans l'intérieur des cellules. Ces poils sont formés d'une seule série de cellules cylindriques; d'autres plantes, comme le *Pentstemon*, ont à la gorge de la corolle des poils formés d'une seule cellule et dans lesquels le courant se montre sinueux ou serpentant dans toute la longueur. Les solanées, les labiées, et beaucoup d'autres dicotylédones, ont aussi des poils corollins qui se prêteront bien à ce genre d'observation.

Les poils fins dont sont hérissées les radicelles des jeunes plantes, laissent voir, presque toujours, assez distinctement le mouvement de rotation des sucs cellulaires, pourvu que la température soit assez élevée et que la végétation soit bien vigoureuse. Meyen, ayant fait germer entre des tissus humides, diverses graines, a constaté ce phénomène dans les poils radicellaires des renoncules, de la fève, des *Ipomea*, des cucurbitacés, des balsaminés, etc. Enfin, pour compléter ces indications, nous devons mentionner la circulation qui a été vue dans les cellules de l'endosperme, de la graine des ceratophylles (1), où les courans semblent se diriger de l'embryon vers la chalaze.

Les fibres radicellaires des *Marchantia* montrent aussi la circulation des sucs cellulaires, mais seulement quand ce suc contient quelques particules flottantes. Cette observation, d'ailleurs, doit s'appliquer à tous les autres végétaux, dans lesquels la rotation pourrait bien avoir lieu dans un liquide limpide sans qu'on s'en aperçût, jusqu'à ce que des parcelles de l'enduit mucilagineux ou des globules quelconques vinssent en accuser la réalité.

On a prétendu expliquer ce mouvement intra-cellulaire, par un effet de dilatation des liquides provenant de l'échauffement inégal des parois, et, en effet, on a produit une circulation en apparence semblable dans un tube de verre fermé contenant de l'eau chargée de particules flottantes, lorsqu'on l'échauffait même très faiblement d'un seul côté; mais la coexistence des courans dirigés en sens opposé dans des cellules contiguës, ainsi que la bifurcation et la subdivision de ces courans, ou leur direction spirale, ne peuvent nullement se concilier avec ce mode d'explication.

CHAPITRE XIV.

DE LA TIGE DES VÉGÉTAUX.

On a divisé les végétaux phanérogames en deux grandes sections, suivant le mode de développement de leurs couches

(1) Schleiden. Linnæa, 1837, p. 527.

ligneuses ou de leurs faisceaux ligneux : si ce développement a lieu indifféremment par toute l'épaisseur du parenchyme ou tissu cellulaire de l'intérieur de la tige, qui alors est dépourvue d'écorce, mais est revêtue seulement par un épiderme et par une couche fibreuse plus résistante, provenant du refoulement des anciens faisceaux ligneux vers l'extérieur, les végétaux sont dits endogènes, comme les palmiers, les amaryllidées, etc., qui sont également appelés monocotylédones, parce que leur graine, en germant, présente un seul lobe ou cotylédon.

Si le développement des couches ou fibres ligneuses, au contraire, a lieu exclusivement entre le bois déjà formé et l'écorce, où il se forme chaque année, à l'époque de la végétation, une couche externe de bois enveloppant toutes les précédentes, et une couche interne d'écorce, ou mieux de *liber*, enveloppée, au contraire, par toutes les précédentes, qu'elle tend à écarter de plus en plus ; les végétaux, dans ce cas, sont dits exogènes ou dicotylédones, parce que leur graine, en germant, présente deux lobes ou cotylédons entre lesquels est la gemmule.

Mais cette distinction importante est bien loin d'avoir une valeur absolue ; elle n'est même, comme on le conçoit, bien nettement applicable que pour les plantes vivaces dont la tige se développe durant plusieurs années ; car pour les plantes herbacées sans tiges, ou pour celles dont la tige, très tendre, est presqu'entièrement formée de parenchyme, la distinction doit être basée sur des considérations un peu différentes, bien que, pouvant toujours être rattachées au même principe. D'autre part, certaines tiges ligneuses de dicotylédones, comme les ménispermées, ont une structure tellement anormale, qu'on peut à peine y reconnaître la structure assignée comme normale aux exogènes.

Toutefois, il convient d'ajouter quelques détails, pour compléter ce que nous avons dit plus haut, sur la structure normale des deux sortes de tiges : et d'abord, dans les tiges des monocotylédones, des palmiers, les faisceaux fibro-vasculaires très nombreux, composés de trachées et de vaisseaux de diverses sortes, entourés de prosenchyme ou de tissu fibreux, ne se développent pas absolument dans la partie centrale médullaire ou parenchymateuse, comme on l'avait cru d'abord, et comme l'exprime le nom d'endogènes ; c'est au contraire entre les faisceaux de la couche externe que semblent naître les nouveaux faisceaux, pour s'aller rendre, en convergeant, au sommet des palmiers vers le centre du bourgeon, où chacun de ces faisceaux se continue dans une des nouvelles feuilles. Lorsque plus tard ces feuilles centrales ont été répoussées vers le contour externe de l'arbre, par suite du développement successif du nouveau bourgeon et des nouvelles feuilles, on conçoit que les faisceaux fibro-vasculaires se trouvent eux-mêmes également déjetés en dehors. Ainsi le même faisceau semble partir de la couche externe et s'infléchir vers le centre en montant, pour se trouver finalement réjeté une seconde fois vers la surface où il se termine. Nous avons dit qu'il semble partir ou naître de la couche externe, parce qu'avec plus de vraisemblance encore, on peut expliquer sa production en sens inverse, comme s'il était parti de la base de la feuille.

Des faisceaux fibro-vasculaires ainsi disséminés dans un tissu cellulaire, seront donc l'indice de la structure des monocotylédones : c'est ainsi qu'on reconnaîtra, par exemple, le bois de palmier soit sec, soit fossile. Cependant il arrive aussi quelquefois, que la moelle volumineuse de certaines dicotylédones, des ombellifères par exemple, est traversée dans toute sa longueur par des faisceaux fibro-vasculaires isolés.

L'intérieur de la tige des monocotylédones est toujours plus mou, comme contenant moins de faisceaux ligneux, tandis qu'à l'extérieur, ces faisceaux se trouvent plus rapprochés et quelquefois serrés au point de former une enveloppe très dure ; souvent ils sont, en outre, protégés par un épiderme siliceux qui s'accroît et s'épaissit par une sécrétion continuelle de silice, et qui devient ainsi capable de résister aux instrumens tranchans (*pl.* XX, *fig.* 6, 7, 8, 9,).

La tige des exogènes ou dicotylédones se compose essentiellement de trois parties : la moelle au centre, le corps ligneux qui l'entoure et l'écorce en dehors. La moelle est formée de tissu cellulaire ou parenchyme ; elle est d'abord verte puis blanche et souvent remplie de fécule ; finalement elle est sèche et ne contient que de l'air dans ses cellules, quand elle a achevé sa période d'activité vitale long-tems avant que le bois et l'écorce aient cessé de vivre et de s'accroître ; de sorte qu'après avoir été une partie essentielle à la vie de la jeune tige, elle devient plus tard tout-à-fait inutile, et peut même être détruite sans inconvénient par les insectes, ou bien elle se déchire elle-même en formant de larges lacunes, comme dans toutes les tiges fistuleuses.

CHAPITRE II.

DU BOIS DES EXOGÈNES.

Le *bois* se compose ordinairement d'un certain nombre de faisceaux distincts disposés symétriquement autour de la moelle, et séparés les uns des autres par des lames de tissu cellulaire qui semblent être des prolongemens de la moelle, et que, pour cette raison, on nomme les *rayons médullaires*. Chaque faisceau, d'abord de forme presque cylindrique, plus ou moins comprimé dans le sens des rayons médullaires, devient plus tard, quand son développement est complet, un secteur de cylindre ou un prisme très comprimé comme un coin, ayant son arête tournée vers la moelle, chacun de ces faisceaux, d'ailleurs, à mesure qu'il s'accroît vers l'extérieur, se subdivise par l'apparition successive de nouvelles lames verticales qu'on nomme aussi des rayons médullaires, quoiqu'elles ne partent pas de la moelle. De sorte que, si le nombre des rayons médullaires primitifs était d'abord de six, comme il arrive dans beaucoup de jeunes tiges, il devient, après quelques années, beaucoup plus considérable vers l'extérieur seulement, sans que la disposition des parties centrales ait changé.

Chaque faisceau ligneux présente, vers la moelle, un groupe de vaisseaux spiraux ou trachées, accompagnés de cellules alongées; l'ensemble des groupes de trachées de tous les faisceaux ligneux, constitue ce qu'on nomme *l'étui médullaire*, qui évidemment est interrompu par chacun des rayons médullaires. Ce n'est que là qu'on trouve des trachées dans la tige, et les trachées qu'on retrouve ensuite dans les nervures des feuilles et des parties de la fleur, ainsi que dans les filets des étamines, dans les cordons placentaires etc., ne peuvent être considérées comme étant la continuation directe de ces trachées de l'étui médullaire, puisque les bourgeons adventifs et les rameaux qui en proviennent ne peuvent avoir de connexion qu'avec les couches ligneuses formées par le cambium à la même époque, ou tout au plus avec les rayons médullaires, que ne traversent jamais les trachées. Aussi l'étui médullaire ne peut-il avoir réellement toute l'importance que lui ont attribuée les botanistes, pour qui les trachées sont essentiellement les vaisseaux aérifères ou respiratoires; ce cercle de trachées a dû, sans doute, remplir d'importantes fonctions de nutrition, en servant seul au mouvement de la sève, à l'époque où la moelle était encore herbacée et remplie de sucs, et quand les autres vaisseaux n'étaient pas encore formés; mais quand, plus tard, les trachées de l'étui médullaire sont vues remplies d'air, c'est que leur rôle physiologique est déjà fini.

Chacun des faisceaux ligneux ou fibro-vasculaires, en allant de dedans en dehors, présente des vaisseaux de diverse structure, ponctués, ou rayés etc., entremêlés avec des cellules alongées de prosenchyme et de pleurenchyme, ou disséminées dans un amas de ces tissus ligneux qui, vers l'extérieur, se montrent de plus en plus abondans, et enfin se montrent seuls et sans vaisseaux de cette sorte, à l'extrémité, qui formera plus tard un faisceau distinct appartenant au liber. Dès le début, on reconnaît déjà entre cette portion terminale toute fibreuse et la partie moyenne du faisceau, une zone plus molle, d'une structure plus indéterminée, annonçant l'endroit où se fera plus tard la séparation du bois et du liber, et l'intercallation des couches nouvelles dé l'un et de l'autre. Pendant le cours de la première année, de nouvelles cellules ligneuses alongées, se sont produites, entremêlées de quelques vaisseaux, dans cette zone molle indéterminée, pour augmenter le faisceau fibro-vasculaire qui, restant toujours simple, atteint ainsi un certain degré de développement; au commencement de la seconde année, à l'instant du mouvement de la sève, il se produit, dans l'épaisseur même du faisceau, à l'endroit de la couche indéterminée dont nous venons de parler, une couche de substance molle, amorphe, mais susceptible de s'organiser promptement, et qu'on nomme le *cambium*. Cette substance, d'aspect mucilagineux et qu'on voit aisément au printemps, entre l'écorce et le bois des arbres, sépare de plus en plus le faisceau fibro-vasculaire précédemment formé, de son extremité toute fibreuse, qui désormais appartiendra à l'écorce, puis cette substance elle-même s'organisant ou prenant la forme de cellules alongées, lesquelles peuvent çà et là devenir des vaisseaux, augmente d'un côté la portion centrale du faisceau, celle qu'on nomme plus spécialement le bois, et de l'autre, ajoute une nouvelle couche fibreuse de liber à celle qu'elle a séparée du faisceau primitif.

La portion centrale ou ligneuse du faisceau, d'abord plus riche en vaisseaux près du centre, était devenue plus compacte vers l'extérieur, en continuant de s'accroître pendant la première année, la seconde couche ligneuse qui va se former pendant la seconde année se développera de la même manière : d'abord très poreuse en raison du plus grand nombre de vaisseaux qu'elle contient, puis devenant plus compacte vers l'extérieur, à mesure que le nombre des vaisseaux diminue. Or, chaque année amenant la formation d'une nouvelle couche semblab'e à l'extérieur de chaque faisceau, la coupe transversale d'une tige d'exogène doit offrir autant de zones concentriques que cette tige a d'années de croissance, et chaque zone doit être plus poreuse vers l'intérieur, dans la portion formée la première, où les vaisseaux sont plus abondans, plus compacte vers l'extérieur où les vaisseaux, beaucoup moins nombreux, finissent même par disparaître ; mais en même tems aussi, les cellules alongées du tissu ligneux, formées plus lentement pendant la dernière période de la végétation annuelle, ont leurs parois plus épaisses, d'où résulte souvent une teinte différente pour cette partie externe de chaque couche.

Rayons médullaires.

Un faisceau ligneux ou fibro-vasculaire, en raison de son accroissement par superposition de nouvelles cellules, à sa face externe qui fait ainsi partie d'un cylindre successivement plus grand, finit par devenir trop épais ; le *cambium* produit alors vers le milieu de l'épaisseur de ce faisceau, une lame de cellules transversalement alongées, tout-à-fait semblable aux rayons médullaires primitifs, mais sans qu'on aperçoive aucune relation entre ce nouveau rayon médullaire et les précédens, ni de ce rayon avec la moelle, et même sans qu'on puisse apercevoir précisement la raison de sa formation ; car cette lame ne se produit point uniformément dans toute la hauteur du faisceau : non seulement elle est interrompue, mais encore les différentes pièces d'un rayon médullaire secondaire ne se trouvent pas exactement dans le même plan, ou entre les mêmes rangées de cellules ou fibres ligneuses, qui se trouvent par là plus ou moins déviées et comme nattées. C'est même cette irrégularité dans la disposition des rayons médullaires, et l'entrecroisement des fibres ligneuses autour de ces lames inégales, qui augmente la ténacité de certains bois, et les empéche de se fendre aussi facilement que ceux qui, comme le châtaignier par exemple, ont des rayons médullaires en larges lames très étendues, et, qui comme le bois de vigne, se fendent même spontanément.

Puisque la couche uniforme de cambium, entre le liber et le bois, peut produire indifféremment sur un point ou sur l'autre, parmi les cellules ligneuses de la surface du bois, une nouvelle lame celluleuse qui sera un nouveau rayon médullaire, on conçoit aussi comment ce cambium lui-même, s'épanchant de chaque côté, a pu servir en même tems à l'accroissement des rayons médullaires précédemment formés, lesquels, en raison de la direction horizontale de leurs cellules, pourraient seuls recevoir des sucs nourriciers de la moelle, s'ils communiquaient avec elle et si elle-même en contenait pour leur en fournir ; mais ils ne pourraient nullement recevoir, ainsi que les parties fibreuses, ce cambium, produit de l'élaboration de la sève dans les bourgeons et dans les parties vertes du végétal, et par conséquent descendant du haut vers le bas, entre le bois et le liber, ainsi que le prouvent de nombreux faits de physiologie végétale. Ainsi, bien loin d'admettre, comme plusieurs botanistes, que les rayons médullaires établissent une communication essentielle entre la moelle et l'écorce, et que c'est à eux seulement qu'est due la production des bourgeons adventifs ou des racines sur la tranche des boutures, nous pensons qu'ils n'ont même pas la faculté de se prolonger eux-mêmes, et que c'est le cambium seul, formé entre le bois et le liber de chaque faisceau, qui ne peut s'épancher autre part que dans les intervalles des faisceaux, à l'extrémité des rayons médul-

laires, pour produire soit les bourgeons adventifs, soit les radicelles adventives.

Les rayons médullaires varient dans les différens bois, non
seulement par l'étendue et par la multiplicité ou le rapprochement de leurs lames, mais aussi par le nombre des couches
de cellules dont ils sont formés ; ainsi dans les conifères (*pl.*
XXI, *fig.* 5) ce sont des lames formées d'un simple rang de
cellules quadrangulaires alongées ; dans d'autres bois, chaque
lame est formée de plusieurs couches de cellules régulièrement juxta-posées ; dans le bois de vigne (*pl.* XIX, et XX),
on compte trois, quatre ou cinq séries de cellules qui, vues
dans la coupe transverse, sont rectangulaires et régulièrement alignées, et qui, dans une coupe parallèle à l'écorce,
se montrent au contraire irrégulièrement entassées comme les
moëllons d'une muraille. Ces rayons, très épais, s'étendent
sur une longueur assez considérable des tiges ou des entre-
nœuds, et rendent ce bois susceptible de se fendre spontanément.

Les cellules des rayons médullaires, vues dans une coupe
horizontale (*pl.* XIX et XXI), sont généralement rectangulaires, à parois percées de trous qui semblent établir
réellement des communications, soit entre elles, soit avec les
cellules contiguës du tissu ligneux.

Vues dans une coupe verticale passant par l'axe ou suivant
la direction même des rayons médullaires, ces cellules sont
encore le plus souvent rectangulaires (*pl.* XIX, *fig.* 7, *pl.*
XXI, *fig.* 6), plus ou moins alongées, et présentent aussi
de nombreuses perforations dans leurs parois ; mais, dans une
coupe parallèle à l'écorce, les cellules paraîtront presque toujours arrondies ou irrégulièrement polygonales. Elles sont
remplies de fécule ou de matière verte, de même que les cellules de la moelle pendant la période de végétation ou de vitalité ; mais elles n'ont véritablement aucun autre rapport avec
les cellules de la moelle, dont les parois sont toujours plus dilatées, plus minces, et presque sans perforations. D'ailleurs,
l'examen du bois des conifères révèle dans les cellules des
rayons médullaires certains détails de structure qui manquent
tout-à-fait aux cellules de la moelle, et qui se trouvent, au
contraire, dans les cellules tubuleuses et alongées du bois.
Ainsi (*pl.* XXI, *fig.* 1, *m*), tandis que les cellules tubuleuses

sont striées, de gauche à droite, sur leur paroi antérieure, les cellules transverses des rayons médullaires ont leurs stries dirigées à angle droit, de sorte que, si on les supposait dans la même position, elles seraient pareillement striées, et comme, en outre, leur diamètre est aussi le même, on ne peut s'empêcher de voir là une analogie remarquable ; cependant on observe une grande différence de longueur entre les deux sortes de cellules, et d'autre part les pores de communication des rayons médullaires avec les cellules tubuleuses du bois, forment des disques plus petits et plus multipliés, et ne correspondent point à des cavités lenticulaires dans l'épaisseur des cloisons, comme les pores de communication entre les cellules ligneuses.

Bois des conifères.

Ce que nous avons dit à plusieurs reprises (voyez pages 185 et 192) sur les divers élémens de structure du bois des conifères, suffit pour montrer combien ce bois diffère de celui des autres dicotylédones; il est également formé de faisceaux ligneux séparés par des rayons médullaires, et s'accroissant chaque année par l'addition d'une nouvelle couche annuelle, plus poreuse en dedans, plus compacte et plus colorée en dehors ; mais cette différence de densité, comme on le voit dans la coupe transverse de la figure 6, planche XXI, tient seulement à ce que les cellules b, plus rapidement formées pendant que la végétation était plus active au printems, ont conservé leurs parois plus minces, tandis que, au contraire, les cellules a formées plus tard et beaucoup plus lentement, se sont épaissies considérablement par le dépôt de substances incrustantes, en couches distinctes, à l'intérieur. Ainsi, ce ne sont pas des vaisseaux plus ou moins nombreux, comme dans les autres bois de dicotylédones, qui rendent le bois des conifères plus ou moins poreux dans les diverses parties de chaque couche annuelle. Cette absence de vaisseaux dans l'épaisseur même des couches ligneuses, a fait croire que les cellules alongées de ce tissu sont toutes des vaisseaux, et, véritablement, il n'y a pas de différence entre ces cellules et des vaisseaux ; car les unes et les autres sont également formés de portions de tubes qui s'ajoutent bout à bout suivant une facette oblique (*pl.* XXI, *fig.* 7, *p.*), et qui peuvent former un tube continu quand la cloison correspondant à cette facette vient à être résorbée ou détruite spontanément.

Si l'on voulait établir une comparaison entre les cellules des rayons médullaires et celles du tissu ligneux des conifères, il resterait encore à expliquer comment et pourquoi les premières tournant sur elles-mêmes d'un quart de tour, sont venues dans une position exactement perpendiculaire à celle des secondes, et comment, seules elles ont dû contenir la fécule et les autres produits de sécrétion.

CHAPITRE XVI.

DE L'ÉCORCE. — DU LIÉGE.

L'écorce présente une composition plus complexe encore et plus variée que le bois, dans les divers exogènes. On peut toujours y distinguer trois parties essentielles, le *liber*, le *parenchyme cortical* et l'*épiderme*, qui est analogue à celui des feuilles et qui, de même aussi, présente des stomates ; mais de ces trois parties, les deux premières au moins peuvent offrir des modifications de structure et même des élémens de structure particulière : ainsi au liber paraissent appartenir les vaisseaux du latex et les fibres textiles, et le liber lui-même peut former des couches uniformes ou des réseaux, avec ou sans parenchyme interposé entre chaque feuillet.

Le parenchyme cortical qui, dans le principe, était en continuité avec les rayons médullaires et la moelle, devient de plus en plus distinct et présente deux, trois ou quatre différences de structure et de composition ; ainsi, dans le prolongement des rayons médullaires, ou ce qui revient au même, dans les mailles du liber et dans les intervalles de ces feuillets, il conserve à peu près les caractères des rayons médullaires de nouvelle formation, et peut contenir également de la fécule dans ses cellules ; en dehors du liber, il fournit une couche herbacée dont les cellules sont remplies de chlorophylle, et et qui, dans une foule de circonstances, étant susceptible de s'accroître indéfiniment par formation de nouvelles cellules, après que l'épiderme a disparu, repousse continuellement à l'extérieur des couches de cellules sèches qui ont cessé de vivre et ne contiennent plus de chlorophylle. Une production plus considérable d'un semblable tissu cellulaire, desséché à la surface du parenchyme vert, donne naissance au *liége* (*pl.* XIII, *fig.* 7) qui, pour les usages domestiques, est fourni par une seule espèce de chêne (*quercus suber*), mais qui se forme également, quoiqu'avec moins de qualités usuelles, à la surface de l'écorce de l'orme (*pl.* XXVI, *fig.* 11), de l'érable champêtre, du fusain et d'une foule d'autres arbres. Les cellules dont le liége est formé, sont comme celles du parenchyme cortical, quadrangulaires, alongées dans le sens des rayons, et disposées en séries partant du centre ; mais, à certaines époques de l'année, ces cellules, par suite d'une moindre activité dans la végétation du parenchyme cortical, se trouvent plus courtes et constituent ainsi un tissu plus compact et par conséquent plus coloré, d'où résultent, dans l'épaisseur du liége, des zones irrégulières qu'on serait tenté d'assimiler aux couches annuelles du bois, mais qui sont beaucoup plus multipliées et sans rapport avec les périodes annuelles de végétation.

Le parenchyme cortical de certains végétaux, au lieu de s'accroître lui-même, produit à sa surface des couches successives d'un tissu cellulaire particulier, à cellules très aplaties et qui le séparent de l'épiderme ; ces couches, que l'on a nommées le périderme, se développent surtout plus activement quand l'épiderme a disparu ; ce sont elles qui deviennent ces feuillets blancs si minces et si nombreux qui s'enlèvent à la surface de l'écorce du bouleau. Ce sont elles aussi qui, sur le prunier et le cerisier, forment les lames brunâtres satinées qui se déchirent transversalement.

Les *lenticelles* qui se montrent à la surface de l'écorce des jeunes rameaux, comme de petites taches oblongues, grises ou blanchâtres, et qui, plus tard, sur les branches, sont quelquefois devenues transverses, ne sont autre chose que des productions de la couche externe du parenchyme cortical, ayant traversé le périderme quand il existe. C'est à tort que Decandolle a prétendu que ce sont des gemmes de radicelles susceptibles de se développer, si la branche est plongée dans l'eau ou plantée dans la terre humide.

Les aiguillons, comme ceux du rosier et de la ronce, ont une structure celluleuse qui permet de les regarder comme dépendant aussi de la couche celluleuse externe du parenchyme cortical ; on doit bien se garder d'ailleurs de confondre les aiguillons, qui sont toujours des productions corticales, avec les épines qui tiennent au corps ligneux et qui sont des rameaux ou des pétioles avortés.

Dans le parenchyme cortical se trouvent souvent des faisceaux de fibres ligneuses ou de parenchyme à cellules très alongées et complètement remplies de substance ligneuse, qui augmentent l'élasticité de la jeune tige et lui permettent de résister davantage à la violence du vent. Dans les tiges quadrangulaires des labiées et des rubiacées, on voit un de ces faisceaux à chaque angle ; les tiges des ombellifères en ont un plus grand nombre, qui, de même, sont sans connexion avec le liber.

Si beaucoup de tiges se dépouillent successivement des couches de leur périderme et du produit toujours croissant de leur parenchyme cellulaire, il en est d'autres qui se dépouillent en outre de leur ancien liber, et par conséquent de tout ce qui était au dehors. C'est ainsi que, chaque année, la vigne sécrétant un nouveau liber séparé de l'ancien par une nouvelle couche de parenchyme cortical, peut se dépouiller de tous les libers des années précédentes, qui s'enlèvent eu longs filamens bruns ligneux, accompagnés de l'ancien parenchyme desséché et en partie décomposé.

Le platane se dépouille aussi de son ancien liber et du parenchyme extérieur, mais cela n'a lieu que par places, et les plaques qui s'enlèvent ainsi étaient en continuité de tissu avec des parties qui sont restées plus long-tems vivantes, mais qui se détacheront de même à leur tour.

Liber.

Le *liber*, comme nous l'avons dit, est cet assemblage de couches fibreuses qui forme la partie interne de l'écorce, et qui résulte de l'organisation du cambium vers l'extérieur ; sur la tranche d'une tige, on voit bien, comme en *e*, dans la coupe du bois de vigne que nous avons donnée (*pl.* XIX, *fig.* 1), le faisceau de fibres ligneuses ou cellules alongées du liber , séparé du nouveau bois par la couche de cambium *d*, qui commence à s'organiser en cellules ; il est entouré sur les côtés par du tissu cellulaire de nouvelle formation, faisant suite aux rayons médullaires , et en dehors , par une autre couche de tissu cellulaire qui , plus ou moins abondant , accompagne toujours chaque nouveau faisceau fibreux du liber. Dans la vigne , cette couche externe de nouveau tissu cellulaire devient , chaque année , le nouveau parenchyme cortical , et sépare les parties extérieures qui ont cessé de vivre : de telle sorte, qu'il n'y a point ici de feuillets superposés de liber ; mais dans l'écorce de beaucoup d'autres végétaux , au contraire , chaque faisceau fibreux du liber , quoique séparé de ceux qui le précèdent et de ceux qui le suivent , par une couche plus ou moins distincte de tissu cellulaire , reste en place et se trouve seulement repoussé de plus en plus vers l'extérieur ; ainsi , dans les écorces, comme celle du tilleul , par exemple , qui ont conservé tout leur liber depuis l'origine , les couches successives restent superposées comme les feuillets d'un livre (*liber*), et c'est pour cela qu'on a donné à cette partie de l'écorce un nom très significatif pour certains végétaux , mais indiquant au contraire une idée fausse pour ceux qui , comme la vigne , n'ont point conservé tout leur liber. On conçoit , d'après le mode de formation du liber dans le tilleul , que les couches tout-à-fait extérieures correspondent aux couches ligneuses les plus internes, et doivent se composer d'un très petit nombre de fibres qui ont été de plus en plus écartées par du tissu cellulaire nouvellement formé , à mesure que de nouvelles couches plus complètes de liber, prenant naissance au-dessous d'elles , les repoussaient en dehors. Les feuillets externes représentent un réseau très lâche, à larges mailles , et en allant vers l'intérieur , on voit ces feuillets sous la forme de réseaux de plus en plus serrés , de plus en plus délicats en apparence , quoique toujours formés par une même sorte de fibres. Un arbuste d'Amérique le *Daphne lagetto* , est , sous ce rapport , plus remarquable encore que le tilleul : les couches très nombreuses de son liber peuvent être isolées comme autant de tissus blancs délicats , ressemblant à des mousselines , à des gazes de coton à jour , à des filets blancs, etc.

Quand les couches du liber sont aussi nombreuses , on doit bien reconnaître que chacune d'elles ne correspond pas isolément à une couche annuelle du bois; dans ce cas, au contraire, la formation du liber et du tissu cellulaire qui l'acompagne, est continuelle comme celle du liége, dont les zones ne correspondent pas davantage aux couches annuelles du bois.

Tous les libers ne sont pas réticulés comme ceux du tilleul et du *lagetto*; beaucoup d'autres ont leurs fibres droites seulement rapprochées et non anastomosées de cette sorte; beaucoup d'autres aussi, quoique restant entièrement dans l'écorce depuis l'origine, ne peuvent se séparer de même en feuillets, et forment une masse fibreuse dans laquelle on voit difficilement la stratification.

Fibres textiles. — Chanvre. — Lin.

Toutes les fibres ligneuses du liber sont formées de cellules très alongées qui se remplissent promptement de substance incrustante, et deviennent ainsi très résistantes en conservant une grande flexibilité; aussi, sont-elles souvent employées comme fibres textiles, telles sont celles du chanvre, du lin, de certaines orties; elles servent aussi pour fabriquer des cordages d'écorce. La grande ténacité des fibres textiles tient sans doute à leur structure intime; car on conçoit que des vaisseaux rayés ou scalariformes devraient se rompre facilement dans tous les points où la substance incrustante présente des lacunes; mais il ne suffirait pas encore que cette substance incrustante fût uniformément étalée sur la paroi des cellules, pour offrir une résistance suffisante. C'est là simplement, en effet, ce que nous observons dans les filamens du coton, formés d'une seule membrane tubuleuse, et dont la ténacité est beaucoup moindre que celle du chanvre ou du lin. Ces dernières fibres doivent leur ténacité à la disposition de la substance incrustante qui s'est déposée sur la paroi des cellules primitives du liber, et qui, par le frottement ou l'écrasement, est susceptible de se diviser en fibriles parallèles égales, comme on le voit dans les figures 10 et 11 de la planche XVIII. Ainsi, un tel filament résiste comme un faisceau de fibriles toutes égales sur lequelles se partage l'effort à supporter. Cette même structure fibreuse donne l'explication d'un fait qu'on avait mal interprété; il s'agit des nœuds ou renflemens *n* (*fig.* 10, *pl.* XVIII), plus ou moins rapprochés sur les fibres du lin ou de chanvre usés et comparés pour l'aspect aux nœuds du bambou : on a voulu y voir un caractère essentiel de structure propre aux fibres du lin et servant à les distinguer du chanvre ; mais les unes et les autres, quand elles sont neuves, n'ont point encore cet aspect, elles sont rendues plus ou moins prismatiques par les débris des cellules voisines, et portent en outre quelques lames transverses saillantes, restes des cloisons des cellules alongées du prosenchyme contigu. Ce n'est qu'après avoir été usées par la préparation qu'on leur fait préalablement subir, et par des frottemens et des blanchissages multipliés, que ces fibres, dépouillées de toutes les parties externes, deviennent cylindriques, plus ou moins rayées ou striées longitudinalement ; puis, à tous les endroits où elles sont pliées ou cassées, au lieu de se rompre, elles éprouvent une désagrégation partielle, leurs fibres secondaires se séparent et produisent ainsi ces renflemens qu'on a pris pour des nœuds, et qui offrent souvent des fentes ou des déchirures bien visibles. Quand ensuite une fibre textile a été froissée et écrasée, elle présente, comme on le voit dans les figures 10 et 11, ses fibres secondaires séparées comme des pinceaux. Quelquefois on reconnaît encore dans l'intérieur d'une de ces fibres textiles, un canal central très étroit, inégal et interrompu ; mais cela ne prouve pas absolument que ce soit le reste de la cavité intérieure des cellules primitives remplies par la substance incrustante ; car l'effet serait le même, si la substance incrustante s'était déposée sur la paroi externe des cellules, dans les méats intercellulaires ; on ne peut pas davantage regarder la forme cylindrique des fibres du lin et du chanvre usées, comme prouvant que ce sont réellement des vaisseaux ou des cellules tubuleuses qui se sont ainsi remplies de substance incrustante, puisque les fibres neuves sont anguleuses ou prismatiques.

La disposition longitudinale des fibres secondaires dans lesquels se décompose une fibre textile écrasée, se concilierait d'ailleurs aussi bien avec l'opinion qui verrait dans ces fibres le résultat de l'épaississement des vaisseaux, qu'avec celle qui n'y verrait qu'une production intercellulaire ; mais non avec celle qui voudrait assimiler le mode de formation des fibres textiles avec le mode de formation des cellules alongées du bois, qui montrent plutôt une disposition spirale pour leurs fibres élémentaires.

Les fibres textiles, comme la substance incrustante des cellules du tissu ligneux et comme la fécule, agissent fortement sur la lumière polarisée, et quand on les observe entre les tourmalines, on les voit vivement illuminées ou colorées; cela peut bien les faire distinguer de quelques autres substances filamenteuses, mais ne donne pas d'éclaircissemens sur leur structure, puisque tout encroûtement de la substance ligneuse se comporte de même.

Les vaisseaux du latex accompagnent toujours les fibres du liber, mais la distinction entre ces deux sortes d'organes est encore si incertaine, comme nous l'avons dit plus haut, que plusieurs botanistes ont décrit les vraies fibres ligneuses du liber pour des vaisseaux latexifères.

CHAPITRE XVII.

DE LA FEUILLE.

La feuille se compose de l'épiderme supérieur et inférieur, du mésophylle ou tissu cellulaire intermédiaire, et des faisceaux fibro-vasculaires qui forment ses nervures ; ceux-ci, avant de se répandre dans la feuille, en se ramifiant et s'anastomosant en nervures nombreuses, ont marché parallèlement dans le pétiole ou support, à moins que la feuille ne soit sessile.

Ce *pétiole* doit être lui-même, dans certains cas, l'objet d'une étude spéciale, à part la structure et la disposition régulière de ses faisceaux fibro-vasculaires ; c'est quand il est distinctement articulé, et surtout quand il est irritable et susceptible de se plier ou de s'infléchir spontanément dans l'articulation, comme celui de la sensitive (*Mimosa pudica*), ou simplement quand il s'infléchit spontanément à une certaine heure du jour, chez les plantes qui présentent plus distinctement le phénomène du sommeil périodique, telles que les casses, les acacias, la plupart des légumineuses, les *oxalis*, etc. La plupart des feuilles qui présentent ces phénomènes d'irritabilité sont d'ailleurs composées de folioles portées sur des divisions symétriques du pétiole , et dans ce cas , chacune des divisions du pétiole ou chaque pétiolule , présente en petit une articulation comme le pétiole commun. L'articulation est un renflement formé en grande partie d'un tissu cellulaire régulier , en couches transverses, et traversé par les faisceaux fibro-vasculaires, lesquels en se continuant avec une moindre épaisseur de tissu cellulaire revêtu par l'épiderme , constituent le reste du pétiole.

A l'époque où la nutrition est moins active , et quand la feuille commence à ne plus remplir ses fonctions , ces couches transverses de cellules tendent à se désunir par suite de la résorption de la substance intercellulaire : alors, soit spontanément , soit par une légère secousse , le pétiole qui n'est plus retenu dans l'articulation que par les faisceaux fibro-vasculaires affaiblis eux-mêmes , se rompt brusquement avec ses faisceaux. Mais pendant la période d'activité vitale , l'articulation des feuilles irritables a dû présenter des particularités de structure plus importantes que cette simple disposition des cellules en couches transverses : il devait se trouver là quelque fait d'organisation que le microscope n'a pas encore fait découvrir , mais qu'il fera sans doute connaître , si on l'interroge convenablement. Déjà l'étude de ces articulations a donné lieu à la supposition d'un système nerveux chez les végétaux : ce serait , a-t-on dit , certains globules blancs interposés entre les cellules, qui seraient les ganglions ou les points nerveux , mais rien n'a justifié ou même constaté cette manière de voir.

Les faisceaux *fibro-vasculaires* du pétiole et de la feuille sont composés de vaisseaux spiraux bien distincts et bien faciles à voir , de vaisseaux du latex et de cellules alongées , constituant des fibres ligneuses ou du prosenchyme. Les vaisseaux spiraux ou trachées sont les conducteurs de la sève ascendante pendant la période de végétation active , et ne contiennent de l'air qu'à l'époque où la végétation s'arrête ; les vaisseaux du latex, que l'on doit ainsi chercher le long des nervures de la feuille , se distinguent bien par transparence, à l'aide d'une vive lumière , dans les feuilles minces, comme celles du laitron, du pavot, de la chélidoine , etc. Dans ces plantes , le suc laiteux ou chargé de granules flottans est vu courant dans les vaisseaux , comme le sang dans les veines d'une queue de têtard ou de poisson vivant. Les cellules alongées ligneuses sont terminées obliquement à leurs extrémités, et ont des parois ordinairement épaissies.

Le *mésophylle* ou tissu cellulaire intermédiaire se compose de plusieurs couches de cellules de forme variée et diversement rapprochées, laissant entre elles de nombreux méats remplis d'air, et souvent même des lacunes spacieuses nommées chambres aérifères, qui toutes communiquent entre elles et souvent aussi avec des canaux qui traversent le pétiole; quelquefois on observe près de la surface, comme dans les feuilles du laurier rose (*Nerium olœnder*) des chambres aérifères d'une structure toute particulière; ce sont des cavités arrondies, tapissées de poils celluleux convergeant vers le centre. On remarque d'ailleurs que les cavités aérifères, ou les méats du mésophylle, sont toujours en communication avec les *stomates* dont nous parlerons tout-à-l'heure. Les cellules de la couche supérieure sont ordinairement plus rapprochées, et de là résulte la couleur verte plus foncée de la face supérieure des feuilles: dans quelques plantes même, cette couche est formée de cellules rapprochées perpendiculairement à l'épiderme; dans le nymphœa par exemple. Les cellules des autres couches sont oblongues, ou lobées, ou en étoile, et ne se touchent que par quelques points ou par une portion fort restreinte de leur surface: c'est pourquoi il reste entre elles des lacunes aérifères souvent très vastes. On observe d'ailleurs des différences très considérables et très nombreuses dans les feuilles plus ou moins vertes, plus ou moins épaisses, et dans celles surtout si succulentes des plantes grasses, telles que les joubarbes, les sédum, les aloès, les ficoïdes, etc. Dans ces feuilles, en effet, les cellules sont ordinairement contiguës, sans méats aérifères, et constituent un parenchyme aqueux comme celui des fruits, et que traversent seulement quelques rares faisceaux vasculaires épars.

Les cellules du mésophylle sont formées par une membrane simple, mince et diaphane, sans stries, sans ponctuations, tapissée à l'intérieur par des grains de matière verte ou chlorophylle, disposés absolument sans ordre, et dont l'abondance influe sur le degré de coloration et de transparence de la feuille. La cellule est en outre remplie d'un liquide transparent peu ou point coloré mais qui, dans certaines plantes ou à certaines époques, est au contraire, vivement coloré en rouge, c'est ce liquide rouge qui produit en partie la coloration automnale des feuilles de la vigne, du cerisier et des autres plantes à feuilles devenant rouges temporairement ; le surplus de cet effet est produit par un liquide semblable, qui seul remplit les cellules de l'épiderme.

Certaines cellules du mésophylle contiennent des produits de sécrétion, et notamment ces faisceaux de cristaux en fines aiguilles parallèles qu'on a nommées des raphides. Les biforines de M. Turpin sont les cellules à raphides des aroïdées. Quant à l'indigo et aux divers produits que la chimie ou les arts ont su extraire des feuilles, ils y sont dissous à un état quelconque dans le liquide, ou bien ils existent tout formés ou en élémens dans la matière verte qui a, dans les diverses plantes, une composition différente. Dans tous les cas, le microscope ne peut les y montrer directement.

CHAPITRE XVIII.

DE L'ÉPIDERME.

La feuille est revêtue en dessus et en dessous par une ou plusieurs couches de cellules très déprimées, à parois épaisses, constamment dépourvues de matière verte, et constituant ce qu'on nomme l'épiderme ; lequel en raison de la solidité plus grande de la membrane externe des cellules et de leur structure si différente du mésophylle, peut se séparer comme une mince pellicule diaphane, sur laquelle se voient seulement les cloisons transverses et les stomates.

Les cloisons qui séparent les cellules épidermiques se montrent très sinueuses sur les feuilles larges et molles d'une foule de dicotylédones, comme le montre la figure 15 de la planche XXVI, qui représente une portion épiderme d'une feuille de violette, et l'on doit bien se garder de prendre ces lignes sinueuses pour des vaisseaux ; sur les feuilles de la plupart des monocotylédones, au contraire, ces cloisons sont rectilignes et forment des rectangles alongés ; c'est ainsi qu'on les voit sur toutes les graminées, sur le *Poa annua*, par exemple, (*pl.* XXVI, *fig.* 8, 9).

Les cellules de l'épiderme sont remplies d'un liquide incolore ou légèrement verdâtre le plus souvent ; mais sur les plantes où les feuilles sont naturellement rouges, comme les *Dracœna*, c'est un liquide d'un rouge foncé qui occupe ces cellules aussi bien que celles du mésophylle, tandis que, en même tems, dans ces dernières, la chlorophylle a conservé sa couleur verte, complètement masquée par le liquide de l'épiderme.

Le plus grand nombre des végétaux phanérogames ont l'épiderme formé d'un simple rang de cellules, comme la giroflée, dont la feuille en coupe verticale est représentée dans la planche XX, fig. 5 ; mais il est aussi quelques plantes, telles que les aloès, le laurier rose, etc, dont l'épiderme coriace est formé de deux ou trois couches de cellules déprimées superposées, ou même davantage ; c'est ce qu'on reconnaîtra bien aussi dans une coupe transverse de la feuille.

Nous avons décrit l'épiderme comme formé simplement d'une couche de cellules particulières aplaties, présentant à l'extérieur chacune leur propre paroi plus ou moins épaissie. Cependant il paraît que sur certaines plantes au moins, il existe en outre une membrane générale que M. Bronguiart (1) est parvenu à isoler, par une macération prolongée, des feuilles du chou, de la betterave, de l'œillet, de l'agapanthe, de l'iris, du poirreau et de plusieurs autres plantes. Cette membrane, nommée la cuticule, recouvrirait ainsi la surface extérieure de toutes les cellules épidermiques, et de plus la surface des diverses parties de la fleur et même du stigmate de quelques fleurs, telles que le *Nymphœa* et la belle-de-nuit qui, par exception, n'ont pas les cellules de cette partie à nu.

Les plantes aquatiques, submergées, qui sont dépourvues d'une couche spéciale de cellules épidermiques, sont également revêtues par une cuticule ou membrane générale.

Cette membrane, ainsi détachée par la macération, est transparente et en apparence parfaitement homogène ; seulement elle présente quelquefois des granulations ou des stries plus ou moins prononcées, qu'on aurait tort de regarder comme l'indice des globules admis, par quelques microgra-

(1) Annales des sciences naturelles, 2e série, Botanique, t. 1, p. 65.

phes, comme élémens de structure de toute membrane et de toute fibre organique ; ce sont des épaississemens , comme on en voit à l'intérieur des cellules ou sur la surface des poils , ou des grains de pollen, etc., sauf le mode de formation qui peut bien être différent : ici par intussusception ou production de molécules intermédiaires , là par dépôt de substance incrustante ; mais sans que, dans aucun cas, les molécules élémentaires soient visibles pour nos yeux avec les moyens actuels d'observation.

L'existence de cette membrane externe ou cuticule s'accorderait bien avec les idées de physiologistes, qui veulent que tout végétal soit le produit d'un développement successif de cellules, dans l'intérieur d'une cellule mère, dont la paroi se trouve ainsi distendue ; mais si, comme nous, on ne peut admettre une telle hypothèse , on est conduit à regarder cette membrane comme sécrétée par la couche externe des cellules externes , et , dans ce cas , il faut bien aussi douter de son existence comme membrane indépendante ; c'est un assemblage de pièces contiguës et soudées ensemble, sécrétées chacune par la face externe de la cellule çorrespondante , ou mieux encore appartenant chacune à la cellule d'où la macération et une décomposition partielle l'ont détachée. C'est ainsi que l'on peut concevoir comment les poils , qui sont euxmême des cellules , peuvent rester en connexion avec le tissu cellulaire de la plante , d'où ils seraient, au contraire, séparés par une membrane que l'on ne peut supposer percée vis-à-vis chaque poil , sans être amené à la supposer également percée devant les cellules saillantes ou papilleuses ; car il ne faudrait pas songer à attribuer à tous les appendices une double enveloppe fournie par la cuticule.

Pour les plantes submergées dont les feuilles , sans avoir de couche cellulaire épidermique, ont pu néanmoins donner par la macération une cuticule comme celles des plantes terrestres, cette membrane serait encore le résultat de l'épaississement des faces externes planes et contiguës de la couche superficielle des cellules.

Certaines feuilles se couvrent d'une efflorescence qui est un produit de sécrétion de la couche cellulaire épidermique : tel est , par exemple, la feuille de chou dont l'efflorescence paraît être formée de cire. D'autres, comme celle du peuplier, si

on les suit dans leur développement , montrent un épaississement graduel de la membrane externe des cellules, lequel doit
être également attribué à une sécrétion. Mais de toutes les
sécrétions qu'on peut observer ainsi à la surface de l'épiderme,
il n'y en a pas de plus remarquable que cette sécrétion de
silice qui se produit avec une régularité si admirable à la surface des tiges et même quelquefois aussi à la surface des feuilles des prêles (*equisetum*) des palmiers et de certaines graminées ; avec une forte loupe on aperçoit à la surface de la prêle
des aspérités nombreuses en rapport avec la disposition des
cellules superficielles ; ces aspérités, anguleuses et tranchantes
comme les dents d'une lime, restent unies en une mince pellicule à jour, après l'incinération de la plante : ce sont elles qui
rendent si précieuses, pour les travaux d'ébénisterie et de
tabletterie, *l'equisetum hyemale* employé pour polir les bois
précieux, l'ivoire et même les métaux.

Le chaume du seigle, de l'orge et de plusieurs autres graminées de nos pays, est revêtu d'une mince couche de silice
disposée également avec régularité ; les graminées exotiques,
comme le bambou, ont cette couche de silice beaucoup plus
prononcée, le fruit du *Coix lacryma* doit à une abondante sécrétion de silice, son enduit luisant semblable à de l'émail. Parmi
les palmiers, ceux dont les stipes minces servent à faire des
cannes, et notamment le rotang (*calamus rotang*) sont couverts d'un enduit siliceux tellement dur, qu'il émousse les instrumens d'acier. Cet enduit est le résultat de l'épaississement de
la couche superficielle des cellules, au moyen d'une abondante
sécrétion de silice. Nous avons représenté dans la planche
XX, fig. 6, 7, 8 et 9 , plusieurs coupes de cet épiderme, qui
n'a pas moins de 0,025 à 0,030 d'épaisseur ; ses cellules d'a-
bord minces s'épaississent de plus en plus vers la face extérieure, où elles restent toujours ouvertes, de sorte que de ce
côté, leur cavité s'alonge comme un col de flacon correspondant à une petite papille centrale ; les cellules, par suite de
cet épaississement, sont devenues autant de prismes, contigus
comme les pièces d'une mosaïque, et soudés entre eux ; cependant on suit bien encore sur les diverses coupes, leurs zones
d'accroissement.

CHAPITRE XIX.

DES STOMATES.

Sur presque toutes les parties vertes des végétaux, exposées à l'air, c'est-à-dire sur les jeunes tiges, sur les calices et même sur quelques autres parties de la fleur, mais principalement sur les feuilles, on trouve de nombreux petits corps glanduleux, saillans, ovales ou arrondis, que l'œil distingue à peine, à moins qu'ils ne soient groupés comme à la face inférieure des saxifragés, ou que leur couleur ne soit bien tranchée, car leur longueur est d'un à deux centièmes de millimètre, mais qu'avec une forte loupe et mieux encore avec un microscope, on voit bien sous la forme d'une petite boutonnière accompagnée, de chaque côté, au dessous de l'épiderme, par une petite cellule oblongue ou courbée en arc; souvent aussi les cellules environnantes de l'épiderme présentent une disposition particulière.

Ces petits corps ont été nommés successivement glandes miliaires ou corticales, pores corticaux, pores de l'épiderme etc.; mais aujourd'hui on est d'accord pour leur donner le nom de *stomates* dérivé du mot grec qui veut dire bouche, sans être également d'accord sur la question de savoir si ce sont réellement des petites bouches, des ouvertures destinées à donner accès à l'air extérieur, dans les méats intercellulaires. Cette opinion cependant est la plus probable, mais il est trop certain aussi que l'air n'a pas besoin d'ouvertures spéciales pour pénétrer dans des cellules closes, et venir à une certaine époque y remplacer le liquide contenu. Pour que l'on doive se contenter, dans une telle question, d'une induction tirée de la présence de l'air dans l'intérieur du végétal, il faudrait que l'observation directe démontrât clairement et constamment la présence de ces ouvertures; or des observateurs d'une grande habileté, MM. Raspail, Nees, Link, Meyen, ont toujours douté de la réalité de ces ouvertures; M. Brongniart lui-même, dans son dernier travail sur l'épiderme (*Annales des sciences nat.* 2ᵉ sér. t. ɪ. p. 69), tout en admettant une véritable ouverture au milieu des stomates , dit que « la membrane *paraît* manquer complètement dans ce point ». Nous même aussi , nous pouvons dire que , dans de nombreuses observations variées de diverses manières , et en faisant intervenir des réactions chimiques , les ouvertures des stomates nous ont quelquefois *paru* bien réelles , mais plus souvent encore , nous avons eu des motifs d'en douter ; ainsi les stomates de la feuille de violette dont nous avons représenté un , bien intact , dans la planche XXVI , figure 15 , ceux du buis , ceux du *Sedum album*, ceux du *Poa annua* etc., dont la forme est plus ou moins différente , paraissent bien quelquefois offrir une fente dans leur milieu , c'est-à-dire y laissent passer la lumière ; mais si on les traite à froid ou à chaud par la potasse , par les acides , par l'acide sulfurique même , qui les colore un peu , cette fente apparente devient souvent une ligne saillante ondulée , indiquant que l'effet de lumière précédemment observé , était le résultat non d'une ouverture réelle mais de la réfraction. En tout cas , si les stomates n'étaient pas ouvertes ce ne serait pas une raison pour qu'ils n'eussent pas à remplir des fonctions respiratoires , car , ainsi que nous l'avons dit plus haut , l'air peut bien pénétrer dans des cellules évidemment sans ouvertures (1) comme celles de la moelle , et très certainement les stomates correspondent aux méats intercellulaires ou chambres aérifères du mésophylle , et ils sont si positivement en rapport avec l'atmosphère , que dans les plantes aquatiques , les feuilles submergées en manquent tout à-fait , et les feuilles flottantes n'en ont qu'à la face supérieure.

On remarque en général , que la plupart des arbres , ceux surtout dont les feuilles sont luisantes en dessus , n'ont des stomates qu'à la face inférieure , qui est toujours moins luisante , plus rude ou plus velue ; quelques végétaux herbacés sont aussi dans le même cas , ou du moins ont beaucoup plus de stomates à leurs feuilles , en dessous qu'en dessus ; certaines saxifrages (*Saxifraga sarmentosa*) ont à leur face inférieure , des groupes de stomates que leur couleur rend bien visibles.

Les stomates sont éparses sans ordre, sur les feuilles à ner-

(1) On sait d'ailleurs que toutes les plantes vertes submergées et qui sont totalement privées de stomates, que les conferves et les algues, etc., dégagent beaucoup d'oxigène en bulles à travers leurs membranes extérieures , quand elles sont exposées aux rayons du soleil.

vures réticulées ; mais elles sont , au contraire, toutes dirigées dans le même sens , en rangées longitudinales , sur les feuilles à nervures parallèles, sur celles des conifères , et des monocotylédones.

Les stomates chez la plupart des végétaux , comme nous l'avons dit, ont , de chaque coté de l'ouverture apparente , mais pourtant à une certaine distance de la fente ou ligne médiane , une cellule oblongue en forme de croissant, remplie de matière verte en très petits grains, différente de celle du mésophylle. Ces deux cellules latérales se rejoignant aux extrémités , forment autour de l'ouverture apparente une bordure renflée intérieurement, à laquelle on a faussement attribué le rôle de faire ouvrir ou fermer le stomate suivant l'état de l'atmosphère : ces cellules, en effet , sont notablement écartées de l'ouverture supposée, et leur gonflement s'effectuant à l'intérieur, ne pourrait , dans aucun cas , produire l'effet indiqué. Qu'elles aient un rôle important à remplir dans la fonction respiratoire, c'est ce qu'on peut bien supposer , mais c'est ce que rien ne prouve jusqu'à présent.

Il est certain toutefois que l'intervalle entre ces cellules est souvent occupé par une bulle de gaz qui paraît y être emprisonnée comme dans une cellule close, car ni la pression ni la chaleur ne la font partir aisément.

C'est ce qu'on voit bien surtout dans les stomates des graminées , qui se distinguent par leur forme plus alongée et par l'espèce de cadre rectangulaire que forme au-dessus d'elles une petite cellule de l'épiderme, comme on le voit dans les figures 8 et 9 de la planche XXVI.

La *Marchantia polymorpha* qui a été l'objet d'un admirable travail de M. Mirbel (*Mémoire de l'Académie des sciences,* tome 13) est pourvue d'oscules, qu'à tort je crois, on a voulu assimiler aux stomates ; ce sont des orifices ronds , béans, entourés par quatre cellules qui leur forment une large bordure assez régulière , et se prolongent en dessous, en se rapprochant vers l'intérieur, de sorte qu'on croirait voir au fond de l'oscule, quatre autre cellules plus rapprochées, et laissant entre elles un méat quadrangulaire ; on pourrait encore moins assimiler aux stomates, les singulières cavités garnies de poils situées en dessous de l'épiderme des Lauriers roses, et communiquant avec l'extérieur.

CHAPITRE XX.

DES POILS ET DES GLANDES.

Les poils, qui souvent paraissent remplir des fonctions analogues à celles des stomates, se trouvent comme eux aussi sur les différentes parties de la plante ; mais c'est principalement sur les feuilles et à leur face inférieure qu'ils sont plus abondans ; c'est là surtout que, pendant la période d'activité de la végétation, on les voit remplis d'air, tandis que ceux des corolles, des étamines et des pistils sont, au contraire, remplis de sucs végétaux soumis au mouvement de rotation. A la vérité, on peut bien supposer qu'avant l'entier développement de la feuille, lorsqu'elle est encore dans le bourgeon, ses poils sont remplis de sucs en mouvement, et cela est même très probable ; mais on n'est pas moins en droit d'en conclure que les fonctions des poils de la feuille, sont différentes de celles des poils de la fleur. Ces poils sont, dans tous les cas, formés d'une ou de plusieurs cellules végétales alongées. Les poils formés par une seule cellule s'observent dans un très grand nombre de végétaux : la cellule qui les forme est soudée au point de rencontre de plusieurs des cellules de l'épiderme, qui paraissent entourer sa base ; ou bien elle est elle-même une des cellules de la couche superficielle, extraordinairement alongée. La membrane de cette cellule est ordinairement lisse, mais souvent aussi elle est finement striée ou granulée, ou même hérissée d'aspérités, comme on le voit sur les poils de la bourrache et plusieurs autres borraginées. Nous avons représenté, dans la figure 16 de la planche XXVI, la partie inférieure d'un poil de violette, dont la surface est élégamment ornée de granules oblongs diaphanes, disposés avec une sorte de régularité. Ces granules sont simplement des épaississemens de la membrane de la cellule, comme on en voit dans une foule d'autres circonstances, et ce ne sont point du tout des granules élémentaires, ou des germes de cellules, ou des indices de cellulosité.

Les poils de l'ortie sont simples à l'extrémité, mais, leur

base est portée par une saillie glanduleuse qui sécrète la liqueur brûlante versée par le poil dans la piqûre qu'il a faite.

Les poils composés peuvent être formés d'une simple série de cellules, dont le calibre est égal en dehors ; tels sont les poils articulés ou cloisonnés de beaucoup de labiées (*Brunella*) , de caryophyllées et d'autres plantes ; ou bien avec un renflement au milieu de chaque cellule et un étranglement à chaque articulation : tels sont les poils moniliformes de la Belle-de-nuit , etc.

D'autres poils composés consistent en une réunion de poils simples autour d'un même point, comme dans les poils en étoiles des cistinées, des malvacées, et particulièrement dans ceux du platane, que nous avons représentés dans la planche XIII, figure 6 , parce que ces poils, excessivement nombreux à la surface des jeunes feuilles , sont bientôt enlevés par les vents et transportés au loin, de sorte que, dans le cours des observations microscopiques ; on est exposé à rencontrer de tels poils sur le porte-objet.

On a des poils rameux très élégans sur les feuilles de la corbeille-d'or (*Alyssum saxatile*); ils résultent de la réunion d'un grand nombre de poils simples sur différens points d'un poil principal servant de tige et sur les poils qui en sont comme les rameaux. On en voit aussi de semblables sur la *Turritis verna* et sur d'autres crucifères , ainsi que sur la lavande, le marrube , etc.

Quelques poils composés présentent une structure toute particulière, tels sont ceux des *Elœagnus*, dont les poils composans sont soudés latéralement , de manière à composer un écusson plus ou moins frangé au bord.

Les poils trifurqués de la *Capsella bursa-pastoris* paraissent bien composés de trois poils réunis autour d'un point ; les poils en navette ou à deux pointes, comme ceux des *Malpighia* et du houblon., seront aussi composés de deux cellules ; mais les singuliers poils de la giroflée jaune (*Cheirantus cheiri*) représentés dans la planche XX., fig. 4 , paraissent bien consister en une seule cellule implantée au milieu d'un cercle de cellules de l'épiderme et excessivement alongée parallèlement à la surface de la feuille. La membrane de ce poil est hérissée d'aspérités sur quatre ou cinq rangs.

Il y a des poils qui , au lieu de présenter des cellules isolées sont eux-mêmes des amas de tissu cellulaire, et font ainsi le passage aux véritables glandes végétales. Ainsi les poils en massue de la Fraxinelle (*Dictamnus albus*) peuvent être regardés comme des glandes pédicellées tout aussi bien que comme des poils composés. Cependant beaucoup de poils ainsi composés d'un amas conique de tissu cellulaire, se terminent par une ou plusieurs cellules simples, pointues, et doivent être nommés de véritables poils.

Des amas d'un tissu cellulaire plus serré, engagés dans l'épaisseur des feuilles, des pétioles et du calice, ou formant des petits tubercules saillans à la surface de ces parties, ou encore portés à l'extrémité du pédicule celluleux, sont ce qu'on nomme les glandes ; mais ni leurs fonctions ni leur structure ne permettent de les assimiler aux glandes des animaux. En effet, les fonctions de sécrétion sont exercées chez les végétaux par la paroi même de toutes les cellules et par leur enduit mucilagineux ; par conséquent, ce sont toutes les cellules vivantes qui, chez les végétaux jouent le rôle des glandes animales, et les glandes végétales au contraire, ne sont que bien rarement formées de cellules exerçant actuellement une action sécrétoire dont le produit serait versé au dehors ; ces glandes sont souvent des organes avortés ou des poils très courts. Cependant on peut citer les glandes pédicellées des pédoncules et des calices de certaines roses, celles des *Drosera*, les poils mêmes de certaines Géraniacées, ceux du *Cicer*, etc., comme étant de vrais organes de sécrétion.

Quant aux cavités ou utricules remplies d'huile essentielle qu'on observe dans les feuilles des mille-pertuis, des myrtacées, des orangers, etc., dans l'épicarpe des oranges, etc., et qu'on a nommé aussi des glandes, ce sont les réservoirs du produit sécrété par le tissu cellulaire très dense qui les entoure; et souvent même ces réservoirs sont de simples lacunes formées dans le tissu cellulaire par l'accumulation du produit.

CHAPITRE XXI.

DE LA FLEUR EN GÉNÉRAL ET DU CALICE.

L'étude micrographique de la fleur et de toutes ses parties, devra se faire en pratiquant des coupes longitudinales en diverses directions et des coupes transverses du bouton à différentes hauteurs au-dessus du pédoncule et à toutes les époques depuis l'apparition du bouton jusqu'à l'épanouissement ; plus tard les coupes longitudinales et transverses sont pratiquées de même sur l'ovaire seulement, et conduisent à reconnaître le mode de développement des graines et l'origine des modifications qu'elles présentent plus tard. Les lames minces obtenues par les coupes transverses ou longitudinales, ainsi pratiquées avec un scalpel bien tranchant et humecté, sont étalées soigneusement dans une goutte d'eau sur une plaque de verre. On écarte ou on rapproche avec les aiguilles emmanchées leurs diverses parties, et on les recouvre d'une lame de verre mince, en évitant de les comprimer ou de les froisser obliquement. Ces lames ayant toujours plusieurs millimètres de largeur, il suffit de les observer sous le microscope simple, avec un grossissement de 20 à 60 diamètres ; plus tard on passe à des grossissemens de 100 à 150, pour les détails à suivre dans la structure des anthères et des ovules ; on ne doit enfin recourir à l'emploi des plus forts grossissemens du microscope composé, que pour étudier les détails des cellules.

Dans les coupes transversales, on voit bien clairement les rapports des différentes pièces de chaque verticille floral entre elles, et les rapports des verticilles entre eux, d'où résultent des caractères si importans pour les familles naturelles des plantes et pour les genres.

Des divers verticilles dont se compose la fleur complète, le premier, en commençant par dehors où le calice conserve en général tant de ressemblance avec les véritables feuilles, qu'il n'offrira rien de plus à l'observation microscopique ; ce seront l'épiderme, les stomates, le parénchyme ou mésophylle, la matière verte, les poils etc. ; quelquefois seulement, il aura des cellules superficielles remplies d'un liquide rouge ou jaune, avec des granules de cette couleur.

Il faut cependant mentionner une modification très importante du calice, dans certaines fleurs épigynes ayant le calice soudé à l'ovaire ; dans les valérianes et dans un grand nombre de composées, le calice ainsi soudé dépasse l'ovaire par un bord libre qui se prolonge en poils soyeux ou plumeux, formant ce qu'on nomme une aigrette, laquelle est sessile ou pédiculée quand le calice lui-même se prolonge en un long goulot aminci au-dessus du fruit. Cette aigrette, dans les valérianes, est roulée en dedans avant la maturation, et se développe seulement alors. L'aigrette de ces divers fruits a été considérée d'une manière trop absolue comme le limbe du calice dont les nervures seules auraient persisté, mais d'une part, les rayons de ces aigrettes ne sont nullement en rapport avec le nombre des nervures d'un calice supposé normal, et d'autre part ces rayons ont bien plus les caractères des poils que ceux des nervures, car ils sont simplement formés de cellules alongées contiguës, et ne contiennent pas de vaisseaux. Ainsi, par exemple, les poils de l'aigrette du laitron (*Sonchus oleraceus*) représentés dans la planche XXVI, figures 12, 13, sont formés par une ou deux rangées de cellules alongées, cylindriques, et dont les quatre ou cinq dernières sont recourbées en hameçon. On s'explique facilement, d'après cela, pourquoi les aigrettes de cette sorte s'attachent fortement aux étoffes. Ces cellules d'ailleurs, quand elles sont sèches, ne contiennent que de l'air, et c'est là ce qui leur donne un éclat soyeux.

Il faut signaler aussi comme une particularité intéressante, offerte par les calices adhérens, ces bandelettes colorées et remplies d'huile essentielle qu'on voit sur les fruits des ombellifères, et les côtes intermédiaires et souvent prolongées en forme d'aile, sur ces mêmes fruits.

CHAPITRE XII.

DE LA COROLLE.

La corolle est formée de plusieurs pièces nommées *pétales*, qui sont ou libres, ou soudées si la corolle est monopétale, et qui sont considérées comme des feuilles métamorphosées. Aussi trouve-t-on dans le limbe de la corolle comme dans celui des feuilles, un épiderme supérieur ou interne, un épiderme inférieur ou externe, un tissu cellulaire intermédiaire ou mésophylle, des nervures formées de faisceaux fibro-vasculaires, des poils, etc. ; mais ce qui distingue surtout la corolle, c'est sa couleur ordinairement vive et brillante, très rarement verte, et la délicatesse de son tissu.

L'épiderme supérieur est formé d'une couche de cellules très aplaties, ordinairement quadrangulaires, et contenant souvent un liquide coloré : l'épiderme inférieur est plus semblable à celui des feuilles, et formé de cellules également plates, mais à contour très sinueux ou lobé ; elles peuvent contenir aussi un liquide coloré.

Le tissu cellulaire intermédiaire est quelquefois très mince et à peine sensible ; ailleurs, il est assez développé, et ses cellules remplies de liquide seulement, ou contenant aussi des granules d'un endochrome diversement coloré, ou incolore, adhérens à leurs parois, laissent entre elles des lacunes ou chambres aérifères nombreuses, auxquelles seules est due la blancheur éclatante de certaines fleurs et la teinte brillante, quoique mate, des corolles diversement colorées, qui, privées d'air, comme quand elles ont été macérées dans l'eau, n'ont plus cette demi-opacité si favorable au reflet des couleurs, et conservent seulement la teinte transparente du liquide de leurs cellules et de leur endochrôme. Ainsi une corolle blanche est celle dont les utricules ne contiennent qu'un liquide incolore, et dont les méats intercellulaires très nombreux sont remplis d'air. Une corolle de couleur claire, jaune ou rose ou bleue, est celle qui, avec les mêmes lacunes pleines d'air, a des cellules superficielles remplies d'un liquide d'une de ces couleurs, et les cellules du tissu intermédiaire également remplies du liquide coloré, mais, en outre, tapissées à l'intérieur par des granules d'endochrome ou de chromule de cette même couleur.

Les fleurs d'une couleur très foncée, et surtout celles qui sont veloutées, n'empruntent point ainsi leur éclat à l'air interposé ; c'est le liquide et l'endochrome des cellules qui fournissent le fond de la nuance, et l'éclat ou le reflet est produit par le mode de structure des cellules superficielles, et surtout par les stries régulières, les aspérités ou les inégalités de leur surface.

Ainsi, la plupart des corolles veloutées, violettes, ou pourpres, ou brunes, ont leur face supérieure ou interne hérissée de petites papilles très régulières remplies d'un liquide fortement coloré comme les cellules superficielles dont elles sont un prolongement, et chacune de ces papilles agit sur la lumière en la réfractant, comme ferait une pierre précieuse taillée en cabochon. Les corolles satinées ou dorées, comme celles des tulipes, des renoncules, etc., ont, au contraire, les cellules superficielles bien planes et toutes striées dans le sens de la longueur. On conçoit que les corolles charnues devront leur aspect et leur demi-transparence de porcelaine à la combinaison des papilles remplies d'un liquide peu coloré avec le jeu des lacunes aérifères de la couche cellulaire intermédiaire.

Nous avons représenté dans la planche XXIII, fig. 6 et 7, les deux faces d'une corolle ou ligule de *Coreopsis tinctoria*, qui présente en dessous une couleur jaune mate, en dessus une couleur jaune plus vive, et une couleur brune veloutée à sa base. La figure 6 représente une portion de l'épiderme de la face supérieure un peu roulée sur le bord, pour montrer mieux la saillie des papilles conoïdes dont il est hérissé. Cet épiderme se compose d'une couche de cellules plates, quadrangulaires, surmontées chacune par une papille conoïde finement striée tout autour, à partir de son sommet arrondi jusqu'à sa base, et remplies d'un liquide coloré. La figure 7 représente l'épiderme de la face inférieure formée de cellules plates sinueuses et lobées, remplies de liquide jaune, et tapissées de granules de chlorophylle ou chromule jaune. Un faisceau fibro-vasculaire avec une trachée rampe sous cet épiderme. Beaucoup de corolles comme celles des campanules, sont garnies de poils fins transparens, formés chacun par une cellule implantée sur la surface, et dans lesquelles on voit parfaitement le mouvement de circulation intra-cellulaire ou de rotation dont nous avons parlé précédemment. Une portion de la corolle étant placée avec de l'eau entre deux lames de verre, les poils conservent leur vitalité pendant plusieurs heures : ceux qui partent du bord même, se prêtent très bien à ce genre d'observations.

CHAPITRE XXIII.

DES ÉTAMINES.

Le troisième verticille de la fleur complète est formé par les étamines ou organes mâles, qui se composent du support ou filet, sorte de petite colonne ordinairement blanche, traversée par un faisceau fibro-vasculaire, dans lequel les trachées sont surtout bien visibles, et de l'anthère, sac rempli de pollen, qu'on a voulu considérer comme représentant le limbe d'une feuille dont le filet serait le pétiole (1).

L'*anthère* présente le plus souvent deux loges longitudinales s'ouvrant soit au sommet, soit dans une partie plus ou moins considérable de leur longueur, sur le côté, et placées symétriquement à droite et à gauche d'une lame intermédiaire qui semble être le prolongement du filet, et qu'on nomme le connectif. Dans certaines plantes, les deux loges de l'anthère sont séparées par un connectif très élargi ; dans d'autres, au contraire, ces deux loges sont très rapprochées.

L'anthère est formée par plusieurs couches de tissu cellulaire fort différentes les unes des autres ; la couche externe ressemble à l'épiderme des feuilles et des pétales ; elle présente même des stomates chez certaines plantes. Les couches moyennes sont formées de cellules de plus en plus lâches, en

(1) Les filets des *Opuntia*, des *Berberis* et de quelques autres plantes jouissent d'une irritabilité très prononcée, et se contractent ou se rapprochent du pistil quand on les touche. Il y aurait donc à faire, sur leur structure, les mêmes observations que sur les pétioles des feuilles de sensitive.

allant vers l'intérieur, et enfin la couche interne, ou les couches internes, (endothèque (*endothecium*) sont formées de cellules dont la paroi est épaissie suivant des lignes transverses ou rayonnantes, symétriques ou spirales; les intervalles plus minces finissent par être résorbés ou dissous, et les épaississemens restant seuls comme des fibres élastiques, se rompent d'un côté et s'étalent avec force de l'autre côté, comme autant de ressorts dont l'effort simultané fait ouvrir l'anthère et lance au dehors le pollen avec plus ou moins de force.

Nous avons représenté dans la planche XXIV, fig. 3, 4, 11 et 13, plusieurs exemples de cette structure fibreuse des cellules du tissu intérieur des anthères, qui a été l'objet d'un travail spécial de M. Purkinje, en 1830. Les figures 3 et 4 *c*, montrent les cellules de l'anthère du *Centranthus ruber*, à différens états; en 4 *c*, on voit encore la membrane mince qui réunit les épaississemens : dans la figure 3, on voit les cellules ouvertes et étalées par suite de la disparition de la membrane mince intermédiaire, et de la rupture des épaississemens, qui restent seuls comme des rayons partant de la plaque dorsale de la cellule.

Dans la figure 13, les cellules de l'anthère du liseron (*Convolvulus arvensis*) sont encore en place, formant la paroi interne de cette anthère. Elles ont des épaississemens en forme d'arceaux parallèles transverses, réunis par une membrane mince, laquelle va plus tard disparaître.

Dans la figure 13, les cellules de l'anthère du plantain se montrent isolées et en quelque sorte décomposées; les épaississemens de leur membrane restant seuls retenus en place par quelques soudures ou par quelques restes de la portion mince et destructible de cette membrane.

On conçoit que, dans les différens points de l'intérieur d'une même anthère, et aux diverses époques de leur développement, ces cellules peuvent présenter une forme et une structure différentes, au moins en apparence, à plus forte raison si elles ne se présentent pas par la même face à l'observateur; mais, en y regardant avec attention, on finira toujours par reconnaître leur vraie structure en rapport avec le mode de formation que nous avons indiqué; c'est-à-dire, les épaississemens suivant des lignes déterminées, quelque variées que paraissent les cellules dans les anthères des divers genres de plantes, on y pourra également reconnaître un mode de structure analogue.

CHAPITRE XXIV.

DU POLLEN.

Le pollen est contenu dans l'anthère comme dans un sac, d'où il s'échappe à l'instant de la fécondation, sous la forme d'une poussière ordinairement jaune, mais quelquefois aussi blanchâtre ou d'un gris rosé, dans la plupart des graminées, des malvacées, des convolvulacées et dans quelques amentacées; rouge dans des peupliers, les géraniacées, les orangées, dans le réséda, le lis orangé; violette dans la tulipe, bleue dans l'épilobe, verdâtre ou noire dans des pavots, etc. Cette poussière se compose de graines dures, d'une structure complèxe régulière et uniforme dans une même espèce, souvent aussi dans un ou plusieurs genres et même dans des familles entières; mais souvent aussi cette structure présente des variations nombreuses et très remarquables, en passant d'une famille à une autre; plus rarement c'est entre deux genres voisins ou deux espèces d'un même genre qu'on observe de ces différences.

Les graines de pollen sont le plus souvent entièrement libres dans l'anthère à l'époque de la floraison; les orchidées et les asclépiadées présentent seules le pollen agrégé en masses d'une consistance de cire dans chaque loge; les mimosées ont le pollen en groupes réguliers de 8 à 16 grains. Les onagraires ont leurs grains de pollen isolés, mais liés entre eux par quelques filamens mucilagineux très lâches, qu'on prendrait pour des fils d'araignée, et qui sont les débris des utricules dans lesquels le pollen a pris naissance. Parmi les pollens à grains libres, il en est dont ces grains sont hérissés de papilles sécrétant au dehors une substance huileuse ou visqueuse qui les fait adhérer aux surfaces sur lesquelles ils sont tombés, tels sont ceux des cucurbitacées; les autres, au contraire, sont parfaitement secs et roulent sur les corps comme un sable très fin.

Si l'on étudie le mode de formation et de développement du pollen par des coupes transverses de l'anthère ou de la fleur entière faites à diverses époques, à partir de l'apparition du bouton, on reconnaîtra que la cavité de l'anthère est primitivement occupée par un parenchyme demi-transparent peu distinct, dans lequel des cellules deviennent successivement plus visibles. Or, ces cellules dont les parois sont épaisses et mucilagineuses, sont remplies d'une substance homogène, d'apparence pulpeuse qui, bientôt, se divise dans la plupart des plantes phanérogames, en quatre petites masses, qui deviendront peu à peu quatre grains de pollen. La substance intermédiaire est peu à peu résorbée pour servir à la nutrition des grains de pollen ; les cellules finissent par se séparer ; elles se déchirent, sont elles-mêmes résorbées plus ou moins complètement, et le pollen arrivé au terme de son développement, devient libre.

Les *dimensions des grains de pollen* varient de moitié environ dans une même anthère, suivant leur développement plus ou moins complet ; mais à cela près, et si l'on veut ne considérer que les grains de pollen bien développés, leur volume est uniforme et constant pour chaque espèce, mais il varie considérablement dans la série des plantes phanérogames, entre 2 centièmes et 13 centièmes de millimètre, qui sont les extrêmes de grandeur qu'il présente. De grandes fleurs comme celles de la citrouille, de l'*ipomœa purpurœa*, du *cobœa*, de la rose-trémière, du *magnolia*, ont les plus gros grains de pollen ; car le diamètre de ces grains est pour la première de ces plantes 0,125 mill., pour la seconde 0,120, pour la troisième 0,109, et pour les dernières 0,100. Les fleurs très petites du *myosotis*, du *lithospermum*, du plantain, de la pariétaire, de la betterave, de la gomphrène, du caille-lait ont des grains de pollen dont le diamètre est compris entre 0,010 et 0,023. Mais des fleurs très petites comme celles de la valériane ou du pourpier, peuvent avoir des grains de pollen notablement gros, et des fleurs assez grandes comme celles du muflier, de la capucine, etc., ont des grains de pollen proportionnellement très petits. Malgré quelques apparences de vérité, on ne serait pas mieux fondé à penser que la grosseur des grains de pollen est en rapport avec la grosseur des embryons végétaux ; car si réellement ce rapport est justifié par de nombreux exemples, il est aussi contredit par quelques autres.

Dans le tableau suivant, on a classé un certain nombre de pollens, d'après leur plus grand diamètre compté en millièmes de millimètre.

Diamètre 0,010 environ. — *Myosotis, Lithospermum.*

0,020 mill. Pariétaire. — *Gomphrena globosa.* — Betterave.

0,021 — *Cerinthe major.*

0,022 — Plantain (*Plantago lanceolata*).

0,023 — *Galium verum.*

0,025 — *Æthusa cynapium.* — Mercuriale. — *Sedum album.*

0,027 — *Anagallis arvensis.*

0,029 — *Gnaphalium.*

0,030 — Saule. — Groseiller rouge. — *Trachelium cœruleum.*

0,033 — Giroflée (*Mathiola annua*). — Capucine. — Yèble (*Sambucus ebulus*). *Euphorbia helioscopium.*

0,034 — Muflier (*Antirrhinum majus*) (de 0,030 à 0,034).

0,035 — Primevère (de 0,022 à 0,036). — *Ballota fœtida.*

0,036 — *Escholtzia.* — *Impatiens parviflora.* — *Arabis verna.* — *Phlox paniculata.*

0,037 — *Delphinium Ajacis.* — *Mimulus guttatus.* — Souci (*Calendula officinalis*). — Cupidone (*Catanance cœrulea*). — Jacobée. — (*Senecio jacobea*), de 0,034 à 0,037. — Laitron (*Sonchus oleracea*).

0,038 — *Reseda odorata.*

0,039 — *Tussilago fragrans.*

0,040 — *Dahlia.* — *Helianthus annuus.* — *Gilia capitata.* — Bourrache. — *Eryngium campestre.* — *Hypochœris radicata* (de 0,035 à 0,040).

0,041 — *Rochea versicolor.* — *Lobelia urens.*

0,043 — OEillet (*Dianthus caryophyllus*), de 0,039 à 0,043.

0,045 — *Campanula medium.* — *Helianthus annuus*, de 0,040 à 0,45. — *Chironia.*

0,046 — *Polemonium cœruleum.*

0,050 — *Fuchsia coccinea.* — *Nigella damascena.* — *Onopordum acanthium.* — *Lonicera xylosteum.*

0,052 — *Lathyrus latifolius.*

0,054 — *Monarda didyma.*

0,055 — *Acanthus mollis* (de 0,050 à 0,055). — *Statice limonium.* — Abricotier (de 0,050 à 0,055). — *Thymus grandiflorus.*

0,060 — *Centaurea moschata.*

0,061 — *Scabiosa arvensis* (Knautia).

0,063 — *Viola altaica.*

0,066 — *Passiflora cœrulea.*

0,070 — Jasmin blanc (*Jasminum officinale*) de 0,067 à 0,070.

0,075 — Liseron (*Convolvulus arvensis*).

0,077 — *Pelargonium inquinans.* — *Momordica elaterium.*

0,080 — Pourpier (*Portulaca oleracea*). — Valériane rouge (*Centranthus ruber* (de 0,070 à 0,082).

0,090 — *Plumbago zeylanica.*

0,099 — *Zea mais.*

0,100 — *Magnolia grandiflora.* — *Alcea rosea.*

0,109 — *Cobœa scandens.*

0,120 — *Ipomœa purpurea.*

0,125 — *Cucurbita pepo.*

0,130 — Belle de nuit (*Mirabilis jalapa*).

De ces mesures et de beaucoup d'autres, on a pu conclure que c'est dans les familles des Cucurbitacées, des Passiflorées, des Malvacées, des Géraniacées, des Convolvulacées, des Polémoniacées, des Nytaginées, etc., que l'on observe les plus gros grains de pollen; que les Composées dont les fleurs partielles sont si petites, ont généralement des grains de pollen d'une moyenne grosseur; que les Urticées, les Amentacées, les Plantaginées, les Amarantacées, les Chénopodées, etc. ont presque toutes des pollens à très petits grains.

Les grains de pollen en général seront toujours des objets d'études microscopiques très importans; ceux d'un grand nombre de plantes en particulier, seront pour le micrographe un véritable sujet d'admiration; les détails élégans de leur structure formeront même souvent un des meilleurs test-objets ou terme de comparaison pour la bonté des instrumens. Mais on ne peut les bien étudier à sec, car leurs contours sont alors trop fortement ombrés, et leur transparence est souvent presque nulle. On ne peut guère les étudier dans l'eau, car le contact de ce liquide les fait promptement gonfler et crever : ce genre d'observation convient seulement quand il s'agit d'étudier le contenu ou les enveloppes des grains.

Il faut donc, pour bien connaître la forme et la structure de ces grains, les mettre dans un liquide qui, tout en augmentant leur transparence, ne les gonfle pas trop par endosmose, ou ne les pénètre même pas du tout, si l'on veut leur conserver leur forme primitive. Dans ce dernier cas, il faut les plonger dans une huile ou dans une essence, qui, sans pénétrer à l'intérieur, dissout les gouttelettes huileuses ou résineuses de la surface, ou même pénètre dans les papilles et les cordons saillans de la membrane externe, qui devient alors beaucoup plus transparente. Si, au contraire, on veut que, par un gonflement plus ou moins considérable, la surface du grain soit distendue, que ses plis soient développés, ou même que ses oscules laissent voir le commencement du boyau pollinique saillant au dehors, ou la membrane interne refoulée par le liquide intérieur, il faut tenir le pollen dans du miel limpide, ou dans un sirop de sucre convenablement concentré, ou dans une forte solution de gomme. On peut ensuite, avec quelques précautions, conserver comme objets microscopiques les grains de pollen ainsi placés entre des lames de verre. Mais il faut faire attention que ces grains se dessèchent en même tems que la gomme, et ne laissent plus voir aussi bien les détails de leur structure ; dans le sirop de sucre, ils se conservent beaucoup mieux, avec un certain degré de gonflement, pourvu que le sucre ne vienne pas à cristalliser ; car alors, le pollen est dérobé à l'œil de l'observateur par la foule des cristaux entre-croisés. En faisant bouillir fortement le sirop de sucre, on le rend bien en partie incristallisable, mais non toujours complètement, et l'on est encore exposé à voir plus tard s'y produire, comme dans le miel, des cristaux en aiguilles qui paraissent être de la mannite, provenant de la réaction du pollen lui-même sur la substance sucrée.

Forme des grains de pollen.

Ce qu'on observe d'abord dans les grains de pollen, c'est

leur forme générale qui, à part les différences de grandeur dont nous avons parlé, présente dans la série végétale des différences nombreuses dont on est frappé au premier coup-d'œil. Des familles entières, comme les Malvacées, les Passiflorées, les Grossulariées, les Polémoniacées, les Campanulacées, les Nyctaginées, ont le pollen à grains exactement sphériques. Il en est de même pour la plupart des Cucurbitacées et des Convolvulacées; les Onagraires l'ont en grains triangulaires déprimés, avec des sommmets arrondis; la plupart des Chicoracées ont des grains de pollen en polyèdres symétriques, mais non réguliers, à quatorze, quinze, dix-sept ou vingt-un côtés.

Les Borraginées et les Ombellifères l'ont cylindrique arrondi aux extrémités, et resserré dans la partie moyenne, où se trouvent des plis longitudinaux en nombre déterminé.

La plupart des autres plantes ont un pollen à grains ovoïdes plus ou moins globuleux, et pouvant même, pour quelques-unes, devenir en se gonflant plus large que long, avec un ou plusieurs plis latéraux. Les Palmiers, les Smilacinées, les Liliacées, la plupart des Amaryllidées, des Iridées, et beaucoup d'autres monocotylédones ont le pollen en grains ovoïdes avec un seul pli longitudinal. Les Salicinées, les Plombaginées, les Globulariées, les Valérianées, les Composées moins la plupart des Chicoracées, les Lobéliacées, les Éricacées, les Scrophularinées, les Orobanchées, les Solanées, les Jasminées, les Berbéridées, les Résédacées, les Crucifères, les Crassulacées, les Saxifragées, les Rhumnées, les Rosacées, les Papilionacées, etc., etc., ont le pollen en grains ovoïdes, avec trois plis longitudinaux disposés symétriquement. Beaucoup de Rubiacées, de Borraginées, d'Apocynées et de Labiées, ont un pollen en grains ovoïdes avec 4 ou 6 plis longitudinaux; quelques-unes de ces plantes montrent même 8, 9, 10 ou 12 plis.

Les *Polygala* ont encore un plus grand nombre de plis longitudinaux sur leurs grains de pollen.

Les Graminées, au contraire, ont leur pollen ovoïde, sans pli longitudinal, mais avec une seule papille latérale, correspondant à un oscule.

Quelques autres plantes ont les grains de leur pollen d'une forme encore différente de celles que nous venons de mentionner, tels sont les *Mimulus,* dont le pollen est en grains presque globuleux, ayant la surface divisée par un sillon profond diversement contourné, en une ou deux larges bandes en spirale ou repliées sur elles-mêmes. Telles sont aussi quelques Fumariacées, Malpighiées etc., dont le pollen est polyèdrique, mais non à la manière de celui des Chicoracées etc. etc.

Détails de la surface des grains de pollen.

Il est rare que la surface des grains de pollen paraisse entièrement lisse ; elle est au moins granuleuse, ou semée de petits granules saillans, uniformément épars, ou bien encore plus ou moins rapprochés sur le grain entier ou dans certaines places seulement ; comme le montrent les pollens de Pourpier, de Liseron, etc., (*pl.* XXIV). Souvent les granules de la surface sont plus volumineux et peuvent être nommés des papilles, qu'on voit aussi uniformément ou diversement distribuées et uniformes elles-mêmes, ou entremêlées de granules plus petits, comme sur le pollen des Malvacées et de la Citrouille, (*pl.* XXIV).

Les papilles éparses, plus longues et plus aigues, des pollens de Composées (*pl.* XXV, *fig.* 11 et 15), doivent être nommées des épines d'après leur aspect. Les granules à la surface des grains de pollen très remarquables du *Plumbago scandens*, planche XXV, fig. 4 ; sont élégamment groupés en masses trilobées ou quadrilobées, saillantes, qui ressemblent à des rosaces ou à des fleurons en relief.

Les granules de diverses grosseurs entremêlés de papilles, forment à la surface des grains du pollen de *l'Ipomœa pupurea*, (*pl.* XXV, *fig.* 7 *a* et *b*), des compartimens réguliers qui rappellent assez bien la disposition des tubercules du têt des oursins.

Beaucoup de pollens divers ont, au lieu des granules et des papilles de la surface, un réseau plus ou moins régulier formé par des cordons noueux ou des côtes saillantes, membraneuses, présentant souvent aussi une rangée de tubercules tout le long de leur pied. Le pollen du *cobœa* (*pl.* XXIV, *fig.* 7), un des plus remarquables par la régularité parfaite de ses grains, a sa surface divisée en 96 aréoles hexagones séparées par une lame saillante formant autour de chaque hexagone une petite muraille soutenue par une rangée de petites colonnes contiguës, qui n'arrivent pas tout-à-fait jusqu'au sommet de la lame. Ces colonnes vues perpendiculairement, paraissent comme une rangée de globules réguliers au nombre de cinq sur chaque côté des aréoles. Ces aréoles, ainsi, sont encaissées de telle sorte qu'on pourrait bien les nommer des alvéoles superficiels.

Le réseau de la surface du pollen de *Statice limonium* est formé de lames saillantes et gauffrées, mais les mailles ne sont pas aussi régulières que celles du *Cobœa*.

A la surface des grains de pollen de *gomphrena*, de *pelargonium*, de *phlox* (*pl.* XXV, *fig.* 1, 2, 8), se voit un réseau formé également par des cordons saillans membraneux plus ou moins gauffrés ou granuleux. Sur les pollens de passiflore, de jasmin et d'yèble (*pl.* XXV, *fig.* 6, 9 et 10), au contraire, le réseau est formé par un cordon arrondi peu saillant, plus ou moins sinueux mais uni.

L'intervalle de ces divers cordons peut d'ailleurs être granulé, comme on le voit sur le pollen de passiflore, (mais non sur la gravure où l'artiste a omis de l'indiquer), et les nœuds du point de rencontre des cordons peuvent être renflés en papilles saillantes comme sur le pollen de *pelargonium inquinans* (*pl.* XXV, *fig.* 16) vers le sommet.

D'autres pollens, comme ceux de *gilia capitata* (*pl.* XXV, *fig.* 5), sont couverts de stries parallèles courbées en diverses directions. Le pollen du *polemonium* qui, comme le *gilia*, appartient à la famille des *polemoniacées*, présente aussi des stries nombreuses, mais plus courtes, ondulées, serpentantes et comme brisées. On peut déjà remarquer la différence que présentent ces pollens entre eux et avec ceux du *phlox* (*pl.* XXV; *fig.* 8) et du *cobœa* (*pl.* XXIV, *fig.* 7), qui pourtant sont également de la famille des polémoniacées, mais nous aurons à signaler encore d'autres différences.

Les réseaux dont nous venons de parler ont été pris à tort, comme l'indice d'une structure celluleuse, et l'on a voulu regarder chacune des mailles ou aréoles de la surface de ces pollens, comme une cellule déprimée analogue aux cellules de l'épiderme des feuilles ; mais il n'en est point ainsi : les cordons ou les lames saillantes que nous avons décrits, sont des épaississemens externes de la membrane du grain de pollen, formé en vertu de la vitalité propre, et aux dépens du cambium environnant (1); comme les fibres des utricules fibreuses de l'anthère et les spirales des vaisseaux et des trachées, sont des épaississemens internes de la membrane des utricules, beaucoup de granulations et de papilles de la surface des grains ne sont également que des épaississemens de la membrane externe; il y a aussi de ces épaississemens qui, se formant autour d'un point sécréteur d'huile ou de substance résineuse ou visqueuse, sont devenus les épines et les papilles des grains de pollen que caractérise une telle sécrétion à l'extérieur.

Plis et pores ou orifices des grains de pollen.

Certains pollens ont leur surface continue ou leur membrane externe sans plis et sans ouvertures, tels sont ceux des *crocus*, de la sagittaire, de la plupart des aristolochiées, des aroïdées, des laurinées, etc., qui se rompent indifféremment sur un point quelconque, pour laisser sortir leur contenu; D'autres ont un ou plusieurs plis longitudinaux renfermant une portion plus mince de la membrane externe, et suivant lesquels, après le gonflement, se fait la rupture qui donne issue au boyau pollinique; tels sont les pollens d'un grand nombre de monocotylédones et des magnoliacées, des nymphæacées, etc., qui n'ont qu'un pli longitudinal profond, sans ouverture spéciale préexistante; tels sont aussi les pollens des Dioscorées, des *Amaryllis*, etc., qui ont deux plis longitudinaux; ceux de plusieurs amentacées, cactées, plumbaginées, crucifères, etc., qui ont trois plis longitudinaux; ceux de beaucoup de labiées, de borraginées, de rubiacées, de solanées, etc., qui ont plus de trois plis longitudinaux, mais toujours sans ouvertures spéciales préexistantes.

Oscules.

Il est, au contraire, un grand nombre de pollens qui présentent des ouvertures spéciales ordinairement rondes et d'un

(1) Voyez sur cette question l'opinion de M. de Mirbel, dans les Mémoires de l'Académie des Sciences (tome XIII), et dans le Cours complet d'Agriculture (tome V, p. 87), et dans les Annales des Sciences naturelles, 2e série, tome III, p. 147, et t. IV, p. 5.

diamètre bien appréciable, car elles sont larges de 0,02 sur le pollen de citrouille; elles ont encore 0,008 sur le pollen de *Cobœa*, 0,803 sur le pollen de rose trémière, et environ 0,002 sur les plus petits pollens, ceux des plantains et de la betterave; on ne peut donc, comme quelques auteurs, les nommer des pores, et il nous semble que le nom d'*oscules* leur convient beaucoup mieux.

Ces *oscules* sont ordinairement de simples ouvertures percées dans la membrane externe, et laissant à nu la membrane interne; quelquefois ils sont portés sur des tubercules saillans, comme sur le pollen de belle-de-nuit, ou même à l'extrémité d'une portion de tube cylindrique qui devient saillante, après le gonflement du grain de pollen, comme on le voit dans la figure 16 de la planche XXIV, et comme le montre mieux encore, suivant M. H. Mohl, le pollen de *Morina persica*, plante de la famille des Dipsacées.

Les oscules les plus curieux sont assurément ceux du pollen de citrouille (*pl.* XXI, *fig.* 8) qui, avant le gonflement du grain, sont exactement fermées, comme par de petites soupapes, par de petits disques exactement semblables au reste de la membrane extérieure, et hérissés de même, si bien qu'on peut à peine soupçonner leur existence quand ils sont encore en place.

Les pollens des graminées et des cypéracées n'ont qu'un seul oscule formant un petit ombilic, ou porté par une papille. Le Colchique, le Murier à papier et quelques autres plantes ont un pollen à deux oscules; les Onagraires, les Dipsacées, les composées radiées et cynarocéphales, les géraniées, les urticées et beaucoup d'autres dicotylédones ont trois oscules, situés soit au sommet des angles pour les grains triangulaires, soit dans des dépressions latérales ou des plis longitudinaux, pour les grains ovoïdes.

Les pollens des *Impatiens*, de quelques passiflores, des Boraginées, des Polygalées, de plusieurs Campanulacées, Amentacées etc., ont plus de trois oscules situés symétriquement à égale distance des deux sommets, soit sur la surface convexe ou sur des papilles, soit au milieu des plis longitudinaux.

Pollen des chicoracées. — Les pollens des Composées-Chicoracées ont trois oscules situés au centre de trois faces hexagones latérales, surmontées vers les pôles par trois faces penta-

gonales qui se réunissent aux deux sommets, et séparées par
trois paires de faces pentagonales plus grandes, qui complè-
tent la paroi latérale, et qui vont aboutir entre les pentagones
des sommets. Cela fait en tout quinze faces dont trois hexagones et douze pentagones; mais, dans quelques espèces, il se produit trois faces de surplus sur les arêtes des pentagones aboutissant à chacun des sommets; ce qui porte à vingt-un le nombre
des facettes dont toutes les latérales sont des hexagones, savoir : trois réguliers, contenant les oscules, et six irréguliers,
provenant de la coupure des trois paires latérales des pentagones primitifs. M. Hugo Mohl, qui a bien démêlé la vraie structure de ces pollens, en admet cinq variétés principales, qui nous
paraissent devoir être réduites à quatre, savoir : les deux que
nous venons de mentionner, et dont la première s'observe dans
les *Crépis*, les Laitues, les Chicorées, les Lampsanes, et la seconde dans les laitrons, les *Hypochœris*, (*pl.* XXIV, *fig.* 12
et 15) ou deux autres formes ayant l'une et l'autre, au lieu d'un
angle solide, une face hexagone à chaque pôle, entre lesquels
s'étendent latéralement trois bandes formées chacune de trois
ou de quatre faces pentagonales, et trois autres bandes simples
alternant avec les bandes composées, susceptibles de se replier
longitudinalement et de rentrer à l'intérieur des grains secs,
et contenant au milieu de leur longueur un oscule qui n'est visible qu'après le gonflement par l'absorption de l'eau. Les
grains dont les bandes composées latérales ont trois faces seulement, s'observent dans les *Tragopogon*. Ceux qui ont ces bandes formées de quatre faces se voient dans la Scorzonère.
Dans tous ces différens pollens de chicoracées, les faces sont
séparées par un large cordon qui occupe la place des arêtes du
polyèdre théorique, et qui est surmonté par une rangée de
papilles saillantes ou d'épines. Il est fort difficile de bien se
rendre compte de la structure particulière de ces pollens, et
malheureusement le graveur, dans la planche XXIV, a tout-à-
fait mal compris nos dessins, dans lesquels, au lieu de donner
des figures théoriques ou rectifiées d'après une idée préconç-
nue, nous avions voulu représenter les pollens d'*hypochœris* et
de laitron tels qu'ils s'étaient présentés dans le champ du microscope. Cependant on peut déjà se faire une idée du pollen
de *l'hypochœris,* en concevant que la figure 15, *b*, en représente un grain dans une position droite, c'est-à-dire ayant son

axe vertical et ses pôles ou sommets en haut et en bas, et montrant au milieu, une des trois faces hexagones latérales pourvues d'un oscule. De chaque côté de cette face se voient deux des paires de faces pentagonales tronquées vers le sommet par la face accessoire, qui se rend au pôle. La figure 15, *a* représente ce même grain couché sur le côté, ou ayant son axe horizontal; il montre au milieu, une des paires latérales des grandes facettes pentagonales, tronquées vers le sommet par la face accessoire. La ligne qui sépare ces deux grandes faces est donc dans l'équateur des grains de pollen, ou à égale distance des pôles. Au-delà de cette ligne, on aperçoit confusément la face hexagone pourvue d'un oscule qui se trouve exactement vis-à-vis du côté opposé.

Le pollen de la cupidone (*Catanance cœrulea*), (*pl.* XXV, *fig.* 15), qui cependant, fait également partie de la tribu des Chicoracées, n'a point son pollen ainsi polyèdrique, mais simplement épineux, ovoïde à trois plis et trois oscules, comme celui des composées radiées.

La plupart des pollens sphériques ont des oscules au nombre de plus de quatre, disposés symétriquement à leur surface, ou disséminés sans ordre quand leur nombre est très considérable. Dans ce dernier cas se trouvent le pollen de la Belle-de-nuit (*Mirabilis jalapa*) (*pl.* XXIV, *fig.* 5) qui a plus de cent oscules épars et saillans, celui de la rose trémière (*Alcea rosea* (*pl.* XXIV, *fig.* 6), qui en a près de deux cents, disséminés irrégulièrement entre les papilles de la surface, peut-être aussi celui du *Polemonium*, qui en a 42 à 48, est-il dans le même cas; il diffère au moins beaucoup sous ce rapport des autres pollens de *polémoniacées*. En effet, le *Gilia capitata* n'a que six oscules disposés symétriquement comme les sommets d'un octaèdre inscrit dans la sphère; Le *phlox* en a seize, le *cobœa* en a trente-deux, disposés avec une régularité parfaite dans autant d'aréoles, entourée chacune par six aréoles sans oscules, qui les séparent de six aréoles avec oscules, disposées toutes de même. Il s'en suit que chaque aréole sans oscule est contiguë à trois des autres, et leur est en quelque sorte commune ; ainsi le nombre total des unes est double de celui des autres : il est par conséquent de 64, ce qui porte à 96 la totalité des aréoles.

Le pollen de la citrouille n'a que six oscules symétriquement placés comme les sommets d'un octaèdre ; celui du plantain et celuidu groseiller , je crois, en ont huit disposés comme les sommets d'un cube inscrit : cependant ce dernier m'a paru quelquefois en avoir neuf ou dix.

Celui de l'œillet m'a paru en avoir 14 ou 16 , disposés symétriquement ; celui du *cactus opuntia* est , je crois, dans le même cas ; celui de la betterave en a 24 , occupant chacun sur le pollen sec ou vu dans l'huile , le centre d'une facette polygonale ; ce qui fait que chaque grain de ce pollen présente alors l'aspect d'un petit polyèdre à 24 côtés (*pl.* XXIV, *fig.* 14)

Enfin le pollen de l'*Ipomœa purpurea* , (*pl.* XXV , *fig.* 7) a 96 oscules , autant que d'aréoles ; chacune de ces aréoles hexagones étant percée d'un large oscule rond.

On a voulu considérer comme de larges oscules , sur le pollen de la passiflore (*pl.* XXV , *fig.* 6), les trois disques latéraux entourés par un espace annulaire membraneux plus mince , qui les sépare du reste de la membrane réticulée, dont ils ne diffèrent nullement d'ailleurs ; mais quoique la rupture de la membrane se fasse bien réellement par quelque point de cet espace annulaire , on ne voit pas, comme dans le pollen de la citrouille , le disque être soulevé tout entier par un boyau pollinique de même diamètre.

Souvent les oscules sont entourés d'un ou de plusieurs cercles, formant un halo et indiquant l'épaisseur de la membrane externe ou des diverses couches qui ont recouvert le grain de pollen à l'époque de sa formation dans les cellules du parenchyme de l'anthère ; sur le pollen du *cobœa* , que nous avons cité si souvent , sur celui de la belle-de-nuit , on voit bien que le contour de chaque oscule est formé par deux ou plusieurs cercles concentriques ; mais sur quelques autres pollens , sur celui de la campanule à grandes fleurs (*campanula medium*) par exemple , les oscules, au nombre de quatre , larges de 0,004 sont entourés d'un halo ayant un diamètre de 0,015 , et indiquant nettement que la couche ou membrane externe , garnie de petites épines très déliées , laisse un large espace découvert , autour de chaque oscule ; quelques autres campanulacées, des gentianées, des caryophyllées, des amentacées , des composées , des groseillers , etc. , présentent aussi des halos distincts autour de leurs oscules.

Membrane du pollen — Cette particularité, et d'ailleurs l'aspect même des oscules, évidemment fermés par une membrane distincte plus mince que l'enveloppe externe, et surtout, le fait de la production des boyaux polliniques, comme on les voit quand ils commencent à sortir (*pl*. XXIV, *fig*. 8 et *pl*. XXV, *fig*. 4, *a*), en montrant un double contour, tendent à prouver l'existence d'une double membrane autour des grains de pollen, l'une externe, pointillée ou granuleuse ou réticulée, plus sèche, plus résistante, et qui paraît s'être produite par une sorte d'incrustation extérieure, lors de la formation du pollen dans les cellules de l'anthère, l'autre lisse, diaphane, molle, presque mucilagineuse, surtout après avoir été imbibée par l'eau qui la pénètre aisément, et la rend susceptible d'une extension considérable.

Mais l'existence de cette membrane est mise tout-à-fait en évidence, lorsque des grains de pollen assez volumineux ont été macérés et ramollis par un séjour prolongé dans le sirop de sucre acidulé; alors, en effet, par un léger frottement, en faisant glisser la lame de verre mince qui les recouvre, on déchire et on sépare complètement la membrane externe, et le grain de pollen reste avec sa seule membrane interne, lisse et transparente. Lespollens des *Pelargoniens*, de *convolvulus*, et de pourpier sont ceux qui se prêtent le mieux à cette opération, laquelle prouve en même tems que la membrane externe recouvre également la surface des plis ou des enfoncemens, où elle est seulement plus mince et souvent dépourvue d'aspérités.

Quoique l'aspect de certains pollens, comme ceux de la campanule, puissent faire croire à l'existence d'une triple enveloppe, on n'admet généralement, pour divers pollens, que les deux membranes que nous venons de décrire.

Les pollens de quelques conifères font exception, car ils ont distinctement trois enveloppes, et d'autre part le pollen des asclépiadées n'a au contraire qu'une seule membrane.

De la Fovilla — L'intérieur du grain de pollen est occupé par une substance mucilagineuse demi-fluide qu'on nomme la *Fovilla*; elle se montre quelquefois parfaitement transparente avant la rupture ou le gonflement du grain : celui-ci, alors, réfracte fortement la lumière comme un globule d'huile flottant dans l'eau, et peut même, dans certains cas, transmettre une petite image renversée très nette des corps mis sur le trajet du faisceau de lumière illuminante. C'est ce qui a lieu surtout avec les pollens d'urticées et d'amentacées ; cette transparence s'observe aussi avec beaucoup d'autres pollens plongés dans de l'huile, qui imbibe les papilles et les aspérités de leur surface, et dissout le contenu de ces papilles.

Mais quand le pollen a été gonflé par l'absorption de l'eau, la substance intérieure perd sa transparence et devient ordinairement trouble, parce que sa densité n'est plus homogène ; les divers grains ou corpuscules dont elle est comme remplie alors, et qui ne paraissaient point d'abord, sont séparés par l'action de l'eau, ou rendus visibles par le changement de densité du liquide. Ce changement est encore plus prononcé si le grain de pollen venant à se rompre dans l'eau, laisse sortir la *fovilla* soit tout à la fois, soit en forme de cordon demi-fluide ou de fusée. Cette substance alors paraît formée d'une partie mucilagineuse trouble, qui se dissout plus ou moins complétement dans l'eau, et d'une foule de granules, les uns qu'on peut reconnaître pour des globules d'huile, les autres plus nombreux, ovoïdes ou oblongs, solides et souvent d'une grosseur à peu près uniforme dans un même pollen, mais bien différente dans les diverses plantes, et même assez variable dans quelques-unes.

Ces granules qu'on avait d'abord voulu assimiler aux animalcules spermatiques des animaux, aux spermatozoaires, sont, en raison de leur petitesse extrême, agités du mouvement brownien ; c'est même sur eux que ce mouvement a été observé d'abord, mais ils ne présentent aucun indice de vitalité ; souvent même ils sont colorés par l'iode comme de la fécule ; si bien qu'on serait conduit à les regarder comme de simples produits de sécrétion destinés à la nutrition de l'embryon futur, auquel la partie fluide de la fovilla aurait donné la vie.

Les granules polliniques du pollen de la Rose-trémière sont longs de 0,0025 et larges de 0,0014, presque tous égaux ; ceux du pollen de Pourpier, encore plus uniformes, sont ovoïdes, longs de 0,004 ; ceux des conifères ont jusqu'à 5 et 8 millièmes de millimètres ; mais dans la plupart des pollens, ces granules ont au contraire moins de 0,001 (M. Brongniart assigne aux granules polliniques de l'*Hibiscus syriacus* une longueur de 0,0086 et une largeur de 0,0027).

Boyau pollinique. — Quand le pollen est humecté lentement ou d'un seul côté, comme quand il est retenu par la surface visqueuse du stigmate, ou même s'il est en contact avec du sirop de sucre convenablement étendu d'eau, la *fovilla*, au lieu de sortir brusquement comme par explosion, repousse peu à peu sous forme de tube ou de boyau, la membrane interne, soit par une déchirure fortuite sur les pollens sans oscule, soit par un ou plusieurs des oscules préexistans. Les tubes qui sortent ainsi des grains de pollen fixés sur le stigmate, s'insinuent entre les cellules longitudinales du pistil, soit à travers les méats intercellulaires, soit en écartant un peu ces cellules molles et peu adhérentes, comme le feraient les racines d'une jeune plante. Ils arrivent ainsi jusqu'à la surface des ovules, où ils rencontrent naturellement l'exostome ou micropyle, par suite de la direction même des rangées de cellules du style. Là, chaque boyau pollinique donne la vie à un embryon, soit par son simple contact avec le nucelle, soit par la transmission de la fovilla à travers les membranes, soit enfin, comme on l'a prétendu récemment, par sa pénétration directe dans le nucelle dont il refoulerait la membrane comme un doigt de gant, pour s'y loger et devenir lui-même l'embryon.

Les tubes ou boyaux polliniques peuvent se voir distinctement dans une coupe longitudinale du pistil des cistinées, des portulacées, etc.

Nous avons représenté dans la planche II, figure 1, le boyau pollinique du pourpier, engagé entre les cellules du stigmate. L'épaisseur de ce boyau est de 0,008, mais je l'ai vu souvent épais de 0,012 et même davantage. Sa longueur est considérable par rapport à celle du grain de pollen, et il est évidemment pourvu d'une enveloppe dans laquelle les granules polliniques s'agitent du mouvement brownien et dénotent même dans le pollen de pourpier et de malvacées, suivant quelques observateurs, une sorte de circulation analogue à la rotation ou giration qui a lieu dans des cellules vivantes. Quand le boyau pollinique commence à se produire, il est évident, comme nous l'avons dit déjà, qu'il est revêtu par un prolongement de la membrane interne; mais quelque extensible qu'on suppose cette membrane, on ne peut croire que ce soit encore la même qui se prolonge sur toute l'étendue du boyau. Il est bien plus vraisemblable que c'est la substance même de la fovilla qui se condense et se durcit à la surface, à mesure que ce boyau s'alonge; ou bien que ce boyau est une production vivante et organisée analogue aux racines ou aux filamens émis par les spores des cryptogames ; il serait par conséquent revêtu d'une membrane vivante s'accroissant par nutrition.

Dans l'impossibilité où nous sommes de présenter ici d'une manière complète tout ce qui a rapport à la structure et aux fonctions du pollen, nous engageons nos lecteurs à consulter sur ce sujet le beau travail de M. Hugo Mohl, publié en allemand à Berne, et traduit par extrait dans les Annales des sciences naturelles, tome 3, 2ᵉ série, 1835, et les observations de M. de Mirbel, à l'occasion de cette publication, (tome 4 du même recueil.) M. Fritzche avait publié aussi, deux ans auparavant, en 1832, un mémoire fort remarquable sur le pollen (*Beytrage zur Kenntniss des Pollens*) dans les Mémoires de l'académie de Pétersbourg.

CHAPITRE XXV.

DU PISTIL.

Dans la fleur complète, l'organe central simple ou multiple, est le pistil, organe femelle dans lequel doit se développer la graine et qui représente un dernier verticille plus ou moins complet. On y distingue trois parties, le stigmate au sommet, l'ovaire à la base, et le style entre les deux, lequel plus ou moins long, manque souvent, le stigmate alors étant sessile. Chacune de ces parties, d'ailleurs, peut être multiple, surtout quand le pistil est formé par la réunion de plusieurs carpelles ou pistils partiels.

Le stigmate, toujours dépourvu d'épiderme, se présente sous le microscope comme formé par des couches de cellules alongées, perpendiculaires à la surface, et serrées les unes contre les autres comme les fils du velours; cependant, entre ces utricules, restent des méats intercellulaires assez larges pour que les boyaux polliniques y pénètrent facilement (*pl.* XXIV, *fig.* 1).

Le stigmate très irritable des mimulus n'a offert à l'observation microscopique qu'un tissu cellulaire comme les autres stigmates ; mais il est bien probable que des recherches approfondies feraient connaître l'élément de structure qui est en rapport avec cette motilité spontanée.

Le style quand il provient de la soudure de plusieurs styles appartenant à autant de carpelles, peut, comme dans le lys, présenter un canal central, mais ce n'est pas par ce canal que s'introduisent les boyaux polliniques, c'est toujours par les méats intercellulaires, dans l'épaisseur même du tissu. Une coupe transverse du style montre bien sa structure interne et ses méats intercellulaires; une coupe longitudinale fait voire que ses cellules sont alongées prismatiques.

Le stigmate est quelquefois porté latéralement et non à l'extrémité seulement du style; c'est toujours une surface papilleuse et humectée par une sécrétion visqueuse, qui retient les grains de pollen et détermine la sortie des boyaux polliniques. Les papilles sont même quelquefois très saillantes, mais il ne faut pas les confondre avec les poils que le style lui-même peut présenter au-dessous ou autour de la surface stigmatique.

L'ovaire est la partie la plus importante du pistil, et celle dont l'étude offre à la fois et plus de difficultés et plus d'intérêt; on y doit étudier et la disposition et la structure des feuilles carpellaires, offrant ordinairement une nervure médiane prolongée dans le style, et des placentas marginaux diversement situés par rapport à l'ensemble de l'ovaire. Les placentas sont composés d'un amas de parenchyme très délicat, et d'un cordon pistillaire, faisceau de vaisseaux qui, partant de l'axe de la fleur, donne naissance aux divers cordons ombilicaux, ou funicules, supportant chaque ovule, et enfin se perd dans le style, où il forme plus spécialement le tissu conducteur du boyau pollinique.

Des ovules.

Les *ovules*, en nombre plus ou moins considérable, et quelquefois solitaires, sont portés par le placenta ou plus exactement le cordon pistillaire qui envoie un faisceau vasculaire à chaque ovule. Dans le principe, l'ovule n'est qu'un très petit tubercule formé d'un parenchyme délicat dont les cellules pleines de liquide ont les parois épaisses et molles; plus tard, quoique long-tems encore avant la fécondation, il se montre sous la forme d'un petit corps ovoïde, nommé le nucelle. Il est logé dans une petite cupule portée par le funicule, et destinée à devenir le tégument simple ou multiple de la graine ; cette cupule est formée elle-même ordinairement de deux couches parenchymateuses qui se font reconnaître à leur double rebord, et qu'on nomme la *primine* et la *secondine*. Cette double cupule de l'ovule, par suite de son accroissement, a fini par envelopper presqu'entièrement le nucelle, en laissant seulement au sommet une petite ouverture nommée le micropyle, et par laquelle le boyau pollinique viendra donner la vie à l'embryon. Le point où le funicule s'attache à l'ovule se nomme le *hile*, mais ce n'est pas toujours en cet endroit même que le faisceau vasculaire se divise dans l'enveloppe ; il arrive souvent que ce faisceau reste adhérent à la membrane externe, ou paraît ramper dans son épaisseur, sans se diviser pendant un certain trajet ; il forme alors ce qu'on nomme le *raphé*, cordon plus ou moins saillant, et qui se voit encore dans la graine mûre. Le point où le faisceau vasculaire, après avoir ainsi rampé à la surface, se divise pour se répandre dans le tissu de la membrane interne, se nomme la *chalaze* : on conçoit que la chalaze, regardée à tort comme appartenant exclusivement à la secondine ou membrane interne, se confondra avec le hile toutes les fois que le faisceau vasculaire se divisera dans l'ovule immédiatement, sans former de raphé. On conçoit aussi que l'existence d'une chalaze suppose toujours une position inverse pour l'ovule, qui alors est dit anatrope ou hémitrope ; lorsque, au contraire, la chalaze est confondue avec le hile, l'ovule est droit ou orthotrope, à moins qu'il ne soit courbé plus ou moins dans son ensemble, auquel cas il est dit campulitrope.

Le nucelle, petite masse ovoïde de tissu cellulaire, long-tems avant la fécondation, s'était creusé d'une cavité oblongue remplie de liquide, qu'on nomme le sac embryonnaire, et dont les parois paraissent formées par le tissu cellulaire environnant, sans membrane propre, quoiqu'on ait dit que c'est un sac à parois distinctes, ou une utricule qui se gonfle et se dilate par l'accumulation des liquides à l'intérieur du sac embryonnaire. L'embryon montre d'abord comme une petite masse nébuleuse de tissu utriculaire suspendue au milieu du liquide, mais ce n'est qu'après la pénétration du boyau pollinique ou de son contenu, que l'embryon devient véritablement distinct. Bientôt sa forme se dessine, et l'on reconnaît la radicule tournée vers le micropyle, et les cotylédons s'étendant de plus en plus vers l'intérieur.

A mesure que la graine s'approche de sa maturité, ses parties deviennent plus distinctes : l'embryon, en se développant aux dépens du liquide contenu dans le sac embryonnaire. reste droit, se courbe diversement et même se plisse quelquefois en pressant entre ses replis ou en refoulant contre les parois du tégument, la partie restante du parenchyme du nucelle devenu le périsperme, à moins que tout ce parenchyme du nucelle n'ait été épuisé complètement ou réduit à l'état d'une mince membrane nommée l'endoplèvre.

CHAPITRE XXVI.

DE LA GRAINE.

Dès l'instant où l'embryon s'est développé dans le nucelle, l'ovule est devenu une graine, mais ce n'est que plus tard, en approchant de sa maturité, qu'il mérite tout-à-fait ce nom. Enfin, quand la graine est entièrement mûre, ses tégumens ont acquis la consistance nécessaire pour la protéger, et ses cotylédons sont désormais capables de nourrir par eux-mêmes l'embryon, lorsqu'il sera soumis aux conditions de chaleur et d'humidité qui déterminent la germination.

Dans la graine, ou distingue l'amande formée de l'embryon et du périsperme, et le tégument qui est simple ou multiple, et qui souvent aussi présente des couches nombreuses en continuité parfaite, et différant entre elles par leur couleur, par leur consistance, par leur structure et par le contenu de leurs cellules.

L'*embryon* se compose de la tigelle, plus ou moins cylindrique, terminée par la radicule vis-à-vis le micropyle, et par la gemmule à l'autre extrémité. Dans les plantes monocotylédones, la gemmule est enfermée dans la feuille primordiale en forme de cône creux, ou accompagnée par cette feuille primordiale plus ou moins étalée et qu'on nomme cotylédon. Dans les plantes dicotylédones, la gemmule est resserrée entre deux feuilles primordiales ou cotylédons qui, plus ou moins convexes à l'extérieur, se touchent par une face plane. Ces cotylédons sont presque uniquement formés de tissu cellulaire ou parenchyme, et c'est seulement chez quelques plantes comme les malvacées, les cucurbitacées, etc., dont l'embryon a acquis déjà dans la graine un certain degré de développement, qu'on y voit des nervures formées par des faisceaux fibro-vasculaires; mais le parenchyme des cotylédons contient dans ses cellules des substances diverses devant servir à la nourriture du jeune embryon jusqu'à ce qu'il ait pu, par ses racines, puiser dans le sol de nouveaux élémens; ces cotylédons eux-mêmes, par suite, prenant peu à peu les caractères des feuilles, puisent à leur tour dans l'atmosphère des élémens gazeux. Les cellules dans les graines de crucifères, de rosacées, de chanvre, de lin et des autres plantes oléagineuses, contiennent principalement des globules huileux entremêlés de granules blancs de substance albumineuse azotée; elles contiennent aussi fréquemment du sucre dissous. Dans les graines de légumineuses, elles contiennent de la fécule avec des substances azotées plus ou moins analogues au caséum. C'est surtout parce qu'on a vu des cotylédons blancs et remplis de fécule d'abord, devenir verts et contenir, comme les feuilles, de la chlorophylle ou chromule, dans leurs cellules, qu'on a voulu admettre la transformation de la fécule en chlorophylle; mais, en comparant ces deux substances à l'aide du microscope, on reconnaît qu'elles n'ont de commun que leur séjour dans les cellules, et que la fécule dissoute, et changée d'abord en dextrine, puis en sucre, a disparu peu à peu pour faire place au nouveau produit vert, qui se forme sous l'influence de la lumière.

Les cellules des cotylédons charnus sont plus ou moins serrées, et peuvent même former des couches distinctes près de la surface, comme on le voit dans la noisette et l'amande; mais en général, vers le milieu, on les voit presque sphériques, laissant entre elles des méats ou espaces intercellulaires, de même que dans la moelle.

Périsperme.

Il faut bien distinguer de l'embryon ou de ses cotylédons, le périsperme, qui forme quelquefois la majeure partie de l'amande, mais qui, souvent aussi, est réduit presque à rien a même peut manquer entièrement. On le nomme aussi albumen ou endosperme : c'est un tissu cellulaire provenant, comme nous l'avons dit plus haut, de la portion du nucelle non résorbée et plus ou moins augmentée par une multiplication de cellules. Le périsperme peut offrir les mêmes différences que les cotylédons, quant à sa structure et au contenu de ses cellules : il est farineux dans le blé, huileux dans le ricin, etc. ; mais il présente encore bien d'autres modification de structure et de consistance, provenant de l'épaississement ou du ramollissement des parois des cellules, ou du remplissage complet de ces cellules ou de leur transformation graduelle en divers produits organiques dont on aperçoit bien d'ailleurs le rapport avec le parenchyme primitif. Ainsi, on a des périspermes caséeux, mucilagineux, charnus, coriaces, cartilagineux, cornés, osseux ou pierreux. On remarque que certains périspermes cornés ou cartilagineux comme ceux des rubiacées, du dattier, etc., au lieu d'être formés par un tissu cellulaire, dont chaque cellule d'abord distincte se remplirait successivement d'une substance incrustante, sont formés d'abord d'une substance demi-liquide homogène qui se consolide peu à peu et se creuse de cavités ou cellules contenant une substance analogue en granules plus ou moins distincts, mais sans parois propres.

Les graines de certaines plantes, telles que les *nymphæa*, les *piper*, les *saururus*, etc. ont, par exception, deux périspermes, l'un extérieur provenant de la portion du nucelle non résorbée et dont le tissu cellulaire s'est développé, et qui seule peut conserver le nom de périsperme ; l'autre produit de la même manière, par ce qui restait du sac embryonnaire, et qui doit être nommé spécialement l'endosperme. Ces deux parties de la graine se distinguent par quelques différences de tissu peu importantes, et d'ailleurs quand le périsperme est simple, on peut souvent être embarrassé pour savoir auquel des deux il correspond.

Tégumens.

La graine est ordinairement revêtue d'un tégument résistant, qu'on nomme *testa* ou *spermoderme*, et que l'on considère comme provenant du développement de la primine. Souvent on trouve au-dessous une membrane très mince, très délicate qu'on nomme le *tegmen* ou l'*endoplèvre*, et que plusieurs botanistes croient provenir de la secondine ou membrane interne de l'ovule, mais il est bien certain que, pour certaines graines sans périsperme, pour les haricots, par exemple, l'endoplèvre est le reste du parenchyme du nucelle refoulé et comprimé entre le tégument et l'embryon. On conçoit alors combien il doit être difficile de retrouver dans cette membrane sa structure cellulaire primitive.

Le spermoderme présente fréquemment deux ou trois couches d'une structure totalement différente, sans qu'on doive penser qu'un égal nombre de membranes ont pris part à sa formation : il est bien plus vraisemblable, en effet, que le tissu cellulaire de l'enveloppe du nucelle a conservé assez de vitalité pour produire par lui-même, soit en dedans, soit en dehors, ces couches diverses, qui toutes ont pour principe un tissu cellulaire d'abord homogène, dont les cellules plus ou moins serrées ou entassées, tantôt restent molles et même mucilagineuses, tantôt conservent leurs parois minces et s'emplissent de liquide, tantôt, au contraire, se surajoutent en couches nombreuses, sèches comme le liége, ou bien s'emplissent d'une substance incrustante très dense, ligneuse ou même siliceuse ; mais il arrive aussi quelquefois que le spermoderme s'épaissit à l'extérieur par une véritable sécrétion, dont le produit forme à la surface de chacune des cellules extérieures, une couche de plus en plus épaisse : c'est ainsi que dans la graine de *Canna indica*, (*pl.* XXII, *fig.* 4, *c*) il s'est formé à l'extérieur une couche cornée extrêmement dure, qui est évidemment sécrétée à la surface des cellules rondes sous-jacentes, et l'on conçoit que les graines dures, luisantes et comme pierreuses de quelques légumineuses, des amaranthes et de certaines monocotylédones, peuvent être ainsi recouvertes par un produit de sécrétion.

Il s'en suit qu'on aura des spermodermes subéreux comme celui de la capucine, ou ligneux comme celui des graines de néflier, ou crustacés ou cornés, ou luisans et émaillés, etc., et que certaines graines auront leur spermoderme dur et ligneux, revêtu par une couche de cellules pleines de liquide, comme celles du grenadier, ou par une couche du tissu cellulaire mucilagineux, susceptible de se dissoudre ou de se gonfler considérablement dans l'eau chaude, comme les graines du lin, du coignassier, etc.

Le tégument de plusieurs graines a la propriété de se couvrir d'aspérités produites par un développement plus considérable du tissu cellulaire de la surface, et souvent ces aspérités ont une régularité vraiment admirable. Chez certaines *Bignoniacées*, le tégument se prolonge latéralement en ailes membraneuses formées par des cellules fibreuses dont la paroi est réticulée ou grillagée, comme dans le tissu des anthères. Quelques autres graines ont des excroissances irrégulières, des caroncules, comme la graine du ricin par exemple.

Coton.

Enfin, il est des graines à la surface desquelles s'est développé, dans l'ovaire, une aigrette ou chevelure (*coma*) formée de très longues cellules tubuleuses ayant crû à la surface du spermoderme, et devenant par la dessiccation un duvet blanc, cotonneux, très fin. Telles sont les graines des épilobes, des asclépias et des cotonniers. Ces aigrettes, par leur origine et par leur structure, diffèrent complètement de celles des valérianées et des composées, qui couronnent le fruit et non la graine, et qui représentent ainsi le bord du calice.

Le coton est la chevelure (*coma*) de la graine du cotonnier ; il est formé de tubes membraneux comprimés, larges de 0,015 à 0,023 et formés chacun par une seule cellule très alongée. Il agit faiblement sur la lumière polarisée, tandis que les fibres textiles du liber de diverses plantes, lin, chanvre, etc., ont au contraire une action très prononcée.

On doit mentionner encore comme dépendance de la graine, les diverses expansions celluleuses de son funicule ou cordon ombilical, qui l'enveloppent quelquefois entièrement et constituent ce qu'on nomme l'arille.

Quelque dur que soit le spermoderme, on y retrouve encore, au moins sous l'enduit secrété de la surface, la structure cellulaire primitive, on voit dans les spermodermes durs et ligneux chaque cellule remplie par une substance incrustante qui a formé des couches concentriques à l'intérieur, comme dans la couche *l* de la graine de *Canna indica* (*pl.* XXII, (*fig.* 4), c'est ce qu'on verra aussi dans l'enveloppe osseuse d'une foule de graines, et en particulier de certaines légumineuses, euphorbiacées, polygonées, etc.

Lame striée des graines avortées de groseilles.

Un singulier exemple de production ligneuse nous est offert par les graines avortées des groseilles rouges ou blanches (*Ribes rubra*), lesquelles se trouvent toujours en plus grand nombre que les graines fécondes ou parfaites, suspendues par leur long funicule filiforme au placenta pariétal de chaque côté de la baie. Chacune de ces graines avortées se compose d'une masse ovoïde de tissu cellulaire (*pl.* XXIII, *fig.* 3), longue d'un demi-millimètre environ, à cellules arrondies très petites, sur laquelle le funicule forme un raphé contenant encore des indices de vaisseaux spiraux. De cet ovule avorté part une large lame très mince et cassante de tissu ligneux, couverte de stries disposées comme des hachures, par petites séries, dans toutes les directions, et produisant sur la lumière l'effet de petites facettes nacrées quadrangulaires. Ces stries, obser-vées à un fort grossissement, sont des cellules très alongées, à parois latérales, épaisses et percées de quelques pores ou canaux de communication (*fig.* 4). Près du bord inférieur de ces lames qui sont larges d'un à deux millimètres, on voit quelques cellules plus larges (*fig.* 5), rayées ou percées de fentes transverses comme les vaisseaux scalariformes. Ainsi cette lame anormale est formée de cellules présentant à la fois les caractères des fibres ligneuses et des vaisseaux. Ces singulières lames se trouvent aisément ; elles adhèrent à la langue ou au palais quand on mange des groseilles.

CHAPITRE XXVII.

DU FRUIT.

De nombreuses observations microscopiques sont également à faire sur les diverses sortes de fruit ; en comprenant sous ce nom, l'ovaire à l'époque où la graine a atteint sa matu-rité. L'ovaire, prenant alors le nom de péricarpe, est libre ou adhérent au calice ; il est formé d'un seul carpelle à une ou plusieurs graines ou de plusieurs carpelles, soit sim-plement rapprochés, soit soudés et fondus ensemble pour former un fruit simple en apparence, mais en réalité multiple. Dans tous ces cas, le carpelle, en se développant, a pu devenir charnu ou ligneux, ou rester herbacé pour se dessécher ensuite ; il a pu se souder à la graine qu'il renferme, ou former une cavité dans laquelle cette graine reste libre ; on conçoit donc que, de toutes ces modifications diverses et des variétés que présente en outre le tissu cellulaire des diverses couches du péricarpe, il a dû résulter un nombre considérable de fruits qui pourraient donner lieu chacun à des observations différentes ; nous en indiquerons seulement quelques-unes.

Beaucoup de carpelles à une seule graine ou monospermes, se soudent de telle sorte à la graine, qu'ils se confondent avec son tégument ; aussi avait-on pris autrefois pour des graines nues ces fruits qu'on nomme aujourd'hui des noix, ou cariopsides, tels sont ceux des graminées, des cypéracées, des borraginées, des labiées, des fraisiers, etc.

Le tégument ainsi épaissi par la soudure du carpelle, doit donc présenter en général des couches plus nombreuses de tissu cellulaire endurci et une structure plus complexe ; on y observera d'ailleurs la plupart des mêmes caractères que sur le spermoderme : ce seront des couches de cellules remplies par une substance incrustante et souvent aussi ayant sécrété sur leur face externe un dépôt plus ou moins épais, plus ou moins hérissé d'aspérités. Il y aura d'ailleurs souvent aussi des excroissances formées par le tissu cellulaire, en forme d'épines ou de tubercules ou de réseau etc. D'un autre côté, on y devra retrouver quelquefois l'épiderme du carpelle, comme sur le fruit des céréales.

Quand un tel carpelle monosperme, soudé au tégument de la graine qu'il contient est lui-même soudé au calice ou enveloppé par le calice adhérent, comme chez les composées, les valérianées, les ombellifères etc., la complication du tégument de la graine devient encore plus grande, puisqu'il se compose à la fois du calice, de la feuille, du carpelle et du spermoderme, chacun desquels peut lui-même être formé de plusieurs couches distinctes et diversement modifiées de tissu cellulaire. Cependant il est rare que l'enveloppe de la graine, dans ce cas encore, présente plus de deux ou trois couches de structure différente. Les fruits secs ainsi adhérents au calice, présentent plus souvent que les autres à l'extérieur, un épiderme analogue à celui des parties vertes de la plante; c'est ainsi que M. Decaisne (1) a vu le fruit des *galium* à feuilles rudes, revêtu d'un épiderme réticulé, tuberculeux, analogue à celui de la face supérieure des feuilles.

Des Drupes.

D'autres fruits sur lesquels nous devons fixer notre attention, sont les *drupes* ou fruits à noyau, dont l'enveloppe charnue et le noyau osseux représentent la couche externe et la couche interne d'un carpelle, qui lui-même est une feuille modifiée.

A la surface du drupe se trouve un épiderme formé d'une couche de cellules aplaties, et souvent couvert de poils nombreux formés de cellules implantées sur cette couche. La partie molle et charnue se compose de cellules arrondies assez volumineuses, remplies de liquide, entre lesquelles se répandent quelques faisceaux fibro-vasculaires. Le noyau est formé de très petites cellules rendues polyèdriques par leur pression mutuelle, et qui sont remplies par une substance ligneuse incrustante déposée par couches à l'intérieur.

Les mêmes cellules remplies de substance ligneuse incrustante se voient diversement groupées en amas isolés, dans les poires dites pierreuses et même dans les poires molles et fondantes où on les connaît sous le nom de pierres; à la surface de ces amas de cellules ligneuses, les cellules pleines de sucs du parenchyme, sont groupées en houppes rayonnantes, comme M. Turpin l'a montré dans les *Mémoires de l'Institut*.

Des Baies.

Les *baies* sont des fruits mous ou remplis de sucs, renfermant au lieu d'un noyau comme les drupes, des graines ou pépins suspendus librement aux placentas. La baie peut-être libre, comme le raisin, qui n'est revêtu que par l'épiderme des carpelles composans, ou bien elle est revêtue par le calice adhérent, comme la groseille, dont l'épiderme formé de cellules polygonales aplaties (*pl.* XXIII, *fig.* 2), pro-

(1) Recherches sur la garance, page 54.

vient du calice même qui l'enveloppe ; son parenchyme, comme celui de toutes les autres baies, est formé de grosses cellules ovoïdes ou irrégulièrement polyèdriques, avec les angles arrondis, et remplies de liquide ainsi que les méats intercellulaires. Ces cellules ont environ un cinquième de millimètre ou 0,20.

De la Lupuline.

En terminant ce chapitre, nous devons parler d'un produit singulier de la fructification du houblon, étudié par les botanistes et par les chimistes sous le nom de *lupuline*, mais envisagé par les uns comme un corps d'une structure aussi régulière que le pollen, et par les autres comme un simple produit de sécrétion : entre les écailles des cônes ou fleurs femelles du houblon, à leur base, on voit de nombreux granules jaunâtres qui s'en détachent comme une poussière, surtout après la dessiccation ; chacun de ces granules est une vésicule d'abord pleine de liquide et de principes résineux amers, et plus tard contractée, plissée, et ne contenant plus que cette dernière substance ; ces granules, dont le diamètre est de 0,10 à 0,14, se gonflent de nouveau par un effet d'endosmose si on les met en contact avec l'eau ou le sirop de sucre, et finissent par crever comme des grains de pollen ; au premier aspect, leur surface paraît régulièrement réticulée, mais avec un peu d'attention, on reconnaît bien qu'elle est simplement couverte de plis irréguliers multiples (*pl*. XXVI, *fig*. 5), qui semblent appartenir à une membrane extérieure plus épaisse, tandis qu'une membrane interne plus déliée n'aurait que des plis ou des rides légères à peine sensibles.

SECTION II.

OBSERVATIONS PARTICULIÈRES SUR LES VÉGÉTAUX.

—

CHAPITRE PREMIER.

SUR QUELQUES PHANÉROGAMES ET CRYPTOGAMES.

Il n'y a pas une seule plante qui, dans tous ses détails, ne puisse fournir le sujet d'une histoire micrographique dont les élémens principaux ont été indiqués dans les chapitres précédens, et dont une étude approfondie agrandirait considérablement le cadre. La chélidoine, l'hydrocharis, le groseiller, le coréopsis, etc., nous ont fourni quelques exemples des faits nouveaux qui restent à constater ou à découvrir. Nous devons citer encore le liége et les productions analogues de l'écorce de l'orme, du platane, etc. Les fibres ligneuses de tous les arbres de la famille des conifères, si remarquables par les rangées latérales de disques ou de cupules qu'elles présentent toujours, et qui les font reconnaître même à l'état fossile. L'incrustation siliceuse de l'épiderme des palmiers, des graminées, des restiacées et des prêles ; incrustation quelquefois si épaisse et si dure, que les instrumens d'acier ne peuvent l'attaquer, et douée en outre d'une structure régulière qu'on ne se lasse pas d'admirer à la surface des prêles et de certaines graminées rudes au toucher. Cette incrustation siliceuse persiste avec sa structure après la combustion de la plante ; c'est elle qui rend les cendres de ces végétaux si faciles à vitrifier. Comme nous l'avons dit plus haut, c'est l'armure siliceuse de la prêle d'hiver qui rend cette plante si utile pour le polissage de l'ivoire et des bois précieux.

Nous pouvons, d'ailleurs, citer comme d'admirables modèles pour l'étude micrographique d'une espèce végétale, les beaux travaux de M. de Mirbel sur la *Marchantia polymorpha*, publiées dans les *Mémoires de l'Institut*, et les recherches sur la garance, par M. Decaisne, publiées dans les *Mémoires de l'Académie de Bruxelles en* 1837.

Avant que de passer en revue, dans des chapitres séparés, les divers groupes de végétaux cryptogames que leur organisation doit rendre l'objet d'une étude particulière, nous devons mentionner la structure et le développement des corps reproducteurs des fougères qu'on nomme leurs *spores*, et qui sont pulvérulens, enfermés dans des capsules ou *thèques*, ou *sporanges* d'une structure remarquable ; ces thèques sont ordinairement portées par un pédicelle celluleux qui se prolonge autour d'elles en forme d'anneau élastique, destiné à faciliter plus tard, par sa rupture et par son ressort, la dissémination des spores ; les thèques sont réunies en amas ou en sores, unies ou recouvertes par une portion détachée de l'épiderme qu'on nomme l'*indusium*.

Les lycopodes ont des spores à trois arêtes renfermées dans des thèques sessiles axillaires. Ces spores, en quantité prodigieuse, constituent cette poudre jaunâtre qui sert à produire sur le théâtre, de grandes flammes pour imiter les éclairs. Les lycopodes, comme les fougères, contiennent dans leurs tiges des faisceaux fibro-vasculaires régulièrement disposés, parmi lesquels se trouvent beaucoup de vaisseaux annulaires.

Les prêles (*Equisetum*) ont aussi des vaisseaux spiraux, mais en très petit nombre ; leur fructification se compose d'un assemblage d'écailles lobées, réunies en épi sur des pédoncules courts, à l'extrémité des tiges ou des rameaux, et portent à leur face inférieure des spores nues, globuleuses, entourées chacune de quatre filamens terminés en spatule ; ces filamens partant de la base, sont enroulés en spirale autour de la spore, dont ils favorisent la dissémination en se débandant comme des ressorts élastiques.

Les *Marchantia*, si bien décrites par M. de Mirbel, et quelques autres hépatiques, ont leurs spores renfermées dans des thèques portées à la face inférieure d'un réceptacle pelté et pédicellé, où elles sont entremêlées de filamens élastiques destinés à en faciliter la dissémination. Ailleurs, on trouve aussi des thèques nues, sessiles, engagées dans quelques parties de la fronde, ou superficielles. L'*anthoceros*, genre d'hépatiques fort remarquable par la forme de son réceptacle en alène ou en manière de corne presque droite, a été le sujet d'observations microscopiques bien précieuses de M. Hugo Mohl (1), sur l'origine et le développement des spores, qui se forment quatre par quatre dans des cellules sphériques.

Les lichens se composent d'un support ou thallus foliacé, ou rameux, ou crustacé, formé de tissu cellulaire, ou plutôt de filamens cloisonnés, ramifiés et entrelacés comme un feutre, et qui sont évidemment de simples séries de cellules. Leurs fructifications sont des disques, des écussons ou scutelles qu'on nomme, en général, apothécies, et qui consistent en un noyau ou *nucléus*, dans lequel sont engagées des cellules tubuleuses, nommées des *asci*, renfermant les spores. Les scutelles sont souvent entourées d'un rebord particulier, et quelquefois aussi portées par un pédoncule ou support.

~~~~~~

CHAPITRE II.

DES CHARAS ET DE LA CIRCULATION DE LEURS SUCS.

Les Charas, nommés anciennement Charagnes, sont des plantes aquatiques toujours submergées pendant leur vie, et répandant aussitôt qu'on les tire de l'eau, une odeur marécageuse caractéristique, à laquelle on attribue, avec raison, une partie des effets délétères des marais pontins en Italie. On les trouve exclusivement sur les sols calcaires, dans les eaux douces, stagnantes ou peu rapides, mais pures. Leur tige, longue de 3 à 5 décimètres, et épaisse de 1 à 3 millimètres, suivant les espèces, est articulée, et, à chacun de ses entrenœuds qui sont espacés de 5 à 12 centimètres, elle présente un verticille de six rameaux qui s'écartent comme les branches d'un candelabre, et sont eux-mêmes articulés et ramifiés comme la tige principale. Vers l'extrémité des rameaux supérieurs, se voient les organes de la reproduction qui sont de deux sortes, portés isolément à l'aisselle de petits rameaux très courts, qu'on pourrait nommer des feuilles ou des bractées. De ces organes, les uns rouges, globuleux, sont regardés comme représentant les étamines ; leur enveloppe est dure,

_____

(1) Annales des sciences naturelles, 2e série, Bot., t. 12.
~~~~~~

cassante, et composée de pièces polygonales assemblées suivant des sutures sinueuses et portant chacune dans l'intérieur un faisceau de petits tubes partant de leur centre. Ces tubes sont articulés ou divisés par des cloisons transverses, en cellules contenant chacune un filament très fin contourné diversement, et qui se meut à la manière des vibrions, lorsqu'il est mis en liberté : c'est là ce qu'on a nommé les animalcules spermatiques des charas ; la capsule contient en outre une houppe beaucoup plus considérable de petits tubes semblables partant d'un prolongement central de son axe.

Les autres organes de reproduction sont les graines ovoïdes, ou en forme de barillet situées à la base des derniers ramuscules ; elles sont formées de cinq pièces solides partant de la base et s'enroulant parallèlement en spirale autour de la graine, pour se terminer au sommet, qui porte dans le premier âge une couronne de cinq pointes ou folioles. A l'intérieur de la graine est le germe, qui se développe en émettant la radicule par une des extrémités et la tigelle par l'autre.

La tige des charas est d'un vert pâle, blanchâtre, et quelquefois tout-à-fait grise par suite de l'encroûtement de carbonate de chaux dont elle se revêt pendant sa vie. Ce carbonate de chaux est limpide et se divise nettement en petits rhomboèdres parfaits, c'est seulement en raison de ses fêlures nombreuses qu'il paraît blanchâtre. Il se dépose par juxtaposition à l'extérieur, mais c'est probablement un effet des actions vitales de la plante qui puise dans l'eau, par toute sa surface, les élémens de la nutrition, bien plutôt qu'un effet des actions électriques, comme celles qu'on observe dans les procédés galvano-plastiques. Toujours est-il que, si l'on veut conserver vivantes des Charas dans des vases, il faut avoir soin d'ajouter à l'eau du calcaire en poudre, si elle n'en contient pas suffisamment.

Toute la longueur de chaque entre-nœud de chara est occupée par une seule cellule végétale, comme un long cylindre qui paraît tordu sur son axe, d'un tour environ. Cette torsion est indiquée par les séries parallèles de granules verts qui tapissent à l'intérieur la membrane diaphane de cette longue cellule, (*pl.* XXVI, *fig.* 13), et qui sont dirigées un peu obliquement ou en spirale lâche. Ces grains verts sont ovoïdes, inégaux, longs de 0,004 millim. environ, et m'ont paru quelquefois marqués d'un très petit point rouge ; on en voit quelques-uns plus alongés, et formés évidemment par la soudure de deux ou plusieurs des granules primitifs. Les séries parallèles de grains verts ne tapissent pas uniformément toute la surface interne de la cellule, mais elles forment deux larges bandes opposées, entre lesquelles se voit de chaque côté un espace dégarni ; les deux larges bandes de granules se continuent manifestement l'une l'autre, en se repliant à chaque extrémité sur la cloison de l'articulation.

Pendant la vie de la plante, ou même tant que la cellule ou l'entre-nœud soumis à l'observation n'a pas été blessé, on peut voir dans l'intérieur, à l'aide du microscope, un phénomène des plus remarquables. Le liquide mucilagineux diaphane qui remplit la cellule, se meut uniformément le long des bandes de granules verts, en montant, suivant l'une des bandes, se contournant à la cloison terminale, puis redescendant le long de la bande opposée, pour revenir et parcourir le même chemin, après avoir contourné la cloison inférieure. Ce courant ne pourrait être vu directement, si le liquide n'entraînait sans cesse avec lui des masses de substance mucilagineuse ou de cambium qu'il paraît avoir détachées des parois, et surtout s'il ne chariait en même tems des granules verts et des masses irrégulières ou des globules assez volumineux qui paraissent résulter de l'agglutination de granules verts provenant sans doute de la multiplication de ceux de la paroi. Dans les racines et dans les premiers entre-nœuds de la tige très jeune, la circulation a lieu sans granules verts, et se distingue seulement par les amas de substance mucilagineuse entraînés par le courant. On ne peut donc supposer que les granules verts soient les agens de ce phénomène, quoique des micrographes aient annoncé qu'ils sont pourvus de cils comme les infusoires ; mais le microscope ne nous a pas fait connaître encore complètement la structure des Charas, et les observations de M. Raspail, de M. Dutrochet et de M. Becquerel, bien loin de résoudre la question du mouvement circulatoire des Charas, n'ont servi qu'à montrer toute la difficulté du problème.

D'après ce que nous venons de dire, on pourrait croire que la cellule cylindrique ou tubuleuse qui occupe toute la longueur d'un entre-nœud de Chara, constitue à elle seule cet entre-nœud ; mais cela ne se voit ainsi que chez certaines es-

pèces plus grêles (*Chara flexilis*) dont on a fait un genre particulier sous le nom de *Nitella*. Les vraies Charas et notamment la *Chara hispida* ainsi nommée à cause des prolongemens dont elle est hérissée, ont à chaque entre-nœud un tube central comme celui des *Nitella*, entouré d'un cercle de tubes plus petits, dans lesquels le même phénomène de circulation a lieu séparément. Ce sont ces petits tubes seuls qui, dans ces espèces, sont encroûtés de carbonate de chaux comme le tube unique des Nitella. Dans les unes comme dans les autres, on ne voit bien nettement la circulation qu'après avoir gratté avec précaution l'enduit calcaire ; mais en outre, si l'on veut voir le phénomène plus en grand dans le tube central des vraies Charas, il faut enlever tous les petits tubes extérieurs, en évitant soigneusement de blesser la paroi du tube central ; celui ci reste ainsi parfaitement transparent et continue à vivre, si la plante a été coupée de part et d'autre des nœuds qui limitent la cellule soumise au microscope.

De nombreuses expériences ont été faites sur les charas, pour arriver à l'explication des phénomènes qu'elles présentent, et plusieurs peuvent être répétées comme celle qui consiste à étrangler avec un fil le tube dans un point quelconque de sa longueur; on voit alors la circulation continuer entre la ligature et l'une des cloisons extrêmes.

Puisqu'il suffit, pour voir le phénomène de la circulation des charas de prendre un seul entre-nœud avec les nœuds qui le terminent, on peut, pour cette observation, se servir d'une petite caisse rectangulaire de la longueur de l'entre-nœud, et dont le fond est en verre, et qu'on tient pleine d'eau; mais je préfère placer une tige mince de chara avec de l'eau entre de larges plaques de verre mince.

M. Dutrochet, qui avait précédemment publié dans les Annales des sciences naturelles plusieurs travaux importans sur la circulation des charas, vient, dans un nouvel ouvrage sur la force qu'il nomme *épipolique*, d'attribuer à cette force le même phénomène de circulation dans ces végétaux.

M. Donné, par des observations très délicates confirmées par M. Dutrochet, était parvenu à montrer déjà auparavant que les granules verts détachés de la paroi du tube par une pression inégale, se meuvent encore par eux-mêmes soit isolés, soit en séries droites ou diversement contournées ; remarquant en outre que les divers corpuscules chariés par le courant, éprouvent des petites déviations en passant devant chaque granule vert du tube; il avait été conduit à penser qu'en effet il pourrait y avoir là simplement un effet de cils vibratiles. (*Annales des sciences naturelles*, 2ᵉ, série, Bot., T, 14.)

CHAPITRE III.

DES MOUSSES EN GÉNÉRAL, ET DES SPHAGNUMS EN PARTICULIER.

Les mousses, par la délicatesse de leur organisation et par la régularité de leur structure, semblent appeler l'emploi du microscope, et en effet, quoiqu'une forte loupe ou un microscope simple puissent déjà faire connaître beaucoup des détails qu'elles réservent à l'observateur, on est bientôt forcé de recourir au microscope composé, pour les étudier plus complètement.

Les feuilles des mousses en général sont formées d'une simple couche de cellules polygonales oblongues, dont les membranes supérieure et inférieure tiennent lieu d'épiderme sur les deux faces; ces cellules sont remplies de matière verte ou chlorophylle en granules ronds, de 0,003 environ, comme dans les feuilles de *l'hypnum fluitans* par exemple, dont nous avons représenté un fragment dans la planche XXVII, *fig.* 9. Il faut toutefois remarquer que la forme des cellules peut être fort différente dans d'autres espèces.

Les tiges des mousses ne sont formées que de tissu cellulaire très alongé ou prosenchyme. Toutes les mousses se reproduisent par le moyen de séminules ou spores (*pl.* XXVII, *fig.* 8) qui se développent quatre par quatre dans les cellules d'un parenchyme mou, à l'intérieur de l'urne ou thèque si remarquable de ces petites plantes.

L'urne, d'abord en forme de colonne ou de petite massue celluleuse, était primitivement enfermée dans un sac membraneux, qui, venant plus tard à se rompre, laisse autour du pied de l'urne une gaîne et à son sommet une petite coiffe, tantôt nue, tantôt garnie de poils couchés longitudinalement.

L'urne est quelquefois sessile au milieu d'une couronne de feuilles qui lui forment une sorte d'involucre nommé le périchèse (*périchœtium*), mais plus souvent elle est pédonculée. Dans le principe c'était une petite massue de tissu cellulaire en apparence homogène , mais peu à peu les couches externes ont pris plus de consistance et ont dû devenir une capsule cornée brune , formée d'un rang de cellules polygonales ou rectangulaires , à parois solides et résistantes , comme on le voit dans la figure 7 de la planche XXVII , représentant une portion de l'urne du *sphagnum*. (A la partie inférieure , la membrane externe a été enlevée , et on ne voit que la membrane interne.)

En même tems que l'enveloppe de l'urne se consolidait , et que les spores se formaient dans les cellules du parenchyme intérieur , la columelle , axe celluleux délié , devenait plus distincte au centre de l'urne , et cette urne elle-même tendait à se diviser transversalement en deux parties , l'une plus petite , conique ou terminée en pointe , occupant le sommet et nommée l'opercule , et qui paraît être un prolongement ou une expansion de l'axe ; l'autre plus considérable , qui est l'urne proprement dite , globuleuse ou ovoïde ou fusiforme.

Le bord de l'urne , qu'on nomme le *péristome* , est quelquefois un simple anneau plus épais , de tissu cellulaire endurci ; mais , dans un grand nombre d'espèces , il est entouré d'une couronne simple ou double de lanières très délicates terminées en pointe et qui sont nommées les dents du péristome. Quand cette couronne est double , la rangée interne qui a une structure différente et plus délicate , est regardée comme le prolongement d'une membrane interne ou endothèque.

L'urne , très jeune , est entourée dans son perichèse par des filamens celluleux de même longueur , qu'on nomme *paraphyses* et que l'on regarde comme des thèques avortées. Parmi les paraphyses et dans le même perichèse ou dans des périchèses particuliers , quelquefois sur des pieds différens , se trouvent aussi d'autres petits corps en massue , ou terminés par une cellule oblongue et qu'on nomme les *anthéridies* , parce qu'on a voulu les regarder comme des organes mâles analogues aux étamines des plantes phanérogames. Cependant, par leur mode de formation et par leur mode de germination , en émettant un ou plusieurs tubes transparens, les spores ont bien plus de rapport avec les grains de pollen, et la thèque ou urne ressemble plutôt à un anthère. Aussi, en donnant le nom d'anthéridie au corps dont nous parlons, a-t-on été obligé de regarder la cellule terminale comme représentant un seul grain de pollen; cette cellule terminale de l'anthéridie est remplie d'un liquide mucilagineux, dans lequel on observe soit des granules, soit des filamens contractiles très singuliers qui ont été nommés les animalcules spermatiques ou spermatozoaires des mousses. Ces filamens, en effet, se meuvent et s'agitent dans le liquide à la manière des vibrions ; mais toutes les mousses ne se prêtent pas également bien à ce genre d'observation, et ce sont particulièrement les anthéridies des sphagnum qui contiennent ces prétendus spermatozoaires, dont le rôle est tout-à-fait hypothétique comme celui de l'anthéridie elle-même.

La teinte, plus ou moins vive, plus ou moins blanchâtre des mousses est en rapport avec l'arrangement des cellules de leurs feuilles, avec l'état de leur surface plus ou moins lisse, et surtout avec l'abondance des poils blanchâtres qui terminent quelquefois les feuilles ; c'est ainsi à des poils nombreux que le *Bryum argenteum*, si commun sur les murs et sur les allées de jardins, doit son aspect. Mais la structure des cellules contribue à cette teinte d'une toute autre manière, pour un genre de mousses, les sphagnums, qui forment dans les forêts, sur les terrains tourbeux, des masses molles et arrondies, d'un jaune-verdâtre presque blanc, qu'à leur aspect on prendrait pour des buttes solides.

En effet, les feuilles blanchâtres du *sphagnum* sont formées de cellules de deux sortes en une seule couche, les unes plus étroites, en séries ramifiées, (*pl.* XXVII, *fig.* 4), et imitant de larges nervures, sont d'abord remplies de chlorophylle en granules bien distincts ; les autres, plus larges, vides et lacuneuses, ont leur membrane irrégulièrement épaissie et percée naturellement de larges ouvertures qui donnent accès à l'air et à divers animalcules.

Dans la très jeune feuille, toutes les cellules sont closes, irrégulièrement alongées et à peu près uniformes (*fig.* 6 *b*); un peu plus tard, les cellules qui contiendront la chlorophylle se distinguent déjà de celles qui resteront vides, parce qu'elles forment un réseau à mailles oblongues assez régulières (*fig.* 6 *a*) ; quand ensuite la feuille a acquis tout son développement, les cellules à chlorophylle se sont en quelque sorte changées en nervures épaisses (*fig.* 5), par suite du rétrécissement de leur cavité intérieure et de l'épaississement de leurs parois; elles ne contiennent plus alors de chlorophylle. En même tems, les cellules intermédiaires sont devenues de plus en plus irrégulières par suite des épaississemens et des destructions particlles de leurs membranes, de sorte que toutes ces cellules communiquent largement entre elles : c'est alors que la blancheur de leurs membranes perforées et sèches contribue le plus à cet aspect si singulier des sphagnums.

Les tiges des *sphagnums* se composent d'un faisceau plus ou moins volumineux de cellules alongées et épaissies de prosenchyme, qui sont de plus en plus étroites, à parois plus épaisses, en se rapprochant de la surface (*fig.* 1 *m l*, *fig.* 2 et 3); ce faisceau ligueux est revêtu par une ou plusieurs couches de cellules vides et lacuneuses (*fig.* 1 , *c c*), analogues aux cellules intermédiaires des feuilles, mais quelquefois très régulières et ressemblant même aux cellules fibreuses des anthères, et presque à des vaisseaux spiraux sur les tiges les plus minces, (*fig.* 2).

Ces cellules vues sur une coupe transverse (*fig.* 1), montrent leurs cloisons irrégulièrement lacuneuses, avec des ouvertures rondes qui établissent entre elles de larges communications, aussi ces cellules sont-elles remplies d'air comme celles des feuilles.

On trouve très souvent dans toutes ces cellules des rotifères rougeâtres qui s'y multiplient et trouvent à s'y nourrir. C'est même un spectacle fort curieux que de voir sous le microscope, ces petits animaux, en circulant à travers toutes ces cellules, donner la démonstration la plus complète de la réalité des ouvertures percées dans les cloisons.

CHAPITRE IV.

DES CONFERVES, DES VAUCHÉRIES ET DES ZYGNÊMES.

Conferves. — On confondait autrefois sous le nom de Conferves toutes les algues aquatiques en filamens verts nombreux très fins, mais aujourd'hui on conserve ce nom seulement aux algues à filamens cloisonnés , simples ou rameux , contenant dans chacune de leurs cellules une matière verte irrégulièrement distribuée , et ne formant jamais de spirales régulières , ou d'étoiles ou de globules (gongyles), ni à l'extérieur ni à l'intérieur. Cette matière verte, à l'époque de la maturité, se change en un grand nombre de grains ovoïdes qui sont les séminules ou les spores.

Les spores, d'abord immobiles, se meuvent à une certaine époque dans l'intérieur de la cellule, laquelle présente alors latéralement près de son sommet, un petit mamelon transparent qui se gonfle de plus en plus jusqu'à ce qu'il finisse par se percer tout-à-fait pour donner issue aux spores. Celles-ci, par suite de leur mouvement continuel d'agitation, trouvent enfin l'ouverture par laquelle elles s'échappent pour nager librement dans les eaux jusqu'à ce qu'elles viennent se fixer aux corps solides où elles se développeront plus tard. Ces singulières séminules que beaucoup d'observateurs ont vu dans diverses espèces, et que nous-même nous avons vues sortir de la *Conferva geniculata,* semblent jouir temporairement de la vie animale; elles s'agitent et nagent en tournant dans toutes les directions , comme des infusoires, aussi a-t-on voulu leur donner le nom de *Zoocarpes,* et leur présence dans les Ectocarpées, les Ulvacées et dans plusieurs autres ordres d'algues aquatiques, comme dans les conferves , a-t-elle motivé le nom de *Zoospermées,* par lequel M. Agardh a voulu désigner collectivement ces divers ordres, par opposition avec les fucoïdées, les floridées, les céramiées et les sphacellariées, dont les corps reproducteurs ne sont point animés ainsi.

Il est assez rare de rencontrer une conferve précisément à l'instant où ses spores commencent à s'agiter dans les cellules, mais quand on en a rencontré une dans cet état, on peut continuer à l'observer pendant plusieurs jours, et l'on remarque bientôt le dépôt de spores vertes qui se fait sur la paroi du vase. Ces spores sont ovoïdes, longues de 0,005; l'extrémité qu'elles portent en avant par leurs mouvemens, est un peu pointue et incolore; on n'a pu jusqu'à présent reconnaître par quel moyen elles nagent ainsi dans le liquide; on pourrait bien supposer qu'il y a autour de cette partie antérieure plus claire, des cils vibratiles ou des filamens locomoteurs comme chez les Infusoires; mais non plus que sur les granules verts des *Charas,* le microscope n'en a point encore démontré l'existence.

La matière verte dans les cellules est quelquefois en bandes flexueuses et irrégulièrement anastomosées, contenant des granules disséminés, lesquels grossissent peu à peu et deviennent plus tard les noyaux des spores ou séminules. L'enduit mucilagineux interne de la cellule se voit quelquefois aussi assez distinctement, surtout à l'époque de la maturité, et quand plus tard cet enduit, en se contractant, paraît s'être détaché comme une membrane mince.

On peut aussi observer sur les conferves le fait si important de la multiplication des cellules, soit par la production d'une cloison au milieu d'une cellule plus longue qui se trouve ainsi partagée en deux, soit, chez les Conferves rameuses, par la production d'un rameau latéral, à l'extrémité d'une cellule où l'on voit se former d'abord un tubercule transparent qui s'alonge en un tube restant d'abord en communication avec la cellule mère; puis s'en trouvant ensuite séparé par un étranglement et par une cloison.

Des *Vaucheria.*

Les *Vaucheria* comme les Conferves, sont formées de longs filamens verts simples ou plus souvent rameux; mais elles en diffèrent, parce que ces filamens sont sans cloisons, c'est-à-dire, continus dans toute leur étendue et avec leurs rameaux, et uniformément tapissés par des petits grains de matière verte.

Les *Vaucheria* se distinguent en outre par leur fructification, qui se compose d'une ou de plusieurs masses globuleuses ou ovoïdes de substance verte, portées en dehors des filamens comme un fruit sur son pédoncule et quelquefois même avec des petits rameaux ou appendices qui rappellent le rôle des bractées. Ce singulier mode de fructification fit donner à ces plantes le nom d'*Ectospermes*, par Vaucher, qui, dans son histoire des Conferves d'eau douce, les a décrites avec soin.

Dans les tubes continus des *Vaucheria*, on a observé des rotifères qui s'y nourrissent de la matière verte, et qui semblent se plaire beaucoup dans cette prison où ils se multiplient (1); on peut d'ailleurs, reconnaître assez facilement à leur aspect, les *Vaucheria* qui, sur le bord des eaux ou sur la terre humide et ombragée, comme aussi au fond des fossés limpides, ont une tendance remarquable à dresser leurs filamens, d'une grosseur proportionnellement plus considérable que ceux des autres algues filamenteuses, ce qui les rend plus rudes au toucher.

Des Zygnema.

Les *Zygnema* sont aussi des filamens verts flottant dans les eaux douces ; ils se distinguent parce qu'ils ne sont jamais rameux ; leurs filamens régulièrement cloisonnés, sont doux au toucher, et contiennent dans chacune de leurs cellules une ou plusieurs spirales de substance verte que leur régularité et leur élégance rendent un des plus jolis objets microscopiques. Leur grosseur est ordinairement entre 0,03 et 0,10.

À certaines époques ou dans certaines circonstances, la matière verte si élégante des cellules se contracte en une masse globuleuse destinée à la reproduction de la plante, mais cette transformation est ordinairement précédée par un des phénomènes les plus étranges. Deux des filamens d'une touffe de *Zignema* se rapprochent parallèlement jusqu'à se toucher en présentant l'un à l'autre toutes les cellules qui sont égales ; alors, du milieu de chaque cellule, il part un petit tubercule incolore qui se développe et s'avance peu à peu jusqu'à la rencontre du tubercule correspondant ; il en résulte une soudure entre chaque paire de cellules correspondantes ; mais en même tems les tubercules venant à se percer dans leur point de contact, forment entre les cellules un canal de communication par lequel toute la matière verte d'une des cellules indifféremment passe dans l'autre cellule où, avec la matière verte qu'elle y trouve, elle forme une masse globuleuse ronde ou un gongyle qui plus tard germera dans l'intérieur même de sa prison.

(1) C. Morren, Acad. Bruxelles.

Dans leur état de soudure qui ne disparaît point après la mort, les filamens de zygnème forment accidentellement des assemblages réguliers en forme d'échelle, ce qui leur fit donner aussi le nom de Conjuguées par Vaucher.

Les *Zygnema* présentent, comme les conferves, le fait de la multiplication des cellules, et l'on peut même bien facilement l'observer sur les très jeunes filamens.

Nous avons représenté dans la planche XXVIII plusieurs portions de diverses espèces de *Zygnema*, pour faire voir comment la spirale de matière verte peut être simple ou multiple. Cette spirale est formée par une bandelette irrégulièrement festonnée ou lobée, appliquée à la face interne de la cellule et contenant d'abord des granules disséminés, lesquels se condensent plus tard pour former des globules, réunis en série par un cordon étroit qui s'étend dans toute la longueur de la bande verte. A l'époque de la maturité, les spirales vertes, comme on le voit dans les figures 2, 3 et 4, quittent la paroi le long de laquelle elles rampaient, et se contractent de plus en plus, d'abord en un cordon épais granuleux, contenant encore dans l'intérieur les globules qui formaient une série le long de la bande spirale, puis en une masse oblongue, montrant seulement quelques indices de sa disposition primitive, et finalement en une masse globuleuse unique, soit qu'une seule spirale, soit que plusieurs spirales aient contribué à sa formation.

En même tems on a vu partir des deux extrémités de la cellule deux membranes convexes qui s'avancent l'une vers l'autre en refoulant de plus en plus la matière verte jusqu'à ce qu'elles l'aient amenée à la forme du gros globule final, (*pl.* XXVIII *fig.* 4), ces membranes sont le résultat de la séparation de l'enduit mucilagineux qui tapissait tout l'intérieur de la cellule vivante, et qu'on voit bien clairement dans la figure 7, où, malgré son extrême diaphanéité, elle est indiquée par des ombres trop prononcés qu'on a fait naître en variant l'incidence de la lumière. Dans la cellule encore vivante, et particulièrement dans celle qui termine un filament (*fig.* 1), on voit à l'extrémité quelques expansions de cette même matière mucilagineuse, diversement sinuée et changeant de forme; on y voit en outre aussi des granules très petits agités du mouvement brownien. Il est bon de remarquer que les proportions indiquées par les botanistes entre la longueur et la largeur des cellules de *Zygnema* sont très variables et ne peuvent nullement fournir un bon caractère spécifique. On distingue parmi les *Zygnema* certaines espèces qui, au lieu de la spirale simple ou multiple de matière verte, ont dans chaque cellule une double étoile de cette matière verte ; on en fait un genre ou un sous-genre qu'on nomme *Tyndaridée*, et qui d'ailleurs, présente absolument les mêmes phénomènes pour l'accouplement et pour la réunion de la matière verte en un globule unique.

Quelques autres espèces dont on a fait le genre *Mougeotia*, ont leurs filamens diversement pliés et soudés en réseau par suite de l'accouplement ; leur matière verte ne présente pas une figure aussi régulière, elle paraît remplir d'abord toute la cellule.

CHAPITRE V.

DES OSCILLAIRES OU OSCILLATOIRES, DES LYNGBIA, BANGIA, SULFURAIRE, ETC.

Le nombre des algues filamenteuses et des végétaux inférieurs dont la structure en fils très déliés, ne peut être révélée que par les microscopes les plus puissans, est encore considérable quand on en a séparé les conferves, les vauchéries et les zygnèmes. Nous en indiquerons sommairement quelques-unes, mais nous allons d'abord parler avec quelques détails des oscillaires ou oscillatoires, ainsi nommées à cause des mouvemens spontanés de leurs filamens verts ou noirâtres : mouvemens si prononcés qu'ils ont conduit quelques naturalistes à douter de la nature végétale de ces petites algues, et que, dans tous les cas, ils doivent montrer combien la limite entre les deux règnes est difficile à tracer, si toutefois une telle limite existe.

Les oscillaires constituent un grand nombre d'espèces qui se distinguent entre elles par le diamètre de leurs filamens, par leur couleur et par leur habitation. Les unes, en effet, se trouvent exclusivement dans les eaux douces ou salées, limpides ou stagnantes, d'autres sur la terre ou sur les murs humides, comme l'*Oscillaria parietina*, la plus commune de toutes , qui couvre d'un enduit d'un vert très foncé noirâtre, visqueux, les allées de jardin, le pied des murs et les interstices des pavés, dans les rues et dans les cours peu aérées, et qui, desséchée en croûte mince amorphe pendant l'été, reprend la vie quand il pleut depuis plusieurs jours.

Cette oscillaire, disons-nous, est vert-noirâtre, quelques autres, dans les eaux, sont encore plus noires ; mais la plupart de celles qui vivent dans les eaux sont, au contraire, d'un vert très vif, tantôt plus bleu, tantôt plus jaune : ce sont des filamens toujours simples , plus ou moins distinctement engagés dans une base mucilagineuse ; leur diamètre, toujours uniforme pour une même espèce , varie communément d'une espèce à l'autre , entre 0,016 et 0,004 , cependant il y en a de beaucoup plus minces , car dans de vieilles infusions , on voit des filamens verts oscillans qui ont seulement 3 ou 2 millièmes de millimètres ; d'un autre côté, on indique *l'Oscillaria major* des eaux thermales, comme ayant ses filamens épais de 0,028, et l'on assigne un diamètre de 0,0375 à ceux de l'*Oscillaria princeps* , observée par Vaucher à la surface des eaux. L'espèce la plus commune, l'*O. parietina* dont nous avons déjà parlé, a ses filamens longs de 4 à 5 millimètres , et épais de 0,0060 à 0,0065.

Chaque filament d'oscillaire est formé d'un cordon continu de matière verte contenant des granules ou renflemens en séries transverses assez régulièrement espacées ; ce cordon est aminci à l'extrémité, et forme une pointe alongée et émoussée, plus diaphane et beaucoup plus mobile que le reste, car on la voit s'infléchir de côté et d'autre comme un doigt ou comme l'extrémité d'une trompe (*pl.* XXVIII *fig.* 11, *a b*). Cette pointe est en outre souvent munie d'une houppe de filamens muqueux irréguliers, chez les espèces terrestres et chez celles des eaux fangeuses. Le cordon de substance colorée vivante des oscillaires est revêtu d'une enveloppe diaphane muqueuse, plus ou moins résistante, qui reste quelquefois comme une membrane, quand la substance colorée s'est retirée soit de l'extrémité soit de quelques points intermédiaires , où le cordon se trouve alors interrompu. Cette enveloppe, d'ailleurs, se rompt très facilement, ainsi que la substance contenue, et l'on voit une foule de filamens d'oscillaires , accidentellement privés de leur extrémité pointue, et terminés brusquement, ou simplement arrondis au bout. Quand les filamens d'oscillaire commencent à se décomposer soit spontanément quand ils ont été laissés un instant à sec, ou quand l'eau qui les baigne s'est altérée, soit par l'action chimique des alcalis, ou des acides ou de l'alcool, la substance colorée tend à se diviser transversalement en segmens qui pourraient faire croire que le filament était primitivement cloisonné; mais on reconnaît bien que c'est simplement un effet de la contraction de cette substance intérieure. En même tems l'enveloppe diaphane se dissout et disparaît de telle sorte que, au bout de quelques heures, il ne reste plus que des segmens disjoints et même isolés, (*pl.* XXVIII *fig.* 11).

Dans les petites espèces, on ne voit que deux ou trois granules à chaque rangée transverse; dans les plus grosses, ces granules forment des rangées de six et de huit sur la face antérieure, et comme les filamens sont cylindriques, on peut bien admettre qu'il en existe un plus grand nombre. On voit d'ailleurs, entre les rangées régulières de granules, d'autres rangées à peine marqués de granules naissans, dont le développement successif produit l'alongement du filament.

Les filamens des oscillaires se courbent de côté et d'autre en oscillant lentement, mais quelquefois aussi en se courbant et se redressant d'un mouvement brusque et par secousses. C'est particulièrement pendant l'été qu'on les voit se mouvoir plus vivement, cependant il faut un peu d'attention pour l'apercevoir d'abord; et quand on a mis une petite touffe d'oscillaire entre des lames de verre avec de l'eau, on pourrait croire d'abord que c'est par un simple effet d'élasticité que les filamens diversement courbés et entremêlés se redressent successivement.

Ces filamens, en vertu de leur motilité, tendent sans cesse à se disposer en houppes rayonnantes, soit dans le liquide soit en rampant sur les surfaces humides; cette disposition se manifeste déjà au bout de quelques heures si l'on a étalé sans ordre des oscillaires sur une assiette ou sur une lame de verre avec de l'eau, et l'on peut même par là reconnaître tout d'abord ces végétaux.

Plusieurs autres végétaux en filamens animés et pour la plupart non encore classés, offrent une structure différente de celle des oscillaires. Les uns, sans membrane propre, paraissent formés d'une simple file de globules, les Anabaines sont en outre entourés d'une épaisse couche mucilagineuse souvent difficile à voir; d'autres paraissent ne différer des vraies oscillaires que par leurs granules irrégulièrement disséminés, au lieu d'être en rangées transverses. Il en est d'autres enfin qui sont composés d'une membrane diaphane résistante, avec des granules irrégulièrement disséminés dans l'intérieur; tels sont ces filamens blancs d'une extrême ténuité qui se présentent en houppes légères, dans les eaux minérales sulfureuses, et qui se développent aussi dans les infusions putréfiées d'où il se dégage de l'hydrogène sulfuré, comme il arrive par exemple, avec les eaux des environs de Paris, si chargées de sulfate de chaux. Ces filamens s'agitent d'une manière très évidente, et souvent même plus vivement que les oscillaires ; c'est en raison de cette motilité que leurs touffes flottantes dans les eaux sulfureuses sont si élégamment épanouies.

D'autres filamens n'ont pas montré de motilité ou en ont montré fort peu, telles sont les *Lyngbya* en filamens verts, épais de 0,012 (*pl.* XXVIII, *fig.* 14) qui se composent d'un tube membraneux continu, renfermant une substance verte divisée en disques ou segmens superposés, qui plus tard se séparent et se dispersent pour reproduire la plante, chez les *Lyngbya*, il arrive souvent que le tube reste vide, soit à l'extrémité, soit dans certains points de sa longueur : cela semble indiquer dans la substance verte elle-même, une contractilité propre et une motilité qui, en raison de la solidité de la membrane, se manifesterait seulement par des changemens de longueur dans l'intérieur du tube.

Les *Bangia* forment des touffes de filamens simples brunâtres sur les corps submergés dans une eau courante, et se rencontrent souvent aussi dans cette couche de vase et de végétations microscopiques qui recouvre les plantes et les pierres submergées ; ce sont des filamens comprimés, renfermant dans leur enveloppe membraneuse, des granules colorés soit en brun rougeâtre soit en fauve jaunâtre, disposés transversalement par paires ou par séries de 3 à 5. Les Scytonema en diffèrent parce que leur matière colorante forme des lignes transverses et non des granules distincts.

On pourrait encore citer les nombreux filamens blancs ou incolores, droits ou divisés en rameaux dressés, formant ces végétations aquatiques désignées assez vaguement sous le nom de *Leptomitus*, et qui se développent sur les corps en décomposition dans l'eau, ainsi que les *Achlya* et les divers filamens byssoïdes en touffes rameuses qui sont un mode du développement de certains champignons ; mais nous y reviendrons.

CHAPITRE VI.

DU NOSTOC, DES ULVES ET DE QUELQUES AUTRES ALGUES.

Le nostoc est un végétal qu'on voit paraître sur la terre humide après les pluies ; il est en masses de 2 à 6 centimètres, chiffonnées, molles, gélatineuses, d'un vert-brunâtre salé, et ressemble tout d'abord à un morceau de feuille de chou pourrie ; pendant la sécheresse, il se réduit presque à rien et disparaît pour se montrer de nouveau quand il s'est gonflé par l'absorption d'une grande quantité d'eau. Sa structure, si simple qu'elle soit, mérite de fixer l'attention de l'observateur au microscope, et parce qu'elle a été souvent fort mal indiquée, et parce qu'elle doit mieux faire comprendre le mode de multiplication de la substance colorée vivante des végétaux inférieurs et conséquemment de ces végétaux eux-mêmes. Le nostoc commun se compose de globules granuleux verdâtres, larges de 0,006, réunis à la file, en cordons diversement contournés et flexueux, lesquels sont entourés chacun d'une épaisse couche mucilagineuse demi-transparente, dont la soudure mutuelle et la consolidation déterminent la forme et l'aspect de cette plante. Les globules réunis en fibre ou séries au nombre de 30 à 60, sont ou réunis par un cordon très mince, ou séparés par un étranglement, ou même soudés deux ensemble quand ils proviennent de la multiplication par division spontanée de l'un d'entre eux (*pl.* XXIX *fig.* 8. *c*). C'est à tort qu'on attribue à ces files de globules la faculté de se mouvoir spontanément, après avoir été mis hors de leur enveloppe par la dissection dans l'eau. Leur motilité, quoique bien probable, est si faible qu'on ne l'aperçoit pas. Nous avons représenté dans la planche XXIX, *fig.* 8, une lame mince coupée perpendiculairement à la surface du nostoc, et tenue sous l'eau entre des lames de verre. On y voit chaque file de globules logée dans une cavité primitivement moulée sur les globules mêmes, mais distendue par l'eau ; une de ces cavités, même, est restée vide vers le bord inférieur, par suite de l'enlèvement de la file de globules. La substance intermédiaire est diaphane et à peine colorée en vert dans le centre de la masse ; mais en approchant de la surface, elle prend une teinte de plus en plus verte ; elle est évidemment condensée en couche épaisse autour de chaque file de globules ; on voit d'ailleurs dans la figure 8 *b* une file de globules séparée de la partie la plus molle, avec son enveloppe, après trente heures de macération dans l'eau, et l'on peut y reconnaître tout-à-fait la même structure qu'aux filamens isolés et enduits de mucilage des *Anabaina*. On conçoit bien, d'après cela, comment la fusion de toutes ces enveloppes mucilagineuses des cordons a formé une masse en apparence continue vers la surface externe de cette masse ; les enveloppes partielles ont pris plus de consistance, se sont épaissies et colorées davantage, et en outre il se produit encore une exsudation mucilagineuse limpide, qui forme une couche très molle et presque liquide.

Comme chez les *Anabaina* aussi, on remarque çà-et-là un globule plus volumineux dans les files de globules du nostoc. On peut bien supposer que de tels globules sont destinés plus spécialement à reproduire au loin l'espèce, tandis que les globules ordinaires, comme on le voit dans la figure 8 *c*, déterminent, en se multipliant par division spontanée, l'accroissement ou la multiplication de la masse isolée.

On distingue plusieurs espèces de Nostoc, ayant toutes la même structure interne, mais différant par leur forme et par leur couleur. L'une d'elles *Nostoc sphæricum* est en petites boules vertes de la grosseur d'un pois, sur les herbes humides ; je l'ai trouvé au bord de la Vilaine, sur des plantes accidentellement submergées où je le prenais pour une autre algue très remarquable le *Gaillardotella* ou *Rivularia natans*, qui est également en petites boules vertes mucilagineuses fixées aux plantes submergées, mais qui est formé de filamens partant tous d'une base commune comme les rayons d'une sphère : chaque filament ayant à sa base un article globuleux incolore comme une première cellule, puis se continuant en un tube simple dans lequel la matière verte est disposée en anneaux et que termine un long filament diaphane.

Une troisième algue le *Chætophora pisiformis* présente aussi le même aspect à peu près, mais sa couleur est plus pâle et il est formé de filamens cloisonnés rameux.

Il est enfin une autre production verte globuleuse que nous n'avons pas vue mais qui est commune dans les eaux douces du nord de l'Europe ; c'est un amas d'infusoires nommés aujourd'hui *Ophrydium versatile* et qui, comme les algues dont nous venons de parler, a reçu de divers naturalistes, d'après sa forme seulement, les noms *d'Ulva pruniformis*, de *Linckia pruniformis*, de *Conferva*, de *Tremella*, etc.

Les autres algues d'eau douce, comme les Batrachospermes, les Draparnaldies, les *Thorea*, le *Chætophora endiviæfolia*, seront aussi des objets bien dignes d'intérêt pour le micrographe. Les algues marines, infiniment plus nombreuses, formeront une source inépuisable d'observations; nous citerons seulement ici les Ulves comme devant donner, sur l'origine et la structure de la cellule végétale, ainsi que sur la multiplication de la matière verte ou de la chromule en général, des notions précieuses. En effet, sur le bord d'une fronde *d'Ulva lactuca*, on voit le tissu d'abord homogène, diaphane, paraissant s'accroître par intususception ou par extension de tissu, à mesure que de nouvelles molécules invisibles se glissent entre celles qui existent déjà, puis des cavités d'abord vides et diaphanes ensuite remplies de matière verte, se creusent dans l'épaisseur même du bord homogène de la fronde, et viennent ainsi augmenter le nombre des cellules ; plus tard enfin, la matière verte se divise en deux ou quatre globules, qui paraissent être les seuls moyens de reproduction de la plante.

CHAPITRE VII.

DES CLOSTÉRIES OU LUNULINES ET DES DESMIDIÉES EN GÉNÉRAL.

Les Clostéries, ainsi nommées à cause de leur forme en fuseau, sont des petits corps oblongs cylindroïdes, amincis aux deux extremités, longs de 0,1 à 0,5, composés d'une membrane extérieure, diaphane, résistante, souvent striée

longitudinalement, qui paraît close comme une cellule végétale,
et d'une substance verte, molle, pulpeuse, qui remplit presque
entièrement cette membrane, et qui contient elle-même une
file de gros globules de même couleur, plus réfringens. La
membrane est tapissée intérieurement d'un enduit mucilagineux analogue à celui des cellules végétales vivantes, et le
long duquel se produit aussi, dans l'intérieur, une circulation
intracellulaire irrégulière, ou même oscillante, qui s'aperçoit
dans l'espace diaphane laissé près du contour entre la substance verte et la membrane extérieure. L'enduit mucilagineux
occupe seul les deux extrémités, où il présente une petite
cavité sphérique dans laquelle s'agitent sans cesse des granules
rouges de 0,002 environ, qui ont été considérés tantôt comme
des organes locomoteurs, tantôt comme des corps reproducteurs, mais dont l'agitation pourrait bien être simplement un
effet du mouvement brownien. Au milieu même de la longueur, la substance verte est souvent interrompue, et la
membrane venant aussi à se prolonger en une double cloison
transverse, la Clostérie finit par se diviser spontanément. Un
autre mode de propagation analogue à celui des zygnêmes a
lieu également chez les Clostéries, que l'on voit quelquefois
s'approcher et se souder deux à deux par le milieu, de telle
sorte qu'il se forme entre elles une ouverture de communication par laquelle toute la matière verte de l'une passe dans
l'autre, où la masse entière se rassemble en un gros globule
vert.

On distingue une quinzaine d'espèces de clostéries, différant entre elles par leurs dimensions et par leur épaisseur
relative, par l'amincissement plus ou moins prononcé de leurs
extrémités et par leurs stries longitudinales, et par le nombre
ou le volume de leurs globules internes : quelques-unes sont
toujours droites, d'autres sont tantôt droites tantôt courbées
en arc ou en croissant, et c'est pour cela que M. Bory leur
donna le nom de *Lunuline*, auquel on a dû préférer celui de
Clostéries, créé par M. Nitzsch sept ans auparavant (en 1817):
l'espèce la plus commune et la plus grande avait été décrite
par O. F. Müller comme un animal infusoire, sous le nom de
Vibrio lunula. Depuis lors les naturalistes ont été partagés
au sujet de la nature végétale ou animale des Clostéries;
M. Ehrenberg persiste à les considérer comme des animaux

de sa classe des infusoires polygastriques, en prenant pour autant d'estomacs les globules logés au milieu de la matière verte. Cet auteur prétend que les deux cavités sphériques des extrémités sont des ouvertures de la carapace, dans lesquelles s'agitent les granules rouges qu'il nomme des papilles constantes et mobiles. Mais pour quiconque aura voulu vérifier les détails d'organisation que nous avons rapportés plus haut, et comparer directement les clostéries avec les zygnêmes, il sera bien évident que ce sont des végétaux.

Les Clostéries se trouvent abondamment dans les eaux douces stagnantes, parmi les Conferves et les autres Algues d'eau douce. Si l'on a mis dans un flacon quelques touffes de ces herbes avec l'eau où elles vivent, on voit bientôt quelques clostéries fixées à la paroi interne du flacon; leur dimension permet souvent de les apercevoir à la vue simple, mais en explorant le flacon à l'aide d'une loupe, on les voit plus sûrement. Il arrive quelquefois même que, sur des *Vauchéria* et des *Dravarnaldia*, les clostéries sont groupées, ou en houppes rayonnantes, ou en amas larges d'un à deux millimètres, et que leur couleur d'un vert foncé rend parfaitement visibles.

Dans la famille des Desmidiées, on comprend une foule de petites Algues vertes microscopiques, d'une structure admirablement régulière ; les unes en rosace ou en étoile, ou en croix comme les *Micrastérias*, les *Staurastrum*, etc. , ou comme un assemblage symétrique de deux lobes ou de deux cellules aplaties en forme de feuilles, comme les *Euastrum*, d'autres enfin formant de longues séries, qu'au premier coup d'œil on prendrait pour des filamens de conferves ou de *Zygnema*, mais qu'avec le secours du microscope, on reconnaît bien pour un assemblage de petites pièces régulières, formées chacune d'une seule cellule membraneuse remplie de matière verte, et entourée d'une épaisse couche de substance mucilagineuse, tels sont les *Desmidium* proprement dits.

La membrane externe des Desmidiées est solide et résiste assez bien à la putréfaction, mais elle n'est pas siliceuse; sa surface est souvent ornée de granulations ou d'aspérités uniformes, disposées avec régularité comme celles des *Euastrum ursinella* et *Euastrum margaritifera*, que nous avons représentés dans la planche XX de notre histoire des infusoires. La matière verte de ces mêmes algues est ordinairement remplie de granules, et contient en outre quelquefois des globules comme ceux des Clostéries. On voit au milieu de la matière verte de quelques Desmidiées, des vacuoles ou lacunes assez spacieuses remplies d'eau, et dans lesquelles s'agitent, par l'effet du mouvement brownien, des granules nombreux, rouges ou noirâtres, analogues encore à ceux des cavités terminales de la clostérie; c'est ce que nous avons voulu exprimer dans la figure 16 de la planche que nous venons de citer dans l'histoire des infusoires. On a observé pour plusieurs desmidiées l'émission des séminules ou sporules dans lesquels la matière verte finit par se changer entièrement. Cette émission de séminules se fait par les pointes du contour des *Micrastérias*, ou par la déchirure qui se produit entre les deux lobes des Euastrum arrivés à maturité.

De même que, pour les Clostéries, on a prétendu que les Desmidiées doivent être classées parmi les infusoires, quoique leur motilité soit nulle ou du moins fort obscure, on a également voulu donner le nom d'estomacs à leurs globules internes; mais nous pensons qu'un examen attentif aura promptement fixé l'opinion de tout observateur exempt de prévention.

CHAPITRE VIII.

DES DIATOMÉES OU BACILLARIÉES.

Les Diatomées ou Bacillariées devront, à plusieurs égards, attirer l'attention de l'observateur au microscope, car leur structure est si élégante et si régulière, qu'en voyant leur image amplifiée 300 à 500 fois, on croit avoir sous les yeux quelque produit parfait de l'art du graveur ou du ciseleur; leur enveloppe, d'ailleurs, n'est pas moins remarquable par sa composition que par sa forme extérieure; car c'est une coque solide et cassante, d'une matière siliceuse, transparente comme le cristal; aussi, cette enveloppe peut-elle résister non seulement à la putréfaction, mais même à la combustion et à l'action destructive du tems, de sorte que, dans la vase des marais, et dans le dépôt terreux des tourbières, on trouve des myriades de coques ou carapaces siliceuses de Diatomées, qui ont

cessé de vivre depuis des milliers d'années. Diverses couches terreuses de l'écorce du globe renferment les débris de ces mêmes
êtres dont l'existence a dû précéder les dernières périodes géo-
logiques. Ce sont eux qu'on a nommés mal à propos des infusoires fossiles. Un autre motif enfin de l'admiration que doivent exciter les Diatomées, c'est le mouvement spontané assez
vif dont plusieurs espèces sont douées, sans qu'on puisse seulement soupçonner comment s'effectue ce mouvement.

Ainsi beaucoup de ces petits êtres, que leur forme en na-
velle ou en nacelle a fait nommer *Navicules*, se meuvent
constamment d'abord dans un sens, puis dans l'autre sens, en
oscillant un peu et en inclinant à droite ou à gauche, comme
pour éviter les obstacles. Les plus grands de ces petits êtres
ont cinq à sept dixièmes de millimètre, et, de même que les
plus petits qui sont aussi les plus vifs, ils ne montrent absolument aucun organe ou appendice extérieur pouvant servir à
la locomotion ; on croit bien voir une sorte de halo ou d'auréole plus brillante autour des deux extrémités de la navicule,
comme s'il y avait une rangée de très petits cils vibratiles,
mais les corpuscules flottant dans le liquide, comme par exemple, les parcelles de carmin, qui dénotent si clairement l'existence des cils vibratiles à la surface des infusoires ou des autres animaux, ne montrent rien de tel sur le contour des navicules. C'est donc tout-à-fait gratuitement que certains observateurs ont pu admettre une rangée de cils de chaque côté
du corps de ces petits êtres. C'est avec tout aussi peu de fondement que M. Ehrenberg, partant de la supposition que certains renflemens de l'enveloppe siliceuse seraient des ouvertures circulaires, a admis que par ces ouvertures, il sort un
ou plusieurs prolongemens mous, variables, d'une transparence parfaite, servant à ramper comme le pied des mollusques
gastéropodes. Ce qu'il y a de bien certain, c'est que, non plus
que beaucoup d'autres observateurs, nous n'avons pu voir aucune cause extérieure ou intérieure de ce mouvement encore
inexplicable pour le moment ; nous n'avons même pu voir aucun mouvement apparent dans la substance colorée de l'intérieur, quoique pourtant cette substance doive se déplacer
lentement. Nous n'avons vu enfin ni mouvement brownien
pour des granules intérieures, ni circulation ou mouvement de
liquides contre la paroi interne.

La coque siliceuse transparente ou le têt des diatomées présente ordinairement des renflemens symétriquement disposés,
et qu'on a pris pour des ouvertures, à cause de la manière dont
ils réfractent la lumière ; elle présente souvent aussi des stries ou
des côtes nombreuses, granuleuses et comme guillochées.

Cette coque, par le fait même de sa structure symétrique
et de ses renflemens longitudinaux, se brise facilement en
deux moitiés symétriques, qui ont pu être prises pour les valves régulières d'un têt bivalve ; mais, encore une fois, il n'y
a point là d'ouverture ou de fente préexistante, il n'y a que
rupture accidentelle.

La substance colorée intérieure est quelquefois verte, mais
le plus souvent brune ou fauve, homogène, avec des granules
disséminées et des globules assez gros qui réfractent fortement
la lumière, comme si c'étaient des gouttelettes d'huile
(*pl.* XXX, *fig.* 25, 26, 28, 29) ; ce sont encore ces globules que M. Ehrenberg a nommé les estomacs de ces prétendus infusoires polygastriques.

Nous avons représenté dans la planche XXX de cet ouvrage, et aussi dans la planche XX de notre histoire des infusoires, quelques-unes des principales formes de Diatomées,
mais seulement pour donner une idée de leur structure et de
leur diversité, car le nombre des espèces déjà connues et de
celles que l'observation fait chaque jour découvrir, est si considérable, qu'il faudrait un livre tout entier pour les décrire.
M Ehrenberg, dans son histoire des infusoires en 1839, et
dans quelques mémoires publiés depuis, a décrit et figuré
le plus grand nombre des espèces connues vivantes ou fossiles ;
les publications de M. de Brébisson sur les algues de Norman-
die et sur les Diatomées, seront très utiles aussi aux personnes
qui voudront s'occuper spécialement de ce sujet.

Parmi les Diatomées, qui toutes sont revêtues d'une coque
siliceuse, les unes sont solitaires et libres, telles sont les Navicules (*pl.* XXX, *fig.* 25, 26 et 30) qui sont plus particulièrement mobiles, et les *Surirelles* (*fig.* 13, 14, 16, 17),
dont la motilité est beaucoup moins prononcée. D'autres,
avec la même structure et la même forme que les Navicules,
vivent pendant la première période de leur développement, dans
des masses mucilagineuses plus ou moins lobées, ou même ramifiées, ou dans des tubes membraneux qui paraissent pro-

venir de la consolidation de l'enveloppe mucilagineuse dont nous venons de parler ; tels sont les genres *Encyonema* et *Schizonema*.

Il en est qui, ayant à peu près la même forme que les Navicules, sont fixées par paires à l'extrémité des rameaux d'un pédoncule diaphane ramifié ; on en a fait le genre *Cocconema*. Quelques-uns, avec la forme d'un coin ou une lame triangulaire, forment le genre *Podosphenia*, si elles sont sessiles (*pl.* XXX, *fig.* 15), et le genre *Gomphonema*, si elles sont portées par des pédoncules simples ou rameux. Les *Achnanthes* (*fig.* 18) sont également pédonculés, mais leur forme est quadrangulaire, convexe d'un côté, un peu concave à la face opposée. Les *Isthmia* également pédonculées, sont plus rectangulaires et plus comprimées.

Une foule d'autres Diatomées se développent en longues bandes plates comme les *Fragillaria* et les *Diatoma* (*pl.* XXX, *fig.* 20, 22), ou en files cylindriques comme les *Gaillonella* (*fig.* 23, 24) etc., par suite de la division spontanée de chacune des pièces ou frustules. Les Diatomées, qui forment ainsi une bande plate, se désagrègent tout-à-coup à une certaine époque, de telle sorte que chaque petite pièce rectangulaire tenant encore par un de ses angles aux deux pièces voisines, il en résulte une bandelette brisée en zig-zag (*fig.* 20 *a*), quelques fragillaria ont leurs frustules en baguettes étroites prismatiques, vingt à vingt-cinq fois plus longues que larges, comme les *Synedra*, qui en diffèrent seulement parce que leurs baguettes se développent fixées par une de leurs extrémités aux herbes submergées.

On a établi un genre particulier pour une Diatomée qui diffère seulement des *Fragillaria* parce que ses pièces au lieu d'être rectangulaires, sont en trapèze ou en triangle tronqué ; la bande formée par de telles pièces ayant toutes leur côté le plus étroit dans le même sens, est tournée à plat sur elle-même, au lieu d'être rectiligne ; elle forme ainsi une portion circulaire ou spirale dont on aura une idée par la disposition des pelures enlevées en partant du sommet d'une poire ou d'une pomme. Cette jolie Diatomée, très commune au premier printems parmi les conferves, a été nommée *Meridion vernale* ou *M. circulare*, parce qu'on a cru faussement qu'elle doit former un cercle complet.

Rien n'est plus aisé que de trouver les Diatomées pour les soumettre au microscope ; en effet, il suffit pour cela d'appuyer légèrement sur le porte-objet quelque brin d'une plante aquatique submergée dont la surface est couverte d'une couche de petites productions microscopiques formant une sorte de duvet entremêlé de vase. Si l'on a mis des herbes aquatiques dans un bocal, la paroi sera bientôt garnie d'une foule de petits êtres vivans parmi lesquels on sera bien sûr de rencontrer des Diatomées ; la surface de ces plantes observée directement, fournira les fragillaria, les gomphonema ; et le dépôt vaseux, enfin, qui se rassemble au fond du bocal, est tellement riche en petites productions de ce genre, qu'on pourra se contenter d'en mettre quelques parcelles sur une plaque de verre, pour trouver des navicules et d'autres diatomées, soit encore vivantes, soit mortes et devenues transparentes par suite de la destruction de la chromule.

Il se développe souvent dans les vieilles infusions, des petites navicules, dont on peut supposer que les seminules sont portées par l'air. Les mousses humides au pied des arbres contiennent entre leurs feuilles un grand nombre de *navicules* et de *synedra* qu'on se procure aisément en lavant une touffe de ces mousses avec une petite quantité d'eau ; on aura souvent trouvé en même tems de nombreux rotifères, qui vivent également sur ces plantes.

Les navicules, quoique d'une extrême petitesse, sont quelquefois tellement abondantes qu'elles forment sur la vase ou la boue au fond des fossés et des ornières pleines d'eau, comme aussi sur la vase de la mer, un enduit brun luisant dont on ne soupçonnerait assurément pas d'abord la nature. Cet enduit est formé par des myriades de ces petits êtres ; cependant il ne faut pas croire qu'il en soit toujours ainsi, car, à part certains enduits ferrugineux ou provenant de la décomposition des végétaux, il arrive aussi, mais plus rarement, qu'un enduit brun est uniquement formé par une seule espèce d'infusoires ; comme celui dont j'ai eu l'occasion de parler, et qui se composait de *Dileptus anser*.

CHAPITRE IX.

DES CHAMPIGNONS, DES MOISISSURES, DE LA MUSCARDINE, ETC.

Les corps reproducteurs ou séminules des champignons se nomment des *spores* ; ce sont ordinairement des corpuscules uniformes dans chaque espèce, régulièrement sphériques ou ovoïdes, revêtus d'une enveloppe dure, cornée, de couleur brune ou noire, ou verdâtre, ou rougeâtre, quelquefois même d'une teinte brillante ; leur surface est le plus souvent tout-à-fait lisse, mais on les voit quelquefois aussi rugueux ou hérissés de pointes, comme ceux des *scleroderma*, des truffes etc., ou recouverts d'un réseau de cordons ou de membranes saillantes.

Elles se développent soit dans des cellules membraneuses en forme de massue, nommées *thèques*, entremêlées d'autres cellules avortées qu'on nomme paraphyses, et c'est ainsi qu'on les voit souvent disposées en rangées de huit dans les thèques des pezizes et des sphæries; soit à la surface de cellules renflées saillantes qu'on nomme généralement *sporophores*, et qui prennent plus spécialement le nom de *Basides* ou *Basidies* ; quand elles sont engagées dans la surface de l'hyménium dont elles font partie, les spores sont sessiles ou pédonculées, et disposées par deux ou plus ordinairement par quatre, à la surface des basides.

C'est la réunion des sporophores ou des basides, soit seules, soit entremêlées de cellules stériles ou de paraphyses, qui constitue ce qu'on nomme *l'hyménium* ou membrane fructifère. Chez les agarics, c'est une membrane qui tapisse entièrement les feuillets de la face inférieure du chapeau, et sur laquelle les Basides chargées de leurs spores sont en saillie; elle tapisse de même les tubes du chapeau des bolets. C'est aussi la membrane qui tapisse la face supérieure creusée en cupule des pezizes, quoique, dans ce cas, cette réunion de cellules fertiles et de paraphyses rapprochées perpendiculairement, ne mérite plus le nom de membrane ; c'est enfin le tissu réticulé de l'intérieur des lycoperdacées, ou l'assemblage quelconque des cellules fructifères constituant une surface externe ou interne, dans les grandes sections, que pour cette raison on nomme les hyménomycètes et les gastromycètes.

D'autres champignons les pyrénomycètes ont encore leurs spores enfermées dans des thèques, mais sans cet assemblage plus ou moins considérable de tissu cellulaire qui constitue la majeure partie de la masse et de la figure des précédens champignons; ce sont les sphéries et une foule d'autres végétaux parasites qui prennent naissance dans l'épaisseur de l'écorce et des feuilles des autres végétaux, sur lesquels ils forment ordinairement des taches noires épaisses et dures, ou des tubercules saillans.

Les Coniomycètes, nommés ainsi parce qu'ils semblent consister seulement en une fine poussière, qui est formée par leurs spores soit nues ou renfermées dans une membrane ressemblant elle-même à une spore, et nommée sporidie, sont les *Uredo*, les *Puccinia*, les *Æcidium* et plusieurs autres champignons pulvérulens, parasites, qui se produisent sous la forme d'une poudre noire, ou brune, ou rouge, dans l'épaisseur des feuilles, ou des fleurs ou des ovaires des végétaux herbacés phanérogames. Les spores des Coniomycètes répandues dans l'atmosphère après la rupture de l'épiderme sous lequel elles ont pris naissance, seront fréquemment apportés par le vent sur le porte-objet du microscope et sur les préparations qu'on veut étudier. Il est donc bien à propos de connaître d'avance les principaux caractères de ces spores, et l'on y arrivera en étudiant directement les urédinées propres à certains végétaux, comme le charbon et la rouille des céréales, qui sont les *Uredo carbo* et *Uredo rubigo-vera*, et les divers parasites du rosier tels que *l'Uredo rosæ*, dont les sporidies d'un jaune orange sont ovoïdes et hérissés d'aspérités; on devra aussi observer quelques *Puccinia* et *Phragmidium* dont les sporidies sont alongés et cloisonnés.

Une dernière section des champignons comprend les moisissures ou mucédinées ou hyphomycètes, qui sont formées de filamens très fins simples ou rameux, ordinairement cloisonnés, portant les spores soit à nu sur leur surface, ou à l'extrémité de leurs ramifications nombreuses dont elles semblent être les derniers articles, soit dans une vésicule terminale qui paraît être encore une dernière cellule plus développée, et qu'on nomme un péridiole.

Le microscope simple suffit déjà pour prendre une idée de la prodigieuse variété des moisissures et des champignons en général ; mais on est bientôt forcé de recourir aux plus forts grossissemens du microscope composé , si l'on veut approfondir cette étude, et l'on reconnaît alors qu'il n'y a pas un point, pas un objet si minutieux qu'il soit dans la nature, qui ne puisse fournir des sujets précieux d'observation. Ainsi chaque végétal dont toutes les parties seront par elles-mêmes un sujet d'étude si vaste et si attrayant , fournira souvent sur ses divers organes des végétations parasites même pendant sa vie ; et après sa mort, quand la décomposition s'emparera de ses tissus, chacune de ses parties pourra encore donner naissance à quelque mucédinée d'une espèce différente. Nous reviendrons d'ailleurs sur ce sujet un peu plus loin, et nous parlerons des moisissures qui se produisent sur différens corps.

Les spores des champignons, quand elles commencent à végéter , émettent, soit par leur point d'attache primitif, ou par une de leurs extrémités si elles sont ovoïdes , un filament diaphane qui bientôt s'alonge, présente quelques cloisons et se ramifie de plus en plus. Un amas de filamens rameux cloisonnés et entrecroisés de mille manières , provenant ainsi du développement d'une spore , forme un support ou *mycelium* d'où partent plus tard les corps réguliers qu'on nomme plus spécialement champignons (*fungi*); ceux-ci ne sont que l'appareil reproducteur ou la fructification des végétaux dont ils font partie, et se composent de ces mêmes filamens feutrés et entrecroisés de mille manières , pour former un tissu cellulaire spongieux et filamenteux qu'on a voulu nommer particulièrement *dædalenchyme*. Les filamens deviennent de plus en plus larges vers l'extrémité, où ils ne sont plus qu'une file de cellules contiguës dont la dernière fait partie de l'hymenium, et porte les spores soit à sa surface soit dans son intérieur même.

Les spores des divers champignons ont un diamètre compris en 0,01 et 0,03; elles se répandent dans l'air comme une fine poussière : et sont portées au loin par les vents, il n'est donc pas rare d'en voir quelqu'une parmi les objets soumis à l'observation microscopique, et si elle est conservée avec des objets humectés entre des plaques de verre, on la verra bientôt germer et émettre ses filamens byssoïdes transparens; on conçoit aussi comment il sera presque impossible de décider d'après la seule inspection d'une telle spore, à quelle espèce elle appartient parmi les milliers qui croissent autour de nous.

Nous avons représenté dans la planche XXIX plusieurs de ces filamens qui ont à peu près toujours la même structure, quelle que soit leur origine; qu'ils viennent directement d'une spore de champignon bien reconnaissable comme dans la figure 2, ou qu'ils fassent partie d'une moisissure complètement développée, comme ceux du *Botrytis* de la figure 1, ou qu'enfin, ce soient de ces filamens byssoïdes si communs dans tous les endroits humides, comme ceux des figures 3, 4 et 5, leur espèce n'eût pu être connue, que si les circonstances eussent permis à ces végétaux naissans de parcourir toutes les phases de leur développement. Tels sont aussi tous ces byssus en houppes blanches flottantes, qui se forment dans les dissolutions de substances organiques, dans l'eau de gomme faible, dans les dissolutions d'acides tartrique et citrique, et même aussi dans la dissolution de chlorure de barium, et dont on a mal à propos voulu faire des espèces ou des genres distincts.

Ces filamens se composent toujours d'une enveloppe membraneuse diaphane, souvent cloisonnée ou divisée en cellules contiguës en une seule rangée, et d'une substance mucilagineuse interne, analogue au cambium ou à l'enduit mucilagineux des cellules vivantes des végétaux phanérogames, mais remplissant totalement le filament ou les cellules dont il est formé, sauf toutefois quelques cavités sphériques ou vacuoles remplies d'eau (*fig.* 1 et 4), dont cette substance mucilagineuse se creuse spontanément de la même manière que la substance sarcodique des infusoires. Ce sont des vacuoles ainsi produites dans des filamens byssoïdes de divers champignons, qu'on a quelquefois décrits comme des globules solides intérieurs ou comme des corps reproducteurs. La substance mucilagineuse contient cependant aussi des granules plus ou moins fins, plus ou moins nombreux (*fig.* 1, 2, 4) et même des globules assez volumineux, et réfractant fortement la lumière, et qui paraissent être de nature huileuse, de même que ceux qu'on voit dans les spores (*fig.* 2). Si l'on rompt un filament de champignon naissant et qu'on le comprime sous l'eau, ou en fait sortir la substance mucilagineuse avec les granules contenus (*fig.* 4, *b*), sous la forme d'un long cordon flexueux ressemblant tout-à-fait au cordon que forme sous l'eau la fovilla d'un grain de pollen.

Les cloisons de ces filamens sont plus ou moins distinctes, et se forment successivement, après que le filament d'abord mou et homogène s'est développé suffisamment, comme on le voit à l'extrémité des rameaux, dans la figure 5.

Si l'on considère que ces filamens byssoïdes devenant cloisonnés, et représentant alors une série de cellules, sont le principal et presque l'unique élément de structure des champignons, on ne sera pas plus surpris de le voir semblable dans tous ces végétaux, qu'on n'a pu l'être, de voir dans tous les végétaux phanérogames ou vasculaires, la cellule primordiale du parenchyme absolument semblable.

Puisque l'on a reconnu que les filamens byssoïdes qui se sont uniformément développés dans les liquides, sont susceptibles d'un autre mode de développement, quand ils viennent au contact de l'air, et qu'alors ils prennent la forme de telle moisissure déterminée, d'un *Penicillium*, d'un *Botrytis*, d'un *Sporotrichum*, etc., en se couvrant de spores destinées à les reproduire exclusivement, on s'explique facilement l'apparition des filamens byssoïdes et des moisissures diverses sur les corps exposés à l'air et à l'humidité, et même sur les objets soumis à l'observation microscopique entre des lames de verre avec de l'eau. C'est ainsi que, pour expliquer l'origine des filamens byssoïdes qu'on a vus se développer entre les lames de verre, où l'on avait mis depuis dix jours du sang humain avec une solution de sulfate de potasse (*pl.* III, *fig.* 8), il n'est nullement nécessaire de recourir à la supposition que les corpuscules sanguins seraient devenus des végétaux comme les globulines des cellules végétales qu'on a dit capables de reproduire la plante d'où ils proviennent. Il est trop facile de concevoir d'ailleurs le mode d'arrivée de quelques spores, pour qu'on soit seulement tenté de songer à la production spontanée de ces petits êtres. Mais il n'en est plus de même quand on voit se produire constamment, avec une égale profusion, une forêt de petites moisissures à la surface de la crème qui se sépare spontanément du lait par le repos. Quand, de même aussi, la surface du fromage blanc se couvre d'un semblable duvet de moisissures , sans qu'on puisse admettre en aucune manière , que quelques-unes d'entre elles aient déjà eu le tems de fructifier et de répandre leurs spores ; car toutes ont pris naissance à la fois , et ce n'est qu'après huit ou dix jours peut-être , qu'elles seraient en état de se reproduire. Aussi, M. Turpin , partant de ses propres idées sur la globuline , et admettant que les globules gras du lait sont des globules organisés comme les cellules végétales , fut-il conduit à admettre que chacun de ces globules du lait est susceptible de se développer en un petit végétal, lequel, au terme de sa végétation, devient un *Penicillium glaucum* , susceptible de se reproduire désormais par ses spores. Le même mode d'explication serait sans doute également applicable aux moisissures du fromage blanc , si l'on pouvait croire que les globules du lait y soient restés , tandis que , au contraire , ces globules servent exclusivement à faire le beurre, et le caséum ou lait caillé n'en contient pas. Mais , d'ailleurs , il faudrait supposer aussi des globules que le microscope ne peut faire voir , et dans la gomme fondue avec un peu d'eau , et dans la colle de farine , et dans le jus de haricots , et dans une foule d'autres substances alimentaires qui se couvrent à un certain instant , comme la crème, d'un fin duvet de moisissures , toutes nées en même tems , et ne pouvant non plus être attribuées au développement de quelques spores déposées par l'air. On est alors conduit à choisir entre une opinion improbable et l'opinion de la génération spontanée de ces petits végétaux , opinion qu'au premier instant beaucoup de personnes jugeront absurde.

Ce n'est pas seulement sur des substances organiques que l'on voit naître ces forêts de petites moisissures ; elles se produisent sur les corps organiques encore vivans , mais déjà malades , ou en voie de décomposition ; c'est ainsi qu'on a vu les poumons d'un canard-eider remplis de moisissures, qu'on en a observé aussi sur des salamandres aquatiques et sur d'autres animaux. On a même prétendu récemment que la peau malade de la teigne est pénétrée ou couverte d'une sorte de mucédinés qui serait caractéristique de cette maladie. Certaines moisissures ont pu même devenir notoirement une cause de maladie et de mort pour des animaux , c'est ainsi qu'on a reconnu que la maladie des vers à soie nommée la *Muscardine*,

est produite par le développement d'une mucédinée particulière, le *Botrytis bassiana*, dans le tissu graisseux de cet insecte.
Cette même mucédinée peut se développer spontanément chez
d'autres larves d'insectes, ou leur être inoculée.

Quelques insectes hyménoptères, dans les pays chauds,
ont présenté des végétations extérieures rapportées au genre
Isaria et *Sphæria*. Chez nous enfin, la mouche domestique
est fréquemment attaquée par le développement interne d'une
mucédinée qui la couvre d'une efflorescence blanche à la jonction de ses anneaux, et qui, après l'avoir tuée, répand autour
d'elle ses spores formant un nuage de poussière blanchâtre sur
les glaces ou sur les vitres où elle est venue se fixer en mou-
rant. C'est particulièrement en automne, quand cette saison est
humide, qu'on voit les mouches attaquées de cette maladie,
se coller au plafond ou aux fenêtres. Si ces insectes, au lieu
de mourir à l'air, tombent au fond de l'eau, la mucédinée
en question prend un tout autre développement ; elle ne produit pas de spores, mais elle s'alonge en filamens blancs très
fins, disposés comme une houppe rayonnante tout autour de
la mouche. Ces filamens sont droits, un peu ramifiés : mais
nullement cloisonnés, c'est pourquoi on a voulu d'abord les
classer avec les *Vaucheria*; Nees d'Esenbeck en a fait le type
d'un genre d'Hydrophycées, sous le nom d'*Achlya prolifera*;
ils sont formés d'un tube membraneux résistant, et d'une
substance interne mucilagineuse toute parsemée de granules
qu'on a voulu prendre aussi pour des corps reproducteurs. Il
se produit quelquefois sur des insectes en décomposition sous
l'eau, des filamens blancs confervoïdes, qu'on rapporte au
genre *Hygrocrocis* et d'autres végétations plus remarquables
encore ; ce sont des tubes membraneux plus volumineux que
ceux des *Vaucheria*, et tapissés de même à l'intérieur par des
petits granules qui, au lieu d'être verts, sont blancs.

CHAPITRE X.

DU FERMENT.

Une production végétale que son mode de propagation tend
à rapprocher des champignons les plus simples, c'est ce dé-

pôt blanchâtre qui se produit dans les liquides sucrés en fermentation , dans le moût de bière , dans le jus de raisin , etc.,
et qu'on nomme la levure ou le *ferment* , parce qu'il est susceptible d'exciter la fermentation dans de nouveau liquide su-
cré , en s'y multipliant encore , gagnant ainsi au lieu de perdre en puissance fermentative.

Depuis les observations de M. Cagniard-Latour, confirmées
par celles de M. Turpin, on sait que le ferment est un amas de
corpuscules ovoïdes longs de 0,0065, revêtus d'une membrane
résistante , à l'intérieur de laquelle se trouve une substance
mucilagineuse analogue à celle qui remplit les filamens naissans des champignons , contenant souvent aussi un ou deux
petits granules qui réfractent plus fortement la lumière , et
présentant quelquefois une dépression centrale ou même une
vacuole qu'on pourrait prendre pour un globule inclus (*planche*
XXIX , *fig.* 7 , *a*, *b*) (au grossissement de 950 diamètres).

Les corpuscules ne sont ainsi isolés , qu'après avoir parcouru
toutes les phases de leur développement ; car, à l'instant où
une nouvelle fermentation commence, on voit sortir de chacun
de ces corpuscules un ou deux, ou rarement trois gemmes devenant bientôt des corpuscules semblables, lesquels en émettent
d'autres à leur tour , de telle sorte que les corpuscules successivement produits par gemmation , forment des séries simples
ou rameuses de deux , trois , quatre ou même davantage
(*pl.* XXIX , *fig.* 7 , *a*, *c*).

Des végétaux élémentaires plus ou moins analogues se forment dans les diverses infusions contenant quelque espèce de
sucre ou de gomme, ou de la gélatine , comme si leur développement était en rapport avec la destruction ou la métamorphose de ces diverses substances. Ainsi , dans une très vieille
dissolution de sucre de réglisse, j'ai vu des corpuscules(*fig.* 7,*c*)
ovoïdes comme ceux du ferment , mais paraissant tout-à-fait
homogènes , sans granules intérieurs et sans vacuoles , réunis
par des étranglemens , en séries simples ou rameuses. Dans un
sirop de sucre qui avait été bouilli pour être rendu incristallisable , et qui s'était spontanément acidifié par un peu de
fermentation ; j'ai vu des corpuscules ovoïdes déprimés , diaphanes , présentant presque tous vers leurs extrémités un petit granule rouge bien distinct (*pl.* XXIX , *fig.* 6) ; quelques-
uns de ces corpuscules avaient en outre une ou deux vacuoles.

Dans le même sirop, se trouvaient quelques filamens byssoïdes qu'on aurait pu regarder comme provenant du développement de ces corpuscules.

CHAPITRE XI.

DE LA MATIÈRE VERTE DE PRIESTLEY. — DE LA COLORATION DES EAUX ET DES MURS HUMIDES EN VERT ET EN ROUGE. — NEIGE ROUGE.

Pour terminer cette indication sommaire des sujets d'observations microscopiques offerts par le règne végétal, il faut parler des substances vertes et rouges qui colorent les eaux, les pierres, la terre humide et la neige, d'une manière tellement uniforme, qu'on pourrait croire souvent que c'est une véritable teinture soluble dans l'eau. Ces substances, ordinairement formées de petits corpuscules globuleux, ayant moins d'un vingtième et même d'un trentième de millimètre, ont été désignés par une foule de noms indiquant presque tous leur nature végétale et leurs rapports avec tel ou tel groupe des acotylédones ; et pourtant, à part les zoocarpes ou séminules de certaines algues, il est extrêmement probable que tous les corpuscules colorans, globuleux ou ovoïdes appartiennent au règne animal, et sont des infusoires sinon actifs, du moins dans l'état de repos ou de sommeil qui précède leur multiplication.

La matière verte qui colore les eaux exposées à la lumière dans des vases de verre, a été étudiée d'abord par Priestley, c'est pourquoi on la nomme quelquefois encore, vaguement, la matière verte de Priestley ; c'est un amas de substances d'origine diverse : on y trouve tantôt des conferves naissantes et des desmidiées, ou des oscillaires, ou même des spores de mousses et de lichens en germination; tantôt ce sont surtout des infusoires des genres *Thecamonas* et *Diselmis* : ce sont ces infusoires surtout qui colorent en vert les pierres des murs humides. Les mares d'eau douce et celles d'eau salée ou saumâtre de la Méditerranée peuvent bien aussi être exclusivement colorées par ces mêmes infusoires ; mais en outre, on voit très fréquemment les mares et les fossés d'eau douce stagnante et fétide autour des fermes, colorées en vert intense par l'*Euglena viridis*. J'ai vu à Toulouse les fossés et des ornières sur les boulevarts, colorés exclusivement par le *Phacus pleuronectes*.

Les *Diselmis* verts, après s'être mus assez long-tems dans l'eau, en agitant leurs deux filamens flagelliformes, vont se fixer aux corps solides ou même à la surface du liquide, où ils forment une pellicule presque membraneuse ; une fois fixés, ils restent toujours en repos, se nourrissant par absorption et véritablement aussi à la manière des végétaux, en décomposant, sous l'influence de la lumière solaire, l'eau et l'acide carbonique ; ils grossissent beaucoup, et la substance verte intérieure se change en corpuscules reproducteurs ou germes qui, mis ensuite en liberté, multiplient considérablement l'espèce, et augmentent ainsi la coloration. Lorsque les *Diselmis* colorent en vert les murailles ou la terre, ils sont ordinairement à l'état de repos, sous la forme d'un globule vert revêtu d'une enveloppe membraneuse diaphane ; aussi, ont-ils été décrits comme des végétaux élémentaires, sous les noms de *Protococcus viridis*, de *Chaos viridis*, et de *Globulina*. Souvent aussi l'enduit mucilagineux dont ils sont naturellement revêtus, est tellement abondant sur les surfaces humectées ou baignées par l'eau, qu'il en résulte une sorte de membrane transparente, dans laquelle sont engagés tous les globules verts.

L'*Englena viridis*, à l'état de repos ou en globules verts, a également été décrite comme un végétal, sous les noms de *Protococcus*, de *Globulina* et de *Palmella*. La plupart des infusoires verts ont un point rouge simple ou multiple qu'on a voulu nommer improprement un œil. Ce point, dans certaines circonstances et sous des influences physiques, s'agrandit et devient une tache qui finit quelquefois par envahir tout le corps de l'infusoire précédemment vert. Le mélange de vert et de rouge produit des teintes olivâtres, puis fauves et ferrugineuses, et quand enfin tout le vert a disparu, ces mêmes infusoires colorent en rouge cramoisi, soit les eaux, soit la terre ou les pierres humides, et quelquefois, à un degré plus ou moins prononcé, la neige dans les régions polaires et dans les hautes montagnes. Ces Infusoires, ainsi devenus rouges, étant plus communément observés à l'état de repos ou sous la forme de globules revêtus d'une membrane transparente, ont été désignés comme des végétaux sous différens noms, ainsi le *Diselmis*, qui colore la neige, a été nommé *Uredo nivalis*, *Protococcus* ou *Hœmatococcus nivalis* etc.; mais on sait que ce sont les mêmes êtres qui sont alternativement et presque indifféremment rouges ou verts. M. Martins a recueilli au Spitzberg de la neige verte et de la neige rouge, et a pu constater la ressemblance des deux prétendus *protococcus*.

L'eau des salines de la Méditerranée près de Montpellier est colorée en rouge par un animalcule du même genre que M. Joly a décrit sous le nom de *Monas Dunalii*, et qui, dans son état de repos ou sous la forme globuleuse, avait aussi été nommé *Protococcus* ou *Hematococcus salinus*. Tout porte à croire enfin, que l'*Euglena sanguinea* qui colore quelquefois en rouge l'eau des marais comme si cette eau était changée en sang; est une simple variété ou une modification accidentelle de l'*Euglena viridis;* car celle-ci a quelquefois, au lieu du simple point rouge qu'on appelle son œil, une tache plus étendue, et celle-là, avant d'avoir atteint son entier développement, est presque toujours verte ou tachée de vert.

Les teintes rouges sanguinolentes qu'on observe par places sur l'enduit glutineux, noirâtre ou vert des murs humides et de la terre ombragée, sont produites par un amas de globules rouges, qu'on a nommés aussi *Protococcus*, *Hœmatococcus* et *Chaos*, mais qui ne sont encore vraisemblablement que ces mêmes Infusoires ou des espèces voisines.

Il ne faut pas toutefois chercher directement des caractères d'animalité dans les globules rouges ou verts, désignés par les noms de *Protococcus* et *Hœmatococcus*, ces globules sont, comme nous l'avons dit, les infusoires primitivement mobiles et contractiles, mais ayant pris cette forme pour achever leur développement en repos et à la manière des végétaux élémentaires. Ils peuvent en cet état, protégés par leur enveloppe membraneuse épaissie, subir sans danger de nombreuses alternatives de sécheresse et d'humidité, et attendre que, dans des circonstances favorables de chaleur, de lumière et d'humidité, la substance colorée intérieure se change en germes plus ou moins nombreux, destinés à se développer dans l'eau sous la forme primitive de leurs parens, c'est-à-dire comme *Diselmis*, ou *Euglena,* ou *Thecamonas,* en nageant au moyen d'un ou de plusieurs filamens flagelliformes très déliés.

Ces phénomènes s'observent facilement dans un vase de verre où l'on aura laissé s'évaporer spontanément de l'eau colorée en vert par des *Diselmis,* celle par exemple qui a coulé sur des toits ou des murs verts. Les infusoires, après avoir parcouru la période active de leur existence, viennent se fixer à la paroi la plus éclairée du vase, en formant des zones vertes ou fauves, ou même rouges, comme M. Charles Morren l'a observé le premier (1), composées de ces êtres à l'état globuleux. Cet enduit coloré peut rester à sec pendant long-tems, et résiste même à l'action directe des rayons du soleil; mais si l'on vient à remplir d'eau pure le vase préalablement lavé mais conservant l'enduit adhérent à ses parois, et qu'on l'expose ainsi au soleil, on voit bientôt les globules se désagréger et donner naissance à des myriades de très petites diselmis, vertes ou rouges, suivant les circonstances, et nageant dans le liquide jusqu'à ce que l'instant soit venu pour elles de se fixer à leur tour pour servir à la propagation.

(1) Ch. MORREN. Troisième Mémoire sur le développement des Infusoires. Annales des sciences naturelles, 2e série. Zool., t. 4, p. 32.

LIVRE QUATRIÈME.

—

CHAPITRE PREMIER.

APPLICATIONS DU MICROSCOPE A L'ÉTUDE DU RÈGNE MINÉRAL.

Les applications qu'on peut faire du microscope à la minéralogie sont beaucoup moins importantes que celles que nous avons indiquées précédemment pour l'étude des corps organisés ; cependant plusieurs résultats ont déjà été obtenus, et sans aucun doute on en obtiendra d'autres par la suite.

C'est surtout pour observer la forme cristalline ou la structure des particules dont se compose une roche ou un sable ou une poudre, que le microscope a déjà été employé. Quant à la structure, on sait par exemple que le quarz et le feldspath diffèrent parce que celui-ci a une cassure lamelleuse, et que ses fragmens sont terminés par des facettes planes, miroitantes, tandis que le quartz a la cassure inégale et vitreuse ; on distinguera donc dans un sable fin ou dans la poudre d'une roche, les particules de l'un ou de l'autre de ces deux minéraux qui, l'un et l'autre, sont plus durs que le verre et inattaquables par l'eau et par les acides. On reconnaîtrait dans la poudre d'une roche volcanique certains élemens également durs comme le pyroxène et le péridot, à leur couleur et à la présence de quelques facettes cristallines; dans d'autres roches pulvérisées on reconnaîtra les minéraux tendres comme le fluorure de calcium, le sulfate de baryte, le carbonate de chaux, le sulfate de chaux, etc., par des caractères de formes cristallines, de polarisation et de solubilité par l'eau ou par les acides.

Ainsi, de ces quatre minéraux, le premier seul est toujours sans action sur la lumière polarisée ; le deuxième, (sulfate de baryte), en même tems qu'il agit sur la lumière polarisée, est complétement insoluble dans les acides; le carbonate de chaux, au contraire, se dissout avec effervescence ou dégagement de gaz acide carbonique ; le sulfate de chaux , enfin , se dissout sans effervescence dans les acides étendus d'eau ou dans l'eau pure, à l'aide de la chaleur ; on pourra donc , dans certains cas, déterminer ainsi la nature de certaines poudres minérales.

Leeuwenhoek avait cherché à étudier directement le diamant en poudre, pour découvrir la cause de son éclat; il avait été ébloui par les reflets brillans de ces particules observées au soleil, mais il n'y a là qu'un effet d'optique facile à prévoir. Une autre observation plus importante a été faite sur le diamant, par M. Brewster: il s'agit des petites lignes ou stries parallèles disposées quelquefois en couches suivant les plans de clivage du diamant. M. Brewster a interprété ce phénomène comme une preuve de l'origine végétale de ce minéral, ou au moins comme une preuve de l'état primitif de mollesse qu'il aurait dû avoir, dit-il, comme le succin et les autres résines fossiles avant de se durcir dans le sein de la terre. Mais il paraît certain que ces stries sont simplement des lacunes laissées entre les couches ou les rangées de molécules juxtaposées pendant la cristallisation, comme on en voit dans les cristaux de nitre et de sulfate de soude.

Le même physicien a signalé comme un des objets les plus curieux à voir au microscope, les petits cristaux d'apophyllite qui, au moyen de la lumière polarisée, montrent des couleurs variées, disposées en compartimens réguliers. C'est encore M. Brewster qui, le premier, a soumis à l'observation microscopique des lames de topaze, de grenat, de quartz et de plusieurs autres pierres gemmes, contenant dans de petites cavités sphériques une ou deux sortes de liquides, et pouvant servir par leur réfringence, à constater les effets de l'aberration dans les lentilles de microscope. Ces cavités, en effet, présentent un point lumineux très brillant, entouré d'un cercle noir.

L'évaporation des eaux de source ou de rivière, ou des eaux de la mer peut donner lieu à de nombreuses observations microscopiques. Ainsi , en 1832 , à Tours , j'observais que les eaux des fontaines, qui coulent au-dessous d'un calcaire tertiaire de formation lacustre, laissent déposer par l'évaporation spontanée des petits cristaux rhomboédriques de chaux carbonatée, qui forment souvent de minces pelliculles comme une poussière fine à la surface, tandis que l'eau des puits artésiens qui venaient d'être forés dans la même ville à travers toute la couche de craie, fournissaient par l'évaporation des pellicules formées de petites aiguilles d'aragonite, et ce fait s'accordait avec la présence des cristaux de sulfate de strontiane dans des silex de ce même terrain.

L'eau des puits au voisinage des habitations ou dans les villes, donnera par l'évaporation, du sel marin, ou du nitre, ou du sulfate de potasse, ou du sulfate de chaux, en plus ou moins grande quantité, suivant les circonstances ; l'eau de la mer, après avoir déposé la majeure partie du sel marin qu'elle contient, fera voir des petits cristaux de sulfate de chaux ; mais l'étude de ces divers sels se rattache particulièrement à la chimie, comme nous le verrons plus loin.

Il faudrait peut-être indiquer ici comme se rapportant à notre sujet, l'observation des formes cristallines de la neige, qui sont si admirables de variété et de régularité, quand, par un froid très intense, leurs petites étoiles brillantes se forment lentement.

Tripolis, Infusoires fossiles.

Un grand nombre de substances minérales ont donné lieu récemment à des observations microscopiques d'un haut intérêt, en raison des petits débris fossiles qu'elles contiennent et qu'on a décrits sous le nom d'*infusoires fossiles :* ce sont surtout diverses substances employées comme des tripolis ou schistes à polir, des poudres blanches nommées farines fossiles, des silex, des opales, des tourbes, des bois fossiles, et enfin la craie elle-même, cette roche si répandue, qui a été trouvée contenir une immense quantité de corps organisés microscopiques.

Celles de ces substances qui sont pulvérulentes, comme les farines fossiles et certains tripolis, peuvent être délayées immédiatement avec un peu d'eau ou avec de l'huile, suivant le degré de transparence qu'on veut obtenir, et placées entre deux lames de verre sous le microscope. Celles qui sont plus dures doivent être réduites en lames très minces, par le même procédé qu'on emploie pour user le verre, c'est-à-dire en les frottant sur un grès d'abord, puis avec de l'émeri et de l'eau, sur un plateau de verre ou de métal, jusqu'à ce que leur épaisseur permette à la lumière de les traverser aisément ; on les place alors entre deux lames de verre, avec du baume du Canada, ou de la térébenthine de Venise, ce qui, en augmentant encore leur transparence, dispense de leur donner un poli parfait ; mais le plus souvent aussi on peut se contenter de placer ainsi, avec la térébenthine, des petits fragmens en écailles minces, choisis parmi ceux qu'un coup de marteau détache du morceau de silex ou de bois fossile.

Les corps organisés fossiles trouvés dans les diverses roches ou substances terreuses, sont, pour la plupart, des enveloppes siliceuses provenant des nombreuses espèces de Bacillariées ou de Diatomées, qu'on a voulu classer mal à propos parmi les infusoires. C'est M. Fischer qui, le premier, en 1836, reconnut qu'une substance terreuse (Kieselguhr) de Franzensbad en Bohème, est composée presque en totalité, de coques siliceuses de navicules ; mais depuis cette époque M. Ehrenberg a poursuivi ces mêmes observations, et leur a donné une telle extension, que c'est à lui que doit être attribué tout ce qui a été vu de plus important sur ce sujet.

Le tripoli, ou schiste à polir de Bilin a été une des premières substances indiquées pour ce genre d'observations ; il est formé d'un amas de *gallionella distans* (*pl.* XXX , *fig.* 1) dont chaque fragment est large de 13 à 14 centièmes de millimètre, de sorte que dans un millimètre cube, il se trouve au moins 400 de ces fragmens ; et que dans un centimètre cube pesant moins de deux grammes, il y en a 400,000.

Le Kieselguhr de Franzensbad contient neuf ou dix espèces distinctes, dont six navicules, et notamment la *navicula viridis,* espèce que l'on trouve aujourd'hui vivante dans les eaux douces.

Une farine fossile de *Santa Fiora* en Toscane , a fourni 19 espèces distinctes dont la plupart existent encore dans la mer ou dans les eaux douces. Une sorte de marne blanche crayeuse, se trouve auprès d'Oran en Algérie, d'où on en a rapporté en Europe de nombreux échantillons, parce que, entre les feuillets de cette marne , on voit fréquemment de belles empreintes de poisson (*alosa elongata*). La poudre de cette roche est friable : soumise au microscope , elle montre un grand nombre de débris parmi lesquels on rencontre quelques objets presque entiers comme ceux que nous avons représentés dans la planche XXX, (*fig.* 2 à 12).

Les silex si communs dans les terrains de craie, ont montré

aussi de nombreux corps organisés microscopiques, parmi lesquels plusieurs ont pu être rapportés par M. Ehrenberg, à de vrais infusoires de la famille de Péridiniens.

La craie elle-même a été reconnue par le même observateur, contenir une foule d'objets microscopiques.

Enfin, le limon déposé par les fleuves, la vase de la mer, tout le sol formé par les atterrissemens, les tourbières, etc., ont présenté à M. Ehrenberg une énorme quantité de corps organisés qu'on ne peut, dans tous les cas, nommer fossiles, car beaucoup d'entre eux n'ont pas entièrement cessé de vivre. Ils forment une partie de la masse que M. Ehrenberg évalue à un dixième, et qui, dit-il, est quelquefois bien plus considérable encore. Il a étudié sous ce point de vue les atterrissemens de tous les pays situés au bord de la Mer Baltique, le limon du Nil, des dépôts analogues venant d'Amérique, d'Islande et de plusieurs autres lieux, et les résultats qu'il a obtenus ajoutent un nouvel attrait aux recherches micrographiques.

Végétaux fossiles.

C'est en Angleterre ou en Écosse que l'on s'est occupé d'abord de l'étude microscopique des végétaux fossiles. M. Witham et M. Nichols ont ainsi fourni à la botanique et à la géologie des observations d'un haut intérêt qui, depuis lors, ont été répétées sur le continent.

Le plus difficile pour ce genre d'observations, c'est de donner de la transparence aux fragmens ou aux lames minces soumises au microscope. Le baume de Canada et la térébenthine ne peuvent suffire pour les bois fossiles bitumineux, pour les lignites et la houille; on se sert alors avec avantage de l'huile de naphte, de l'huile de caoutchouc, et surtout de l'huile provenant de la distillation du goudron de houille.

Nous avons représenté dans la planche XXII, figure 1, les fibres ligneuses isolées d'un bois fossile de conifère provenant du terrain crétacé de Touraine. Ces fibres sont remarquables, en ce qu'elles montrent d'une part la terminaison des cellules alongées ou clostres du bois, et d'autre part, les petits disques pédonculés de silex moulés dans les cavités ou pores latéraux des cellules.

Pour terminer ce qui est relatif aux applications du microscope à la minéralogie, nous devons dire que M. Ehrenberg vient encore de prouver que le combustible minéral nommé Dusodyle est, en grande partie, formé de petits corps organisés microscopiques.

CHAPITRE II.

APPLICATIONS DU MICROSCOPE A LA CHIMIE.

Dès qu'on a commencé à se servir du microscope, on a songé à observer avec cet instrument la cristallisation des sels auxquels on attribuait un rôle très important dans la nature ; on ne peut aujourd'hui être conduit par le même motif, à l'observation microscopique de la cristallisation , mais on est encore tout autant frappé d'admiration par le spectacle de certaines cristallisations, et surtout de celle de l'hydrochlorate d'ammoniaque, observée avec le microscope solaire ; et des beaux phénomènes de coloration, offerts par l'acide borique, le bitartrate de potasse , etc. , dans la lumière polarisée. D'autres sels , comme l'iodure de mercure et celui de plomb , le succinate ammoniacal de cuivre , l'oxalate de chrôme et de potasse , le protoxide de cuivre etc., sont doués par eux-mêmes de couleurs si riches, que l'œil s'arrête avec plaisir à les considérer.

Mais ce qu'on doit surtout rechercher dans l'étude microscopique des produits chimiques , c'est à déterminer leur forme cristalline ; pour certains sels insolubles obtenus par voie de précipitation ou de double décomposition, il n'y a souvent pas d'autre moyen de déterminer cette forme. Or , tous les corps cristallisés peuvent être rapportés à six formes primordiales , qui sont des solides géométriques plus ou moins réguliers ou symétriques , et que des faces secondaires viennent modifier suivant les espèces ou même suivant les circonstances. Chacun de ces solides , en le supposant parfait , peut se présenter à la vue , sous des aspects différens, suivant qu'il repose sur une de ses faces primitives ou secondaires , ou sur une base accidentelle produite par l'adhérence du cristal aux corps voisins ; d'autre part , il est rare que les faces du cristal conservent toutes leur grandeur relative , et l'on observe que celle sur laquelle pose le cristal, prend un développement beaucoup plus considérable ainsi que son opposée, de sorte que le cristal, suivant le système auquel il appartient, prend la forme d'une lame polygonale régulière ou d'un parallélogramme très alongé. Dans l'infinie variété de formes apparentes qui en résultent sous le microscope, il serait souvent fort difficile de préciser la forme primitive d'un seul cristal, mais comme le champ de l'instrument présente ordinairement un grand nombre de cristaux de la même substance, placés dans des positions différentes ; il est assez facile, en les comparant, de choisir ceux qui, placés convenablement, donnent mieux une idée précise de la forme cherchée. Mais le meilleur moyen pour déterminer la forme des cristaux microscopiques, consiste à procéder par comparaison, en faisant évaporer sur le porte-objet, une goutte de la dissolution d'un sel dont la forme cristalline est bien connue ; ainsi le sel marin (chlorure de sodium) servira de terme de comparaison pour tous les cristaux cubiques, l'alun ou le nitrate de plomb, ou le nitrate de barite, qui cristallise en octaèdres, fournira toutes les modifications de forme, qu'on pourrait retrouver dans un autre sel octaèdrique en très petits cristaux, comme le chlorure d'argent ou l'acide arsénieux abandonnés par une solution ammoniacale, ou le protoxide de cuivre provenant de la décomposition mutuelle du sucre et de l'acétate de cuivre, etc. ; le salpêtre (nitrate de potasse) ou le sulfate de potasse, dont la forme cristalline est dérivée d'un prisme droit rhomboïdal, servira à déterminer la forme des cristaux microscopiques du même système cristallin ; l'oxalate de manganèse du système prismatique droit à base carrée ; le nitrate de soude, qui appartient au système rhomboèdrique ; le sulfate de fer ou le sulfate de manganèse, qui appartient au système prismatique oblique à base rectangulaire, et enfin le sulfate de cuivre du système prismatique oblique à base de parallélogramme obliquangle, fourniront des termes de comparaison pour tous les autres cristaux.

L'emploi de la lumière polarisée servira encore à déterminer le système cristallin de certains corps ; car on sait que tous les cristaux du système régulier (cube ou octaèdre) sont sans action sur la lumière polarisée ; et, d'un autre côté, les sels à acide organique, les tartrates, par exemple, appartenant au système prismatique oblique, sont ceux qui présentent le plus souvent des faces convexes, et qui, par conséquent, ayant une épaisseur décroissante vers les bords, montrent dans la lumière polarisée des zones concentriques de diverses couleurs.

Nous venons de dire que l'on obtient des cristaux sur le porte-objet du microscope, par l'évaporation d'une dissolution aqueuse de certains sels, ou même par l'évaporation d'une solution ammoniacale; nous devons ajouter que l'alcool est, dans certains cas, le dissolvant qu'on doit préférer, pour l'acide borique, pour le camphre, pour la mannite et même pour le sucre, quand on mêle à l'alcool un sirop concentré; mais il est toujours à propos de placer la goutte de dissolution entre deux lames de verre, pour que l'évaporation ayant lieu sur le contour seulement, soit plus lente et permette aux cristaux d'acquérir plus de volume et de netteté. Les acides employés comme dissolvans pour certains sels, peuvent modifier leur forme en raison de leur viscosité; c'est ainsi que les octaètres du nitrate de plomb s'alongent en prismes dans l'acide phosphorique. L'acide borique forme dans ce même acide phosphorique concentré, des groupes circulaires et radiés de très petites aiguilles qui, dans la lumière polarisée, montrent un ou plusieurs cercles concentriques colorés, traversés par une croix noire au centre. D'autres cristallisations, comme celles de l'iodure de mercure, peuvent être produites par la chaleur appliquée directement aux plaques de verre, entre lesquelles est placée cette substance, qui se sublime et se condense en cristaux dans les parties les plus froides.

Beaucoup d'opérations chimiques peuvent être faites ainsi sous le microscope ordinaire, entre deux plaques qui renferment la substance sur laquelle doit agir le réactif, l'acide, par exemple, que l'on fait arriver par capillarité, en le déposant au bord de la plaque supérieure. Quand on veut agir sur des quantités plus considérables, et surtout quand on veut faire intervenir la chaleur, comme dans la métamorphose de la fécule en dextrine, on se sert d'un appareil construit par M. Ch. Chevalier, pour être adapté à son microscope horizontal.

Dans cet appareil de chimie microscopique, le porte-objet est situé en dessus de l'objectif qui, avec la pièce contenant le prisme réflecteur, fait un demi-tour à l'extrémité du microscope, en tournant sur son axe ; et la platine prolongée de part et d'autre, est échauffée en dessous par deux petites lampes à alcool.

On a enfin construit de petites piles voltaïques au moyen desquelles on peut suivre, sous le microscope, la marche des actions électro-chimiques, et surtout les précipitations de métaux et d'oxides.

Comme applications particulières du microscope à la chimie, nous pouvons citer l'étude du ferment, ou de la levure ; telle que cette étude a été faite récemment par M. Cagnard-Latour et par M. Turpin ; l'étude des cristaux fusiformes du bitartrate de potasse provenant de l'évaporation du vinaigre de vin, et que les anciens micrographes regardaient comme la cause mécanique de l'acidité ou de la saveur piquante : le prétendu nitre calcaire de Baker, provenant du lavage des platras, et qui est simplement du sulfate de chaux ; enfin, l'étude de l'*aventurine artificielle*, joli produit de vitrification fabriqué à Venise, et employé en plaques de bijoux. M. Lebaillif reconnut que, dans cette substance vitreuse rougeâtre, toute parsemée de points d'or, ces points brillans sont de petits tétraèdres de protoxide de cuivre ou au moins d'une combinaison de cet oxide. Avant de terminer ce chapitre, nous voulons rappeler une application du microscope à l'étude des phénomènes d'optique, produits par un mince faisceau de lumière traversant un système de ligues parallèles très rapprochées, comme celles que nous présente la peau de certains vers intestinaux, celle du strongle armé, par exemple, dont les stries parfaitement régulières sont espacées d'un trois-centième de millimètre. De chaque côté de l'image incolore du faisceau lumineux, on a une série de spectres vivement colorés, c'est le phénomène des réseaux de Frauenhofer.

CHAPITRE III.

APPLICATIONS DU MICROSCOPE A LA MÉDECINE LÉGALE.

Beaucoup de questions de médecine légale peuvent être résolues par des opérations de chimie microscopique comme celles que nous avons indiquées ; c'est même souvent la seule marche qu'on puisse suivre lorsque les objets soumis aux experts sont en quantité trop minime.

Il est en outre des questions qui sont exclusivement du ressort de la micrographie, telles sont la détermination des taches de sang ou de sperme, des poils ou des cheveux, et enfin des fibres végétales ou textiles, etc. En effet, si une tache de sang desséchée est humectée avec une dissolution de sucre ou de sel, ou mieux encore avec une dissolution de blanc d'œuf, les corpuscules sanguins deviendront libres et flottans avec leurs propriétés primitives, et pourront, dans bien des cas, être rapportés à leur véritable origine ; non pas que l'on puisse distinguer ainsi le sang d'un homme de celui d'une femme, ni même de celui de la plupart des mammifères ; mais on le distinguera sûrement du sang d'un oiseau ou d'un reptile, ou d'un poisson, dont les globules sont plus volumineux, d'une figure ovale, et pourvus d'un noyau central.

Les animalcules spermatiques pourront également être reconnus dans l'eau qui a détrempé les taches du linge soumis à l'examen ; enfin, si des poils sont adhérens à un instrument qu'on suppose avoir servi à commettre un crime, on pourra reconnaître avec certitude si ce sont des cheveux d'homme ou de femme, ou si ce sont des poils de quelque animal ; car nous avons montré précédemment, page 113 pl. 6, 7, 8, 9 et 13 combien les poils des divers animaux diffèrent entre eux. Il pourrait arriver enfin que la vérification de la nature de quelques débris d'un tissu ou même de quelques fibres de ce tissu, fût nécessaire pour constater les circonstances d'un crime, dans ce cas, encore, le microscope fera distinguer très certainement les fibres animales des fibres végétales, et parmi celles-ci, il fera distinguer tout d'abord les fibres du coton, et, quoique plus difficilement, il permettra souvent de distinguer les fibres du lin de celles du chanvre.

CHAPITRE IV.

APPLICATIONS DU MICROSCOPE A L'INDUSTRIE ET AUX EXPERTISES COMMERCIALES.

L'industrie peut demander au microscope des renseignemens sur la qualité des matières qu'elle emploie, ou sur la nature des produits qu'elle veut imiter ; elle peut aussi, de même que le commerce, lui demander la vérification de certaines qualités exigées dans les produits, ou la constatation de certaines fraudes commises par la cupidité au détriment de la consommation. Dans le premier cas, par exemple, il s'agira de reconnaître la qualité des eaux qu'on voudrait employer à des teintures, et de déterminer la nature et la quantité des sels terreux contenus dans ces eaux ; ainsi, par l'évaporation d'une seule goutte, on y reconnaît d'abord la présence du carbonate de chaux ou du sulfate de chaux dont l'excès nuirait notablement aux teintures de garance ; ou bien, on demandera le degré de finesse d'une sorte de laine, et la disposition plus ou moins grande que cette laine peut avoir à se feutrer par suite des aspérités en forme d'écailles dont sa surface est pourvue. De même aussi, on peut déterminer, sous ce rapport, la qualité de tout poil qu'on voudrait employer dans la chapellerie. S'il s'agit d'imiter certains produits de l'industrie, le microscope fera reconnaître d'abord la nature et la proportion des diverses sortes de fibres qui entrent dans la confection d'une étoffe, en distinguant la laine, la soie, le coton, le lin, le chanvre, etc.

Il fera connaître de même les matières premières employées dans la fabrication d'une sorte de papier, et indiquera immédiatement la nature du papier de riz dont nous avons parlé précédemment, (voyez page 171). Une substance prise d'abord pour de l'ivoire, pourra être reconnue provenir simplement des os d'un animal, ou bien ce sera un produit du règne végétal, (le fruit des Phytéléphas), si l'on y reconnaît la structure du périsperme des grains, ou enfin, ce sera un composé artificiel, si l'on n'y découvre aucune trace d'organisation.

Si un enduit métallique argenté ou nacré décore la surface du bois , du papier , du cuir ou du plâtre , on s'assurera facilement avec le microscope , si cet enduit n'est pas de l'*essence d'Orient* , c'est-à-dire , cette substance nacrée qu'on détache des écailles de poissons blancs (des ablettes) pour servir à la fabrication des perles artificielles et qui est en forme de lamelles hexagonales alongées , d'une ténuité extrème.

Mais c'est pour reconnaître les falsifications et les altérations frauduleuses d'un grand nombre de produits commerciaux , que l'emploi du microscope sera surtout réclamé. C'est même par le moyen de cet intrument seulement , qu'on peut reconnaître si des farines de froment ont été mélangées avec des farines d'avoine , de pois , de haricot , ou avec la fécule de pomme-de-terre; dans le premier cas , en effet , on n'aura pu éviter qu'il ne reste quelque peu de duvet de l'avoine ; dans tous les autres cas , la forme de la fécule ajoutée est tellement différente de celle du froment (voyez page 174 *pl.* XVIII) , qu'on la reconnaîtra tout d'abord , et qu'on pourra même le plus souvent en déterminer la nature ou l'origine ; on aurait facilement constaté , en même tems , si des substances terreuses ont été introduites frauduleusement dans la farine.

Les vins et surtout les vinaigres de vin donnent ordinairement , par l'évaporation , des cristaux de bitartrate de potasse dont la présence sera souvent un indice précieux pour déterminer l'origine de ces liquides ; car il est peu probable qu'en vue de ce genre d'expertise , les fabricans aient songé à mettre de la crême de tartre dans tous les vins et les vinaigres composés avec de l'alcool ou de l'acide pyroligneux.

L'analyse microscopique des tissus que nous venons de signaler comme devant éclairer le fabricant sur la marche à suivre pour imiter certains produits , sera souvent invoquée aussi pour constater le mélange frauduleux de certaines fibres dans des tissus qui sont vendus comme n'en devant pas contenir : c'est ainsi que la plus petite quantité de coton introduite dans le lin filé à la mécanique , dans les tuls , dans les dentelles et à plus forte raison dans les tissus de laine , sera incontestablement démontrée.

La même expertise pourrait avoir lieu pour des papiers dans la fabrication desquels le coton aurait été substitué au chiffon de toile de lin ou de chanvre ; mais une autre fraude qu'on pourrait avoir à constater, c'est l'introduction du plâtre soit cru soit cuit, dans la pâte du papier, pour en augmenter le poids et la blancheur, et le microscope sera encore appelé pour donner une solution.

La fabrication des couleurs, qui a pris un si grand développement depuis trente ou quarante ans par suite de l'emploi des produits et des procédés chimiques, a fait naître aussi des fraudes nombreuses qu'il est important de découvrir. Ainsi le jaune de chrôme ou chromate de plomb, naturellement fort lourd, a été préparé en pains d'une légèreté vraiment remarquable, et pour augmenter cette légèreté, en même tems que pour diminuer la valeur intrinsèque ou le prix de revient de ce produit, on y a mêlé diverses poudres blanches; et notamment l'amidon ou la fécule de pomme-de-terre qu'il est si facile de reconnaître avec le microscope. Les mêmes mélanges ont eu lieu pour le bleu de prusse, pour le bleu minéral, et même pour l'indigo; mais cette dernière substance a souvent aussi été mélangée de poudres plus lourdes, de sulfate de baryte, par exemple, dans le seul but d'obtenir une augmentation de poids.

La céruse dont il se fait aujourd'hui une immense consommation pour toutes les peintures d'impression, a surtout donné lieu à des falsifications : on l'a mêlée avec la craie, avec le sulfate de baryte et avec le sulfate de plomb; l'analyse chimique sera employée de préférence pour constater ces falsifications; mais le microscope, quoiqu'il puisse faire reconnaître avec certitude certaines substances mélangées, devra être préféré quand il s'agira de reconnaître la qualité des céruses et leur mode de préparation : les unes, fabriquées par le procédé hollandais, ou par l'action lente du vinaigre en vapeur et de l'acide carbonique, sur des lames de plomb, étant une combinaison très dense de carbonate et d'hydrate d'oxide de plomb, et possédant toutes les qualités réclamées par la consommation, c'est-à-dire donnant une peinture opaque qui couvre bien et conserve sa blancheur; les autres céruses, préparées par précipitation manquent au contraire souvent de ces qualités, ce qui paraît tenir à la structure cristalline de leurs particules, structure démontrée par le microscope, et qui diminue beaucoup leur opacité et leur consistance quand elles sont broyées avec de l'huile.

La fécule, si facile à reconnaître à l'aide du microscope, a été employée souvent pour frelater le beurre et la cire, et pour augmenter frauduleusement le poids de ces substances. Le microscope, qui sert à constater cette falsification, permettra aussi de décider si la fécule de pomme-de-terre ou quelque autre fécule indigène a été ajoutée aux fécules exotiques comme l'arrow-root, dont le prix est beaucoup plus élevé.

Le charbon de bois en poudre fine sera aussi facilement reconnu, dans tous les mélanges où on l'aurait fait entrer, dans le noir animal par exemple, qui depuis quelques années a rendu de si grands services à l'agriculture.

Les divers objets du commerce de droguerie ont été souvent falsifiées d'une manière préjudiciable à l'emploi qui en doit être fait en médecine ; la chimie sait reconnaître la plupart de ces fraudes, et le microscope vient encore à son aide pour décider par exemple si des opiums ont été mélangés avec des substances inertes, ou ce qui est pis encore, s'ils ont été privés par un traitement préalable, de leur principe actif, du méconate de morphine que le microscope fait voir en petits cristaux dans les opiums de bonne qualité.

FIN.

ADDITIONS.

—

L'idée première du microscope achromatique appartient à Euler, qui en donna la description en 1774. Les tentatives des opticiens français et étrangers, pour construire ce microscope, furent toutes infructueuses, parce qu'ils ne purent exécuter des lentilles achromatiques de petite dimension. M. Biot écrivait en 1821 (*Physique*, p. 348) : « Puisqu'il ne faut pas songer à achromatiser des lentilles aussi petites que celles que le microscope exige. » Cependant, vers 1816, le célèbre opticien allemand Frauenhöfer, parvint à faire des microscopes d'après le principe d'Euler. Ces instrumens ne manquaient pas de clarté, mais leur puissance était si limitée, que les naturalistes n'en firent point usage. Enfin, en 1823, M. Selligue *conseilla* à MM. Vincent et Charles Chevalier, de construire un microscope achromatique, et à force de persévérance et de soins, ils parvinrent à en terminer un qui fut présenté par M. Selligue à l'Académie des sciences, en 1824, Bien que Fresnel eût fait un rapport très favorable sur ce microscope, il était loin d'être parfait, parce que les lentilles étaient encore trop faibles. Il fallait en superposer jusqu'à quatre pour obtenir une amplification satisfaisante. Au reste, d'après l'opinion des savans, c'était le meilleur qui eût paru jusqu'à ce jour. Encouragés par ce premier succès, MM. Vincent et Charles Chevalier firent de nouvelles recherches, et bientôt (de 1824 à 1825), ils purent offrir aux naturalistes de puissantes lentilles achromatiques qui portèrent le dernier coup aux anciens microscopes. En 1827, M. Amici apporta en France son excellent microscope horizontal; on en construisit en Angleterre, puis en France, MM. Bouquet, Trécourt et Oberhauser; à Berlin, MM Schiek et Pistor, firent aussi de très bons instrumens; MM. Plœssl à Vienne, et les successeurs de Frauenhöfer à Munich, imitèrent aussi les microscopes français.

PAGE 19.

L'emploi du prisme réflecteur gagnerait considérablement, et on obtiendrait de la lumière réfléchie sous presque tous les angles, en étamant l'hypothénuse du prisme, comme l'a indiqué M. Ch. Chevalier.

ERRATA.

—

Pages 181,   lisez   CHAPITRE V.
—   208,   lisez   CHAPITRE XV.
—   235,   lisez   CHAPITRE XXII.

DANS L'EXPLICATION DES PLANCHES.

Page 41, ligne avant-dernière, au lieu de 300 fois, lisez 950 fois.

TABLE DES MATIÈRES.

SECTION DEUXIÈME.

DE LA MANIÈRE D'OBSERVER ET DE TRAVAILLER AVEC LE MICROSCOPE.

LIVRE DEUXIÈME.

APPLICATION DU MICROSCOPE A L'ÉTUDE DE L'ORGANISATION DES ANIMAUX.

SECTION PREMIÈRE.

OBSERVATIONS GÉNÉRALES.

SECTION DEUXIÈME.

OBSERVATIONS PARTICULIÈRES.

LIVRE TROISIÈME.

APPPLICATION DU MICROSCOPE A L'ÉTUDE DE L'ORGA-NISATION DES VÉGÉTAUX.

SECTION PREMIÈRE.

OBSERVATIONS GÉNÉRALES SUR LES VÉGÉTAUX.

SECTION DEUXIÈME.

OBSERVATIONS MICROSCOPIQUES PARTICULIÈRES SUR LES VÉGÉTAUX.

LIVRE QUATRIÈME.

APPLICATIONS DIVERSES DU MICROSCOPE.

FIN DE LA TABLE DES MATIÈRES.

TOUL IMPRIMERIE DE Vᵉ BASTIEN.

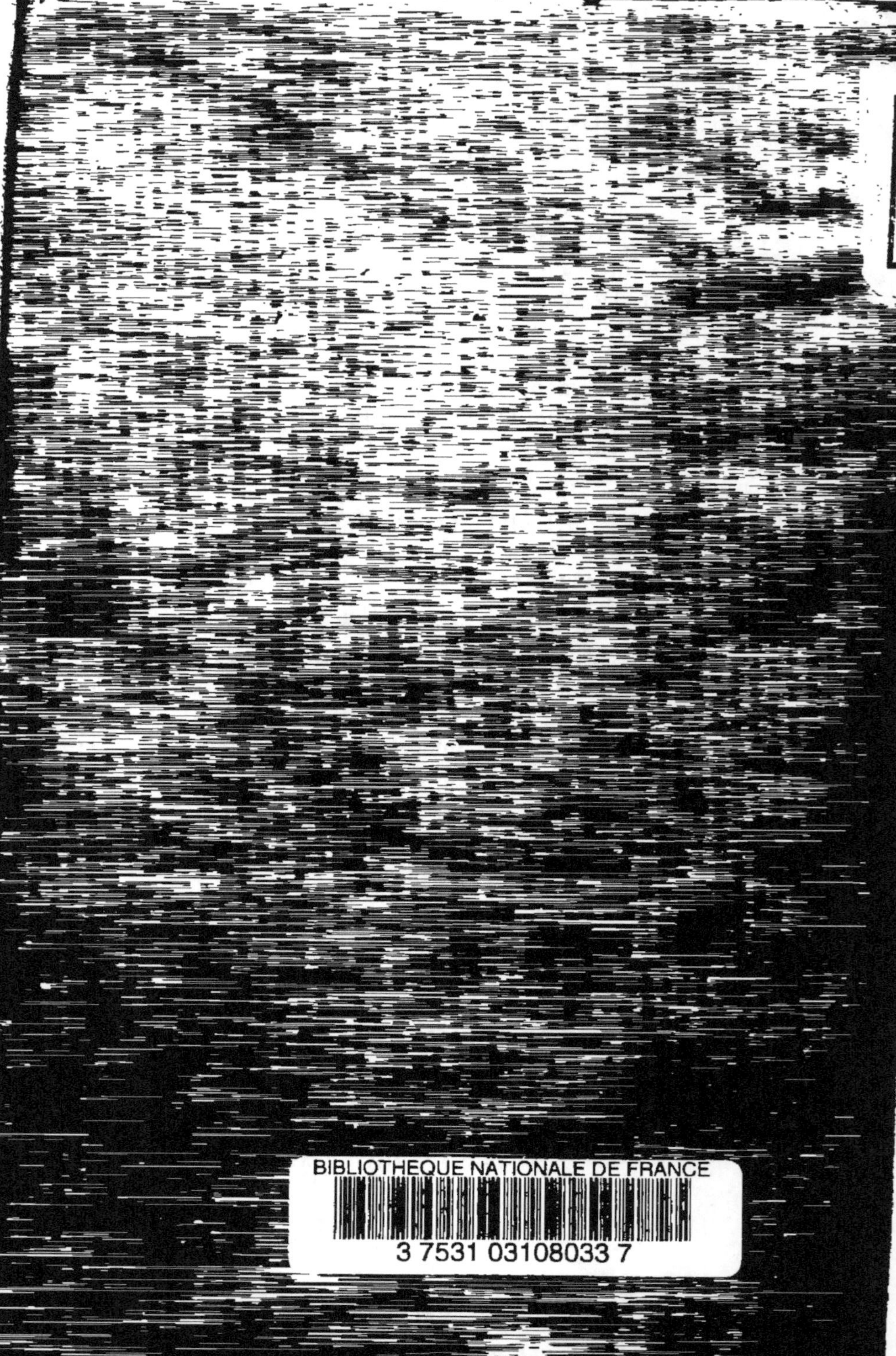